Clemens Mohr

Fibel zum konstruktiven Entwerfen

Dirk Althaus

Fibel zum konstruktiven Entwerfen

Über den spielerischen Umgang mit Physik und Materie

2., erweiterte Auflage

Bauwerk

Bibliografische Information Der Deutschen Bibliothek:
Die Deutsche Bibliothek verzeichnet diese Publikation in der
Deutschen Nationalbibliografie; detaillierte bibliografische
Daten sind im Internet über **http://dnb.ddb.de** abrufbar.

Althaus
Fibel zum konstruktiven Entwerfen

2., erweiterte Aufl. – Berlin: Bauwerk, 2005

ISBN 978-3-410-21524-0

© Bauwerk Verlag GmbH, Berlin 2005
www.bauwerk-verlag.de
info@bauwerk-verlag.de

Alle Rechte, auch das der Übersetzung, vorbehalten.
Ohne ausdrückliche Genehmigung des Verlags ist es auch nicht
gestattet, dieses Buch oder Teile daraus auf fotomechanischem Wege
(Fotokopie, Mikrokopie) zu vervielfältigen sowie die Einspeicherung und
Verarbeitungin elektronischen Systemen vorzunehmen.
Zahlenangaben ohne Gewähr

Reproarbeiten: typossatz GmbH, Berlin
Druck und Bindung: Druckerei Krips
Gestaltung: Moniteurs, Berlin
Printed in Germany

5 Inhalt

9 Vorwort

13 I. Was in uns vorgeht
13 Entwerfen
14 Begabung
14 Vorstellung
15 Sprache
17 Neugier
18 Spiel
18 Kommunikation
19 Organisation
20 Engagement & Freude
20 Deduktion & Induktion
24 Chaos & Ordnung
25 Angst-Wut-Syndrom
27 Rückschläge
28 Blockaden
32 Qualität
35 Musik, Mode, Segeln

39 II. Was am Bauwerk vorgeht
39 Gravitation & Wind
39 Wasser
40 Wärme & Strahlung
41 Schall
42 Lebewesen
43 Entropie & Feuer

44 II.I. Physik: Die Naturgesetze
45   Kräfte
45 Kräfte in der Natur
45 _ Wind
46 _ Schwerkraft (Gravitation)
48 _ Beben
48 Kräfte des Bauwerks
48 _ Eigengewicht
48 _ Verkehrslast

49	Kräfte im Bauteil	71	Schallempfindung
49	_ Druck	71	_ Schallpegel
49	_ Zug	72	_ Lautstärke
50	_ Biegung	72	Schallschutz
51	_ Abscheren	73	_ Luftschall
51	_ Drehung (Torsion)	74	_ Körperschall
		75	Raumakustik
52	**Wärme**		
54	Wärmeinhalt	76	**Energie**
55	_ Spezifische Wärme	77	Energiequellen
56	_ Latente Wärme	79	Energiequalität
56	_ Chemische Wärme	80	Energiekaskade
57	Wärmetransport	80	Energieoptimierung
57	_ Wärmeleitung	81	_ Städtebau
59	_ Konvektion	82	_ Bebauungspläne
59	_ Strahlung	82	_ Gebäudekonzeption
61	Treibhauseffekt	82	_ Konstruktion
61	_ Fenster		
62	_ Glashaus	83	**Entropie**
62	_ Solarkollektor	83	Entropiesatz
		84	Irreversibilität (Unumkehrbarkeit)
62	**Wasser**	85	Ordnung
63	Eis	86	Leben
64	Flüssigkeit	87	Kreislauf
64	_ Druck	88	Feuer
64	_ Auftrieb		
64	_ Oberflächenspannung	90	**II.II. Materie: Die Stoffe**
65	_ Kapillarität	92	**Schwere Stoffe**
65	_ Durchlässigkeit (Permeabilität)	93	Natursteine
66	_ Lösung	94	_ Magmagesteine
66	Dampf	94	_ Sedimentgesteine
		96	_ Metamorphe Gesteine
68	**Schall**	96	_ Naturstein heute
68	Wellenarten	99	Lehm
68	_ Longitudinalwellen	100	Industrielle Steine
69	_ Transversalwellen	101	_ Keramisch gebundene Steine
69	_ Frequenz & Amplitude	104	_ Mineralisch gebundene Steine
70	Schallgeschwindigkeit		
70	Stehende Welle		
71	Doppler-Effekt		

106	Bindemittel		136	**Metalle**
106	_ Baugips		137	Physikalische Eigenschaften
107	_ Baukalk		138	Chemische Eigenschaften
108	_ Zement		139	Technologische Eigenschaften
108	Mörtel, Putze, Estriche		139	Fertigungstechnische Eigenschaften
111	Beton		140	Recycling
			140	Eisenmetalle
114	**Leichte Stoffe**		141	_ Gußeisen
115	Faserdämmstoffe		142	_ Stahl
115	_ Organische Faserdämmstoffe		143	_ Stabförmige Profile
117	_ Mineralische Faserdämmstoffe		143	_ Bleche
117	_ Transparente Wärmedämmung		144	_ Verbindungen
118	Schaumstoffe		145	_ Betonstahl
118	_ Kunststoffschäume		145	_ Beschichtungen
119	_ Mineralische Schäume		146	Aluminium
119	_ Organische „Schäume"		148	_ Stabförmige Profile
120	_ Andere Stoffe		148	_ Bleche
			149	_ Verbindungen
120	**Glas**		149	_ Beschichtungen
122	Sicherheit		149	_ Gußaluminium
124	Wärmeschutz		150	Zink
124	Sonnenschutz		150	Kupfer
125	Energiegewinnung		151	Blei
126	Schallschutz		151	Zinn
126	Brandschutz			
126	Preß- und Profilglas		152	**Kunststoffe**
127	Undurchsichtiges Glas		152	Thermoplaste (Plastomere)
			154	Duroplaste (Duromere)
127	**Holz**		154	Elastomere
129	Gewachsenes Holz			
131	Verleimtes Holz		155	**Dichtung & Kleben**
131	_ Stabelemente		155	Bitumen & Asphalt
132	_ Platten		156	Dichtungen
133	Holz als Zuschlagstoff		157	Klebstoffe
133	_ Stabelemente			
133	_ Kunstharzgebundene Platten		157	**Gesundheit**
134	_ Mineralisch gebundene Platten		158	Strahlung usw.
135	Andere Verwendungen		159	Schutzmittel
			160	Gase & Partikel
			160	Lebewesen
			161	Raumklima

162	**III. Wie wir Bauwerke entwerfen**	190	Hülle
		191	Hülle = Tragwerk
162	**Gestaltendes Konstruieren**	191	_ Einschalig
163	Emanzipation & Adaption	192	_ Mehrschalig
165	Addition & Integration	193	Hülle + Tragwerk
166	Konventionell & Industriell	194	_ Tragwerk außen
		195	_ Tragwerk innen
167	**Tragwerk**	196	_ Raster
167	Stützen	198	Verbindungen
168	_ Eingespannte Stützen	199	Öffnungen
169	_ Pendelstützen		
170	_ Kombinationen	200	**Haustechnik**
170	_ Zugseile	200	Lokale Ressourcen
172	Träger	201	Heizung & Lüftung
172	_ Einfacher Balken	202	Wasser & Abwasser
173	_ Schräger Balken	202	Abfall & Recycling
173	_ Unterspannter Balken	202	Strom & Information
174	_ Fachwerkträger		
175	_ Durchlaufträger	203	**IV. Konstruktives Entwerfen für die Zukunft**
176	_ Traghierarchie		
176	Rahmen		
177	_ Eingespannter Rahmen	205	**Kreislaufwirtschaft im Bauwesen**
177	_ Zweigelenkrahmen		
178	_ Dreigelenkrahmen	205	_ Planungsaspekte
178	Bögen	206	_ Erhaltung
179	_ Druckbögen	209	_ Recycling
180	_ Tonnen	211	_ Bauen mit Elementen
180	_ Kuppeln	213	_ Sichtbare Technik
181	Scheiben	214	_ Von der Wiege bis zur Wiege
182	Membranen	215	_ Energie- und Stofflogistik
184	Körper		
		217	**Vitale Energiequellen**
185	**Knotenpunkte**	218	_ Neue Gesetzgebung
185	Einspannungen	219	_ Neue Wirtschaftsformen
186	_ Stützen	220	_ Neue Architekturelemente
186	_ Durchlaufträger	222	_ Neue Haustechnik
187	_ Rahmenecken		
187	Gelenke	225	**Schlußwort**
188	_ Druckanschlüsse		
189	_ Zuganschlüsse		

Vorwort

Gebäudeplanung ohne Kenntnis der Naturgesetze und der Natur der Materialien, mit denen das Bauwerk komponiert wird, hieße, mit verbundenen Augen an einem Formel-I-Rennen teilnehmen.
Leider ist der technische Entwurf, die „Baukonstruktion", mit dem die funktionale Nutzungskonzeption und die baukünstlerische Gestaltidee zum realen Gebäude wird, bei vielen entwerfenden Architekten wenig geachtet, wird sogar verdrängt. Die wirklich großen Architekten aller Zeiten, zu deren Werken Exkursionen gemacht werden, sind in der Regel gute Konstrukteure. Sie haben ihre Idee auf eine uns Betrachter faszinierende Weise verwirklicht. Hand aufs Herz: Am wenigsten begeistert den Betrachter auf einer Exkursion der gut gelöste Grundriß. Das ist selbstverständlich. Kleine Mißlichkeiten werden dem Architekten sogar verziehen, wenn es denn der Raumkunst dient. Schöne Räume, innen wie außen, sind Grundlage für die Exkursionswürdigkeit eines Bauwerks. Diese aber sind gestaltgewordene Materie, so daß die Art der Stoffe und die Qualität ihrer Fügung den Raum ausmachen, oder umgekehrt frei nach Lao Tse im Tao te King:

> Man formt Wände und Dächer zu einem Haus,
> doch erst durch das Nichts darin
> erhält das Haus seinen Sinn.
>
> Somit entsteht der Gewinn
> durch das, was da ist,
> erst durch das, was nicht da ist.

Raum entsteht durch gefügte Materie, durch Baukonstruktion – oder besser: durch technischen Entwurf. So nehmen wir auf unserer Exkursion den Raum wahr und schauen uns insbesondere an, wie ihn der Meister gestaltet hat, welche Materialien er nahm und wie er sie zusammensetzte. Wir bewundern die „Details" der Struktur und ihre Fügung.
Wir spüren den Raum, wir durchmessen ihn mit unseren Augen, vielleicht mit unseren Schritten oder gar mit der Meßlatte, um die gespürte Qualität in unseren Erfahrungsschatz einzuspeichern.
Wir fotografieren und skizzieren Materialien und Details, die den Raum geformt haben, spüren ihre Temperatur, die Luft, den Klang, die Farbe, das Lichtspiel und unser sinnliches Befinden darin.

Fachzeitschriften können den Raum nicht darstellen, wie wir ihn spüren. Das beste Foto reicht nicht. Sie zeigen pflichtschuldig Grundrisse und Schnitt, um einen Überblick zu geben. Es folgen Außenaufnahmen, um den Bau aufzufinden und schließlich schöne Detailfotos als Symbol für das nicht darstellbare Raumerlebnis.

Exkursionswürdige Bauwerke müssen also auf zweierlei Art unzertrennliche Kunstwerke sein: Ein Werk der Raumkunst und ein Werk der Baukunst.

Die Baukunst ist Dienstleister der Raumkunst. Sinn des Bauwerks ist der Raum, den wir Menschen aus dem Lebensraum der Erdoberfläche herausgreifen, um ihn für unsere Bedürfnisse, die von den Umweltfaktoren des Naturraumes abweichen, nützlich und schön zu gestalten. Das ist Raumkunst.

Wie aber und womit dieser Raum herausgegriffen und gestaltet wird, ist Baukunst. Die künstlerische Absicht, einen schönen Raum zu formen, wird in der Baukunst Realität, und es bedarf der Kenntnis der Naturgesetze, wenn Räume aus der Welt gegriffen und mit anderen Bedingungen versehen werden. Auch die Materialien, die zur Ausgrenzung des Raumes dienen sollen, muß der Baukünstler sehr genau kennen.

Bei den alten Baumeistern war die Einheit von Raumkunst und Baukunst so selbstverständlich wie bei den zeitgenössischen Meistern, zu deren Bauten wir pilgern.

Was hat sich gewandelt?

Zum einen hat sich die Raumkunst im 20. Jahrhundert weitgehend von den tradierten Schulen und Proportionsregeln emanzipiert und hat mit dieser Befreiung ein unendlich weites Feld von Gestaltungsmöglichkeiten eröffnet. So steht heute in der Regel vorwiegend Raumkunst als wesentliche und sehr umfangreiche Aufgabe der Architekten da.

Baukunst wurde im Zeitlauf auf ein breites Feld von Fachingenieuren verlagert. Diesen aber, und das bedauern so große Ingenieure wie Stefan Polóny, wird anstelle des induktiven „ingenieusen" Vorgehens immer mehr das wissenschaftliche, also vorwiegend deduktive Vorgehen beigebracht. Damit kann man zwar vorgegebene Dinge auf Richtigkeit überprüfen und eventuell korrigieren, nicht aber Baukunst entwerfen. Der fragwürdige Weg in die deduktive Wissenschaftlichkeit hat Architekten und Ingenieure nicht nur in der Ausbildung auseinanderdriften lassen, sondern auch in der praktischen Zusammenarbeit, denn den Ingenieuren werden Aufgaben zugedacht, die sie qua Ausbildung nicht mehr bewältigen können. Unglücklicherweise lehren in der Regel diese „ver"wissenschaftlichten Ingenieure uns Raumkünstler das technische Entwerfen. Sie vergraulen den induktiv denkenden Architekten die Baukunst mit dieser wissenschaftlichen Denkweise. So bleibt die Baukunst auf der Strecke, denn weder der Ingenieur noch der Architekt werden so induktiv, spielerisch entwerfend an sie herangeführt wie Architekten an die Raumkunst.

Raumkunst und Baukunst sind Schöpfungsformen aus einem Chaos von Informationen. Chaos ist unvorhersagbar, und darum versagen wissenschaftlich-deduktive Methoden. Schöpfungen sind Zufall in ihrer Zusammensetzung aus dem chaotischen Erfahrungspool unserer Persönlichkeit. Sie formulieren sich wie ein Strudel als „seltsamer Attraktor" (Chaos-Mathematik) auf die Aufgabe hin zu einem Lösungsbild aus unendlich vielen Möglichkeiten. Wichtig für Kreativität sind unser Erfahrungspool, unsere Vorstellungskraft und die Spielfähigkeit im Umgang mit der Erfahrung.

Um aus dem Dilemma der verlorenen Baukunst als Entwurfsthema herauszukommen, sollten Ingenieure ihrem Namen entsprechend einen großen – und zwar den konzeptionellen – Teil ihres Studiums wieder induktive Vorgehensweisen trainieren, um später mit den Architekten gemeinsam zu kreativen, materialgerechten, kostengünstigen und schönen Bauwerken zu gelangen. Die Architekten müssen das Repertoire an Physik und Baustoffkenntnis so virtuos beherrschen, daß sie damit spielerisch entwerfen können und ihren Fachingenieuren angemessene Diskussionspartner sind, die aus der Sicht des Ganzen entscheiden können.

Hier soll nun in Form einer Fibel Starthilfe für den spielerischen Ansatz in der Baukunst gegeben werden. Zwei grundlegende Dinge müssen induktiv entwerfende Ingenieure oder Architekten beherrschen, um das eigentliche Ding, den spielerischen Umgang mit der Baukunst, zu erlangen:

Kenntnis der Physik & Kenntnis der Materie

Die Fibel führt zunächst durch den schwierigen und oft frustrierenden Bereich des Entwerfens, speziell des konstruierenden Entwerfens, und gibt Hinweise zum Vorgehen. Insbesondere wird die Gleichzeitigkeit von Raum- und Baukunst im Entwerfen spürbar, denn jede gedankliche Schöpfung bedarf eines realisierenden Entwurfsvorschlags.

Es gibt sicher viele Wege zum fertigen Bauwerk von hoher Qualität. Das dargestellte Spektrum ist ein kleiner Ausschnitt und vielleicht nicht für jedes Temperament geeignet. Um eines aber wird keiner herumkommen, wenn sein Werk gelingen soll: um Physik – und um Materialkenntnis. Erst dann sollte der geneigte Leser mit der Baukonstruktion beginnen.

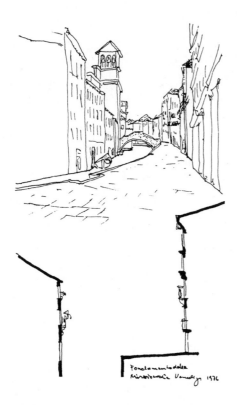

I. Was in uns vorgeht

Bevor wir uns in die hochkomplexe und komplizierte Baukunst stürzen, ist es nützlich, sich über die eigene Rolle in diesem Entstehungsprozeß ein paar Gedanken zu machen. Es gibt wenige Tätigkeiten, bei denen sich das eigene Innere so intensiv auf den Gegenstand der Bearbeitung projiziert, wie es beim Entwerfen für Architekten und Ingenieuren die Regel ist. Bei der Vielfalt der gleichzeitig zu bewältigenden Probleme in der Baukunst ist die Chance zur inneren Verzweiflung sehr groß. Versuchen wir, diese zu verstehen.

Entwerfen

Entwerfen, das Finden von etwas völlig Neuem, noch nie in dieser Form Dagewesenen ist die Standardleistung von Architekten und vielen Ingenieuren auf allen Maßstabsebenen ihrer Arbeit – von der städtebaulichen Planung bis zur Gestaltung einer Schraubverbindung zwischen Stütze und Platte für eine Museumsvitrine oder den Tresen einer Sparkassenfiliale. Wir sind Serienerfinder für Unikate mit hohem Anspruch, Künstler mit technischem Wissen zur nützlichen, wirtschaftlichen und kunstvollen Gestaltung des Lebensraums unserer Gesellschaft.

Das Entwerfen für die Serie, für die Eignung zu maschineller Produktion und optimaler Logistik, ist für Bauelemente des Ausbaus mit wachsender Industrialisierung Standard geworden. Für den Hausbau wird Industrialisierung und Standardisierung in Form von Fertig-Bausätzen im Häuslebau und Bausystemen für große Projekte angeboten. Architekten tun sich schwer mit der Verwendung solcher Lego-Bausteine in ihren Entwürfen, und es haftet den Industriehallen, den Parkdecks, den Verwaltungsbauten oder den Plattenbauten der alten DDR die Kargheit des Ingenieurbaus und die mangelnde Rücksichtnahme auf die Umgebung an, über die der Architekt die Nase rümpft. Die Fertighäusle sind serieller Ausdruck des anarchistischen Gestaltwillens ihrer Bauherren, den Matthias Horx mit „Bebraismus" bezeichnete.

Es ist nicht die Industrialisierung, die dieses Naserümpfen der Architekten verursacht, sondern in der Regel das Produkt, das sicher technisch gut, aber selten gestalterisch befriedigend ist. Die Industrialisierung leidet unter dem Auseinanderdriften von Ingenieuren und Architekten. Nach anfänglicher Euphorie von Joseph Paxton, Buckminster Fuller oder Konrad Wachsmann zum gestaltenden Entwerfen industrieller Bausysteme distanzierte sich die Architektenschaft, statt diesen Zweig der rationellen Realisierung von Bauwerken an sich zu ziehen. Schade, so entwerfen wir nach wie vor Unikate, und selbst Vorfertigung für ein Gebäude ist Bausystem als Unikat.

Nach diesem kleinen Exkurs über eine verpaßte Chance ein paar allgemeine Gedanken zu unserer Rolle in der Gesellschaft: Es gibt ein Portrait des berühmten Chirurgen der Charité Prof. Sauerbruch, gemalt von dem bedeutenden Impressionisten Max Liebermann. Sauerbruch hatte zu Sitzungen zu kommen, Liebermann malte. Sauerbruch, ungeduldig nach seinem Skalpell lechzend, mahnte den Künstler zur Eile. Liebermann darauf: „Mein lieber Sauerbruch, wat du vermasselst, det kommt unter die Erde, wat ick vermassel, det hängt anne Wand."

Das Portrait hängt im Privatbesitz, aber einen Liebermann kann man ins Archiv stellen, wenn er nicht mehr gefällt. Dann ist er aus der Welt. Was wir Architekten vermasseln, das steht in der Welt und ist nur mit großem Aufwand und viel Müll daraus zu entfernen. Wir müssen uns bewußt sein, daß wir die einzige Berufsgruppe sind, denen das Experiment am lebenden Menschen gestattet ist. Wir dürfen Vivisektion betreiben, zumindest seelische.

Die Verantwortung der Architekten und Ingenieure der Gesellschaft gegenüber ist ungeheuer groß und, je bewußter sie einem wird, um so schwerer zu tragen. Wir sind es, die die Erdoberfläche an den Stellen unserer Existenz nachhaltig und lang wirksam verändern. Wir stehen in doppelter Verantwortung der uns umgebenden wie auch der zukünftigen Gesellschaft gegenüber.

Begabung

Begabung bedeutet, daß einem etwas gegeben ist, was andere vielleicht nicht haben. Ob sie geerbt in der Wiege liegt (Konrad Lorenz) oder erworben durch ein besonderes Spektrum von Umwelteinflüssen (Skinner), soll nicht diskutiert werden. Beides wird in unterschiedlicher und fast immer zufälliger Mischung der Fall sein. Keinesfalls sind alle Menschen gleich, wie das sozialdemokratische Ideal der Chancengleichheit gern ausgelegt wird. Wir sind unterschiedlich intelligent, und die Intelligenten wie die Dummen jeweils zu unterschiedlichen Dingen begabt.

Wir Architekten und Ingenieure müssen vor allem die Begabungen unserer Kindheit bewahrt haben. Dazu sollten gesellschaftliche Fähigkeiten und Idealismus kommen.

Vorstellung

Die wichtigste kindliche Begabung ist die Fähigkeit, gedachte Welten im Kopf zu haben und sich darin bewegen zu können, als seien sie real. Diese eidetische Begabung, wie es Pädagogen nennen, ist Grundlage des Entwerfens.

Eidetik hat das schöne Wort „Eidos" inne, das „Urbild, Gestalt, Wesen, Begriff und Idee" bedeutet und bei Plato die Idee oder bei Aristoteles die Form als Wesenheit der Substanz (das virtuelle Bild noch nicht realisierter Materie) darstellt. Mit ein

wenig Kühnheit möchte man sogar Husserls eidetische Wissenschaft der Erkenntnis des Wesentlichen heranziehen, um die ganzheitliche Sicht des Architekten auf ein hochkompliziertes und -komplexes Gebilde zu charakterisieren.
Wie wir als Kinder, wo auch immer wir in Wirklichkeit waren, uns in Piraten-, Cowboy- oder Musketierwelten bewegten, in Puppenstuben oder unter Prinzen und Prinzessinnen lebten, als Kaninchen oder Drachen die Welt betrachteten, so leben wir heute in der Welt unserer Bauwerke, gehen darin spazieren, versetzen Wände, ändern Proportionen oder Farben, bestimmen die Materialien und ihre Erscheinungsform, bis unser Ideal, das Eidos, die Idee des Bauwerks virtuelle Realität annimmt. Wir umfliegen es in gedanklicher Schwerelosigkeit und prüfen seine Existenz in der Umgebung, folgen den Wegen des ersten Erkennens im Stadtbild oder in der Landschaft. Wir sehen in unserer eidetischen Welt jedes Detail, jede Schraube und jeden Wasserhahn. Skizzen, Zeichnungen oder Modelle sind Merkzettel der Ideenfülle.
Man sagt, diese kindliche Eidetik ginge mit der Pubertät, mit dem Ernst des Lebens verloren, vielleicht mit der Enttäuschung, daß es keinen Weihnachtsmann gibt und man jahrelang belogen wurde. Man sagt, nur wenige behielten diese Eidetik bis ins hohe Alter. Manche Naturwissenschaftler der Grundlagenforschung sind solche Kinder, auch manche Künstler. Die Architekten sollten es alle sein.
Ob Vorstellungsvermögen erwerbbar ist, steht in Frage. Sicher ist Vorstellung trainierbar, vielleicht aber nur, weil die Fähigkeiten der Kindheit wieder aufgedeckt und nutzbar gemacht werden. Bleiben sie verschüttet, wird der vorstellungslose Architekt in der Regel Vorhandenes, bereits Realisiertes kopieren, wird sich an Details aus der Literatur halten, und das oft unverstanden.

Sprache

Vorstellen kann man sich nur, was auszudrücken man in der Lage ist (Konrad Lorenz). Demnach ist die Sprachfähigkeit des Architekten in Bild, Körper und Ton als Vokabular des Vorstellungsvermögens unerläßliche Voraussetzung. Ob das so haltbar ist, sei dahingestellt. Kinder mit phantastischen Traumwelten haben sicher keine Darstellungsfähigkeit, die ihnen ihre Welt liefert. Immerhin aber gibt es keine virtuelle Welt ohne bildhafte Vorstellung. Diese Sprachfähigkeit, vielleicht als innere Sprache zu definieren, muß dem Eidetiker eigen sein.
Spätestens, wenn Notizen zu den Bildern gemacht werden, Modelle gebaut, Merkzettel der Ideenfülle dokumentiert werden, ist die Sprachfähigkeit nach Konrad Lorenz gefordert. Die Idee ist erst von gesellschaftlichem Belang, wenn sie dergestalt mitgeteilt werden kann, daß sich andere aus der Mitteilung dieselben Bilder vorstellen können. Wir müssen willens und fähig sein, unser Innerstes nach außen zu kehren, um anderen den Zugang zu unseren Ideen zu geben, schließlich sind

wir Dienstleister, die die Welten für andere entwerfen. Unsere Sprache muß den Menschen, für die wir arbeiten, das Projekt zugänglich machen, muß sie diskussions-, änderungs- und entscheidungsfähig machen.

Zeichnungen und Modelle, Texte und Worte, Videoclips und Computerdarstellungen, Analogien und Exkursionen sind Darstellungsmittel, die wir zum Verständnis unserer Ideen einsetzen. Dabei sind die Layouts der Darstellung so unterschiedlich wie die Zielgruppen, für die sie angefertigt werden.

Für den eigenen Bedarf sind Dokumente im wesentlichen skizzenhafte Notizen einer komplexen Vorstellung, Schweinezeichnungen. Sie sind für andere kaum lesbar und oft krukelig gezeichnet. Manch eitle Meister veröffentlichen ihre ersten Skizzen zu einem fertigen Werk. Sie sollten es lieber lassen.

Für Kollegen ist eine abstrakte, sehr offene Darstellung en vogue, die dem Betrachter gestattet, den groben Rahmen der Idee mit eigenen Vorstellungen auszufüllen, damit er sich darin wiederfinde und das fremde Werk gutheißen möge. Das ist die Darstellungstechnik der Wettbewerbe. Jedes Jurymitglied interpretiert die eingereichten Arbeiten am eigenen Erfahrungsspektrum und Gestaltrepertoire. Je mehr jedes Mitglied davon in die Arbeit hineindenken kann, desto mehr Stimmen gewinnt man für seinen Beitrag. Weglassen zur Anregung der Vorstellung anderer Entwerfer ist die Kunst der Wettbewerbsdarstellung.

Bauherren brauchen oft realistische Bilder, um sich Dinge vorstellen zu können. Nur wenige kommen mit der abstrakten Architektendarstellung aus, und oft, wenn sie es nicht zugeben mögen, ist ihre Vorstellung dann weit vom Ergebnis entfernt und das Jammern groß (wenn das Mißverständnis überhaupt zugegeben wird).

Für den anonymen Bauherrn im Wohnungs- oder Verwaltungsbau auf Halde sind Darstellungsformen gefragt, die in Modell und Zeichnung an Märklineisenbahnanlagen mit Fallerhäuschen erinnern. Niedlich und bunt mit vielen Accessoires muß das auf dem Markt angebotene Projekt bereits in der realen Scheinwelt des realistischen Modells oder des fotorealen Abbilds stehen. Zur Architektenzeichnung besteht ein Unterschied wie Cool-Jazz in Schwarz zu Dixieland in Lederhosen.

Für Behörden muß die Darstellung überprüfbar im Sinne des öffentlichen Rechts sein. Mehr Information ist unnötig bis schädlich, wenn sich daraus schwere Lesbarkeit oder gar Komplikationen ergeben. Zur Förderung der zügigen Bearbeitung sind Behördenpläne genau so zu gestalten, wie Behörden die Pläne gern hätten. Das steht in der jeweiligen Bauvorlagenverordnung.

Handwerker bekommen nach den Bauherren die wichtigsten Planunterlagen. Aus den Werkplänen und Ausschreibungen entsteht das virtuelle Bauwerk in realer Durchführung. Die einfachste Regel zur Gestaltung von Ausführungsunterlagen ist:„Stelle das Bauwerk so dar, daß es ohne Bauleitung fragenfrei vom Handwerker verstanden und gebaut werden kann." Wie schwer das ist, beweist der große Aufwand für Bauleitung als letztlich mündliche Vermittlung des Plans am Modell 1:1. Sprachfähigkeit ist trainierbar, aber es gibt ausgesprochene Begabungen zur Darstellung. Gute Darstellungen brauchen Zeit, und gute Darsteller haben Geduld und Freude an ihrem Tun. Nicht jeder gute Entwerfer ist ein geduldiger Zeichner seiner Ideen, weil ihm das zu lange dauert. Sie zeichnen informationsreich, aber ausgesprochen schlampig. Für Markt und Wettbewerbe sind solche Blätter nicht brauchbar.

Neugier

Vorstellungsvermögen und Sprachfähigkeit nützen nichts, wenn nichts zum Vorstellen und Sprechen da ist. Aus leerem Bauch ist schlecht schöpfen. Jede Vorstellung beruht auf Erfahrung. Als Kinder spielen wir Märchen oder Geschichten nach, die wir gehört haben, oder schlicht das Erwachsensein, die eigene Erziehung mit Puppen oder den Onkel Doktor aus der Beobachtung.

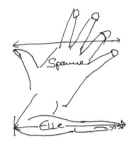

Als Architekt bedarf es eines unbändigen Bildungshungers und der unersättlichen Neugier von Kindern. ==Wir müssen uns ein umfangreiches Repertoire an Erfahrung einverleiben, um aus vollem Bauch schöpfen zu können.== Wer beginnt, diesen Beruf zu ergreifen, hat mit dieser Entscheidung keine Ferien mehr. Ein Architekt muß die Welt sehen lernen und arbeitet daran 24 Stunden am Tag. Alles, was er wahrnimmt, auch unbewußt, findet Raum in seinem Gestaltrepertoire. Ob wir im Café sitzen, im Kino oder im Supermarkt durch die Regale schlendern, wir nehmen die Welt wahr. Nach einer 14tägigen Kreuzfahrt hat ein guter Architekt das ganze Schiff neu geplant. Je gezielter, analytischer und ausgewählter er die Umwelt wahrnimmt und als Repertoire einspeichert, um so sicherer kann er aus seinem Gestaltfundus wählen, neu zusammenstellen oder Dinge dazuerfinden. Wer ein photographisches Gedächtnis hat, ist fein raus. Andere sollten als schnelles Notizbuch eine Kamera dabeihaben. Besser ist ein Skizzenblock. Nicht nur, daß Zeichnen die Sprachfähigkeit schult, eine Skizze ist fähig, das Wesentliche darzustellen, die Idee, oder das, was wir daran als Idee erkennen. Ein Foto kann das nicht, weil es wahllos alles abbildet, was sich der Linse zeigt. ==Sehen, abstrahieren, das Wesen erkennen, zeichnen.== So ist ein guter Weg der Repertoiresammlung. Konstruktive Details, die uns bewegen, können wir in Skizzen schneiden, explosiv darstellen und in einer Art virtueller Archäologie analysieren.

Jeder sollte seine Körpermaße kennen. Das alltägliche Schrittmaß hilft, bauliche Situationen maßlich zu erfassen, ohne z.B. in weiten Meterschritten durch einen Dom zu staken. Spanne, Klafter, Augenhöhe und Körpergröße sind Maßeinheiten zur Erfassung der Umwelt.

Reisen, die großen Meister betrachten, Städte durchstreifen, die Augen im Stadtraum und an den Fassaden, die Pflicht zum Lernen ist unendlich. Das geht nur, wenn die Pflicht als Lust empfunden wird, wenn es Freude bereitet, all die

Dinge der Welt aufzunehmen, um mit ihnen irgendwann einmal zu arbeiten – oder auch nie. Das innere Abbild der Welt kann nicht umfangreich genug sein. Partner von Architekten haben es schwer. Nicht nur, daß die Reisen berufsorientiert sind, daß Schaufensterbummel mit getrennten Blickrichtungen verlaufen, die Dinge müssen auch diskutiert werden. Das Sprechen über die Eindrücke vertieft die Erkenntnis, selbst der Monolog, aber Partner mit weniger Freude an Architektur kann das „nerven".

Spiel

Entwerfen ist ein spielerischer Vorgang. Vorstellungsvermögen, Sprachfähigkeit und das schönste Repertoire an Dingen nützen nichts, wenn wir damit nicht spielen können. Was wir mit dem Bausystem Lego oder anderen Baukästen trainiert haben, kommt nun in hochkomplizierter und komplexer Form neu auf uns zu. Kindlicher Spieltrieb ist unbedingte Voraussetzung zum Entwerfen, und je lockerer die einzelnen Bausteine unseres Erfahrungsschatzes in uns sitzen, um so leichter ist das Spiel zu völlig neuen und ungewöhnlichen Ansätzen. Je fester die einzelnen Erfahrungselemente des Repertoires in Kategorien, in Schachteln oder Schubläden liegen, um so dürftiger ist unsere Varianz der Zusammensetzung.

Um sich so offen wie möglich zu halten, sind Erfahrungen nicht allein im Bauwesen zu suchen, sondern auch in anderen, naheliegenden oder allgemeinen Bereichen. Wer hat nicht als Studi schon Möbel entworfen, Autos entwickelt, Segelboote gezeichnet oder Mode entworfen, gar geschneidert. Alles sind Architektenaufgaben. Musizieren, gerade Jazz, öffnet das Spielfeld auf sehr schöne Weise, weil man zunächst nicht an die Analogien zum Entwerfen denkt. Musik wird „gespielt" und nicht gearbeitet. So ist Entwerfen zu sehen, dann verzeiht man auch dem Tag, daß er nur 24 Stunden hat. Architekten sind Komponisten gebauter Umwelt.

Kommunikation

Mit den kindlichen Begabungen ist es nun vorbei, und es folgen die sozialen, die den Architekten in die Lage versetzen, seine Ideen in der Gesellschaft unterzubringen. Kommunikationsfähigkeit ist das Zauberwort für die Begabung, mit seiner Umwelt umgehen zu können. Der kindliche Künstler in autistischer Abgeschlossenheit wird nie bauen, kaum in einem Büro zurechtkommen, so begabt er sein mag.

Die Notwendigkeit der Diskussion eigener Ideen im Büro und die gemeinsame Optimierung von Lösungsansätzen bedingt in besonderem Maße Teamfähigkeit eines jeden. Das bedeutet bei aller notwendigen Selbstsicherheit das Maß an Bescheidenheit, das andere im Team gleichwertig agieren läßt, die Toleranz, die andere Ideen gleichwertig bestehen läßt, das Urteilsvermögen, das die förder-

liche Idee stützt, und die engagierte Schlagfertigkeit, die aus dem Ideenpool hilft, eine noch bessere zu schöpfen, ohne andere Ideen zu verdammen. Es ist eine Art Sich-selbst-Aufgeben, der Gruppe und der Sache zuliebe. Niemand darf dabei verletzt werden, wenn es gut werden soll. Teamwork in gegenseitiger Konkurrenz endet ergebnislos im Streit. Teamwork in pluralistischer Abstimmung endet, wie vieles in der Demokratie, am unteren Rand des Mäßigen. Teamwork in gegenseitiger Anerkennung, Förderung und Steigerung endet mit optimalen Ergebnissen.
Die Kommunikation mit der Bauherrschaft ist ein heikles Thema mit unendlich vielen Varianten. Es reicht von arroganter Vorherrschaft bis zu dienerischer Ergebenheit. Sicher ist: Die Bauherrschaft bezahlt das Bauwerk und uns. Sie wird das Bauwerk nutzen, wie auch immer, und sie hat die letzte Entscheidung. Wir sind Dienstleister für das Projekt, planen, beraten, kontrollieren und tragen eine Menge Verantwortung, von der aus die Bauherrschaft beraten wird. Unsere Ideale bewegen den Bauherrn nur selten, trotzdem sollten sie in Entwurf und Beratung förderlich einfließen oder klammheimlich im Bau enthalten sein.
Für die Kommunikation mit Behörden und später mit Fachingenieuren und schließlich mit den Handwerkern ist das Vorgehen in einer Art Team mit den beschriebenen Qualitäten der beste Weg und die sicherste Lösung für möglicherweise auftretende Unstimmigkeiten, Fehler oder Pfusch. Die Förderung des Projekts muß oberste Priorität in Planung und Durchführung haben.

Organisation

Ein Bauprojekt ist Auswirkung von Bedarf und Geld. Beide Aspekte haben gemeinhin eines gemeinsam: Eile. Deshalb hat das kindliche Spiel unserer Vorstellungen mit den Elementen unseres Repertoires einen zeitlichen Rahmen, den einzuhalten der Markt unserer Tätigkeit erfordert.
Wir müssen zu bestimmten Terminen Konzepte liefern, Änderungen durchführen und ein Stadium der Arbeit schließlich baulich realisieren, obwohl wir noch nicht fertig, vielleicht gar unzufrieden mit dem Stand der Entwicklung sind. Das frustriert, wenn man die eigene Unzulänglichkeit in das Problem interpretiert.
Wer – was jeder Architekt tun sollte – auch wissenschaftliche Zeitschriften liest, findet ähnliche Situationen als Standard. Wissen ist hinlänglich, gerade auf den Tag der Erscheinung wahr. In Kürze kann alles anders sein, selbst Einsteins Relativitätstheorie und manch ein anderer Grund zum Nobelpreis sind längst widerlegt und Historie. Als Ferdinand Porsche in französischer Kriegsgefangenschaft den lustigen Renault 4CV zeichnete, haben – so wird erzählt – die Ingenieure ihm die Blätter vom Tisch gezogen, um das Gezeichnete schon einmal zu bauen. Porsche war nie zufrieden. Wir müssen mit Gelassenheit ertragen, hinlängliche Bauten zu realisieren, bevor wir gar keine bauen.

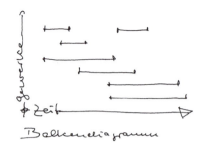

Balkendiagramm

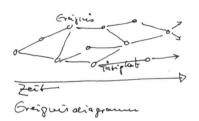

Ereignisdiagramm

Ähnlich vollzieht sich der weitere Verlauf des Projektes. Ausgefuchste Zeitpläne und feinste Logistik am Bau sind Gerüste, die streng durchgesetzt, aber gelassen aktualisiert werden sollen. Wetter, Krankheit, Fehler und Pfusch verzögern das Netzplangerüst und verschieben in Gänze. Die Energie darf nicht in Ärger fließen, sondern muß der Neuordnung dienen.

Bei aller freien und spielerischen Tätigkeit, die vom ersten Konzept bis zum kleinsten Detail die Entwurfsvorgänge bestimmt, fordert der Beruf des Architekten oder des Ingenieurs ein hohes Maß an Disziplin für den einzelnen, für das Team und für die Projektsteuerung.

Engagement & Freude

Das alles geht nur mit Engagement und Freude am Tun. Wem die geschilderten Dinge wie eine Last, wie ein Berg vorkommen, sollte ernsthaft berufliche Alternativen überlegen, um nicht unglücklich zu werden. Idealismus und fast ein wenig missionarisches Sendungsbewußtsein für Raumkunst und Baukunst sind in den Anfängen hilfreich. Das Maß der Zwangsbeglückung anderer mit den eigenen Idealen findet sich unterschiedlich.

Die Trennung zwischen „Arbeit" und „Freizeit" verschwimmt schon aus Gründen der ständigen Beobachtung der Welt. Wenn Freude und Engagement Anzeichen für das Befinden in Freizeit sind, ist das Leben als Architekt angenehm. Anders gibt es Grund zu jammern. Wer aber zu jammern hat, kann nicht entwerfen, denn die Seele leidet.

Deduktion & Induktion

In den folgenden Kapiteln sollen Bilder aufgezeigt werden, die zum Verständnis dessen beitragen, was in unseren Köpfen vorgehen könnte, während wir entwerfen. Das beginnt mit der Darstellung der beiden klassischen Vorgehensweisen, wie sie jeder bereits in der Schule gelernt haben wird, der deduktiven und der induktiven Vorgehensweise. Beide Wege, Probleme zu erschließen, werden abwechselnd oder auch parallel angewandt, so gegensätzlich sie sind. Sie dienen, die Natur zu erforschen, Wahrheit zu finden. Die Wahrheit der Natur kennen wir nicht. Das wurmt den Menschen.

Deduktives Vorgehen bedeutet, die Lösung eines besonderen Problems aus allgemeinen Gesetzmäßigkeiten herbeizuführen, vom Großen auf das Detail zu schließen. Habe ich einen Ziegel in der Hand und überlege, in welche Richtung er sich bewegen könnte, wenn ich ihn loslasse, so kann ich als gebildeter Mensch sagen, daß er zum Erdmittelpunkt fällt, bis ihn irgend etwas daran hindert. Das Gravitationsgesetz hilft mir bei dieser Lösung. Deduktive Methodik führt sicher zum Ziel. Sie ist lernbar.

Am liebsten hätten wir Menschen eine Weltformel, die alles Geschehen in der Natur erklärt, auf die alle Probleme zurückzuführen sind. An der Einheitsformel GUT (Grand Unifiing Theory) arbeiten Physiker wie Stephen Hawking. Von ihr aus könnte sich in logischer Ableitung eine klare Hierarchie allgemeiner Naturgesetze bis zu speziellen Einzelheiten aufbauen lassen, mit denen die Natur in Gänze zu erklären ist. Jede Einzelheit des Weltgeschehens wäre aus der GUT zu erklären, jedes Problem wäre durch logische Folgerung zu erklären.

Dieser Weg wird „klassische Methode wissenschaftlichen Vorgehens" genannt. Aus der Erfahrung und dem bekannten Wissen werden Hypothesen entwickelt, die ==durch Experimente auf ihre Haltbarkeit bewiesen== werden. ==Ist die Hypothese untermauert, wird sie zum Axiom==, zur gültigen Wahrheit, bis aus neuen Hypothesen und Nachweisen neue gültige Wahrheiten entstehen. So wurde die Erde von der Scheibe als Mittelpunkt des Universums über die Kugel mit der Sonne als universales Zentrum zum mittleren Planeten an einem mittleren Stern am Rande einer mittleren Galaxie unter Millionen Galaxien im von uns wahrnehmbaren Universum. Die Voraussage von Beobachtungen entsteht aus den uns bekannten Gesetzmäßigkeiten, weil nicht sein kann, was nicht sein darf. Deduktives Vorgehen schöpft aus der Geschichte. ==Nur vorhandene Erkenntnis wird zur Problemlösung herangezogen==. Ein Blick in die Zukunft wäre die lineare Verlängerung der geschichtlichen Entwicklung. Viele Szenarien, die zu unserer Zukunftsangst beisteuern, tragen dieses Merkmal. ==Die Denkweise deduktiver Forschung ist eine dualistische Subjekt-Objekt-Beziehung==. Der beobachtende Forscher ist distanziert von seinem Objekt und betrachtet es von oben herab aus dem Blickwinkel seiner übergeordneten Bildung, des Wissens der Menschheit. Diese Verhaltensweise ist uns eigen, seit wir mit der Entwicklung der Sprache und dem damit verbundenen Abstraktionsvermögen die Fähigkeit zum Forschen erworben haben. Sie ist anthropozentrisch auf uns als Herrscher über die Natur ausgelegt. „Ich erforsche den Rest der Welt", ist das Motto des deduktiven Wissenschaftlers. Der Rest der Welt ist das zu betrachtende Objekt. Schauen wir in sein Hirn, so finden wir die Hierarchie der allgemeinen Naturgesetze, soweit sie ihm bekannt sind, als Regal vor, in das die Erfahrungen seiner Forschung fein säuberlich eingeordnet sind. Neue Erfahrungen werden nach genauer Überprüfung einem Fach seines Wissensregals zugeführt. Je detaillierter das Regal gestaltet ist, um so sicherer kann eine Neuheit ihr Plätzchen im Rahmen des Wissensschatzes finden.

Anthropozentrik ist Grundlage unserer abendländischen Kultur. Selbst die Religionen lehren uns unsere Überlegenheit in der Welt. Deduktive Forschungsmethodik als vorherrschende Methode ist zwanghafte Folge anthropozentrischer Kultur. Als Herrscher der Welt sind wir angehalten, Distanz zu ihr zu wahren und Überlegenheit zu demonstrieren.

Der deduktive Betrachter steht mit dem Rücken zur Zukunft!

Die Arroganz, vorher zu wissen, was passieren wird, schirmt uns leider davor ab, Neues zu finden. Innovation ist mit deduktiven Methoden nicht zu erreichen. Wie können wir Hypothesen entwickeln, die jenseits des bekannten Wissens liegen? Voraussagen aufgrund allgemeiner Gesetze helfen da nicht weiter. Wie finden wir neue allgemeine Gesetze, aufgrund derer neue Experimente neue Axiome in die Welt stellen? Wie wurde in unserer Erkenntniswelt die Erde von der Scheibe zur Kugel, zum beiläufigen Planeten unter vielen?

Induktives Vorgehen bedeutet, aus der Beobachtung eines Phänomens in einen möglichen allgemeinen Zusammenhang hineinzuführen, also vom einzelnen, speziellen auf die allgemeine Bedeutung zu schließen. Es ist die Umkehrung der deduktiven Methode. Im Vergleich erkennen wir sofort, daß der Spielraum zur Gestaltung der Naturgesetze aus der Beobachtung der Details des Gangs der Welt eine unendliche Dimension hat.

Das archimedische Gesetz von der Verdrängung ist ein berühmtes Beispiel induktiven Vorgehens. Archimedes bekam von König Hieron die Aufgabe, einen vielgestaltigen Goldkranz auf Echtheit zu untersuchen. Wie konnte das Volumen dieses Körpers ermittelt werden? Rechnendes Zerlegen in Einzelteile half nicht weiter, waren nicht alle Formen rechnerisch faßbar. Entmutigt nahm der Mathematiker, um Distanz zu gewinnen, ein Bad – und: „Heureka!" – Ich hab's! – Das aufsteigende Wasser am Wannenrand beim Einstieg in die Wanne zeigte ihm, daß sein kompliziert gebauter Körper eine meßbare Menge Wasser verdrängte. Auf gleiche Weise konnte er das Volumen der Krone messen. Das grundlegende Naturgesetz wurde aus der Beobachtung einzelner Phänomene erkannt. Die deduktive „wissenschaftliche Methode" hätte nichts genützt.

Die Verknüpfung zweier völlig voneinander verschiedener Dinge, der Auftrag mit der Krone und sein Bad, hat zur Problemlösung geführt und ein allgemeines Gesetz zur Erklärung beider Phänomene gefunden.

„Heureka" wird als Methode Heuristik genannt und soll nicht logisch mathematisch lösbaren Problemen auf die Spur kommen. Induktive Forschung ist eigentlich nicht Methode zu nennen, wenn Methoden einen festen Weg zur Lösung beschreiben, wie in der Deduktion. Induktion ist Zufall, Trial-and-error und Begabung dazu. „Ich weiß, daß ich nichts weiß", sind weise Worte von Sokrates, die die Grundlage induktiver Denkweise darstellen, denn sie halten offen für Neues.

Kinder sind zu Beginn ihrer Entdeckungsreise unserer Welt induktiv forschend. Sie können nur aus der Beobachtung der Einzelheiten ihrer Umgebung auf den Gang der Dinge schließen, denn sie haben noch kein Gerüst der Allgemeinbildung, in das sie ihre Welt ordnen könnten. Das macht die eidetische Veranlagung und das Vorstellungsvermögen von Kindern aus. Sie sind nach allen Seiten offen und saugen alle Bilder ihres Daseins in ihre Vorstellung der Welt auf.

Das Gesetz der Verdrängung
Der induktive Beobachter blickt in die Zukunft

Später, in der Schule, lernen sie das Gerüst der allgemeinen Gesetzgebung ihrer Gesellschaft. Sie werden methodisch angeleitet, ihre bisherigen Erfahrungen in dieses Regalgerüst einzuordnen. Sie lernen, die Herren der Welt zu sein. Die eidetische Kindlichkeit weicht der klaren sozialen Strukturierung. Selbstsicherheit und Anerkennung in der Gesellschaft sind der Lohn für die Annahme des gelehrten Gerüsts der anerkannten Regeln der Welt.

Wer sich dieser Lehre nicht oder nicht vollständig beugt, hat die Qual oder den Gewinn der ewigen Neugier, denn er weiß, daß er nichts weiß. „Etwas sonderbare, verschlossene, einsame Kerle ..." nennt Einstein (1918) diese Mitglieder im Tempel der Wissenschaft neben den Denksportlern und Utilitaristen und macht sie für das Entstehen des Tempels verantwortlich, denn das Finden elementarer Gesetze ist induktiven Menschen vorbehalten.

Schauen wir in das Hirn eines induktiven Menschen, so wird – neben einem ordentlichen Regal allgemeingesetzlicher Strukturen – ein Haufen Erfahrung unordentlich herumliegen, ohne feste Struktur. Der Erfahrungspool ist chaotisch und gehorcht allein dem fotografischen Gedächtnis des Inhabers. Das Repertoire gleichwertig beieinanderliegender Informationen, über die man verfügen kann, schafft einen weiten Spielraum der Kombination von Beobachtungen und kann zu völlig neuen Strukturen führen, wenn ein ungelöstes Problem ansteht. Keine Denkhierarchien, keine Vorurteile verstellen die Chance, Dinge der eigenen Erfahrung neu zu gestalten.

Dazu ist ungewöhnliche Intensität erforderlich, Bedürfnis, zu finden, Begeisterung und Eifer des Numinosen (Religiösen) oder des Verliebtseins. Deshalb vielleicht das Bild vom zerstreuten Professor. Intuition und Einfühlung sind Motoren induktiven Denkens. Auf welche Weise die Auswahl von Erfahrung, die Bewertung und Aussonderung irrelevanter Information und die Kombination von Fakten vorgeht, ist nicht bekannt.

Das aber kann kein Anthropozentriker, der die Welt von oben betrachtet. Der induktiv denkende Wissenschaftler steht integral in der Natur, ist Teil ihrer Struktur und schaut sie partnerschaftlich und gleichwertig an. Wir sind Teil der Probleme, die wir zu bewältigen suchen, und setzen die Bausteine so zusammen, daß wir von innen heraus die elementaren Gesetze anschauen.

Unser Architektenberuf ist zutiefst induktiv. Als Erfinder von Unikaten ist fast jeder Schritt der Gestaltung ein induktiver. Wir tun gut daran, sonderbar, verschlossen und einsam zu sein, wie Einstein die Intuitiven sieht. Wohl dem, der sich über die deduktive Erziehung ein induktives Chaos bewahrt hat; das Regal der deduktiven Ordnung ist schwer abzubauen, zumal wir es für so viele Dinge im Beruf brauchen.

Chaos & Ordnung

„Ordnung ist das halbe Leben, meine Tochter!" – „Ich lebe aber in der anderen Hälfte, Mami!" beschreibt ein typisches Familienproblem. „Ordnung ist das halbe Leben, Chaos ist das ganze", ist die logische Schlußfolgerung daraus. Als meine Tochter Olga (damals 3 Jahre) mit der Mami in Urlaub fuhr, hatte sie ihre umfangreiche Stofftiersammlung auf der alten Kinderbettmatratze drapiert. Um einen Gast übernachten zu lassen, haben wir das Ensemble respektvoll beiseite gelegt. Als Olga nach drei Wochen wiederkam, war das Geschrei unendlich. Wir hatten die Matratze um 180° verdreht zurückgelegt. Das Chaos ihres Zimmers hat hohe Ordnung. Sie wies ihren Vater telefonisch aus USA in ihrem Zimmer zu einem vergrabenen Notenblatt, das sie gefaxt haben möchte. Es ist für sie nicht vergraben. Sie streunt durch ihre Welt und findet sich selbst in Abwesenheit zielsicher in einer für andere unzugänglichen Struktur zurecht. Chaos nennt der Betrachter die ihm unbegreifliche Ordnung.

In unserem Gehirn, so weiß (zur Zeit) die Wissenschaft, ist Information chaotisch gespeichert. Wird etwas daraus abgefragt, so filtern wir die Information durch unsere erworbene Wissenshierarchie und versuchen, sie einzuordnen. Oder wir streunen mit fotografischem Gedächtnis durch die wilde Chaoslandschaft unserer Erfahrungen und versuchen, sie zu verstehen. Verstehen, so Roger Penrose, ist nicht berechenbar, Gehirne arbeiten nicht rechnerisch.

Bleiben wir bei dem Landschaftsbild unserer Erfahrungen im Gehirn. Bezogen auf das zu lösende Problem, werden sich die chaotischen Strukturen zu formen beginnen. Es wird Senken des Zusammenflusses von Möglichkeiten geben. Es wird schließlich Täler geben, in die die als relevant erkannten Dinge einfließen, die mit wachsender Tiefe die Fakten geradezu aufsaugen. Seltsame oder chaotische Attraktoren nennt sie die Chaosmathematik. Es wird andererseits Berge mit entsprechender Abstoßung geben. Diese Landschaft mit Tälern und Bergen tragen wir in uns herum, bis eine Verdichtung zu einer uns optimal erscheinenden Möglichkeit das „Heureka" bewirkt. Danach, unter Einbau der gewonnenen Erfahrung, ist das Gehirn wieder eine chaotische Landschaft von Informationen, bereit zu irgendeiner problemorientierten Neustrukturierung.

Wie der Übergang vom allgemeinen Chaos zur speziellen Ordnung vor sich geht, ist Spekulation. Arthur Koestler spricht von der Bisoziation, der Vergesellschaftung zweier Informationen zu etwas Neuem als zentraler Prozeß der Kreativität, das Aufblitzen der Ordnung aus dem Chaos. Unsere Entwurfstätigkeit entspräche einer ganzen Kette von Bisoziationen oder der Mulitisoziation auf einen Lösungsvorschlag hin. Inspirationsblitze, Fulgurationen oder andere Erscheinungen des Zufälligen sind zur Annäherung an das Phänomen der Erfindung in Gebrauch. Richard Rogers wird der Satz nachgesagt: „Ein guter Entwurf entsteht in fünf Minuten."

Betrachten wir einmal die Ergebnisse eines Architektenwettbewerbs. Alle Teilnehmenden haben dieselbe Aufgabe zu lösen, und doch kommen Vorschläge zusammen, die sich völlig voneinander unterscheiden. Jeder hat die Aufgabe gelöst, so weit reicht die Übereinstimmung deduktiver Ermittlungstätigkeit. In jedem chaotischen Entwerfergehirn haben sich unterschiedliche Ordnungsstrukturen gebildet, je nach Erfahrung andere Dinge hervorgehoben oder verborgen. Je nach Befindlichkeit wurden Dinge unterschiedlich bewertet. Auch deduktive Entwürfe sind dabei, die Dinge vorschlagen, wie sie schon immer waren. Andere haben vorzeiten etwas Neues gemacht und kopieren sich nun selbst, ungeachtet daß alles fließt und auch die Erkenntnis dynamisch ist. Auch sie bekommen Preise, erkennen sich doch die Preisrichter wieder. Es gibt auch neue Ansätze, die oft unterliegen. Alle aber sind in der Regel sehr unterschiedlich.

Induktives Denken ist Grundlage der Erfindungsgabe. Die kindliche Vorstellung aber muß aus einem großen Erfahrungsschatz schöpfen können, den wir so offen wie möglich und so strukturiert wie nötig in uns anlegen sollten. Nur aus vollem Bauch ist gut schöpfen.

==Allein die Ressourcen machen noch keinen Erfinder. Er muß auch in Finderlaune sein==. Die Befindlichkeit des Entwerfers, seine Wertvorstellungen, die äußeren Umstände und vor allem die inneren Umstände beeinflussen den kreativen Menschen. Himmelhoch jauchzend und zu Tode betrübt sind Zustände, die jeder Entwerfer kennt und vielleicht schon beim Lesen dieser Zeilen fürchtet.

Angst-Wut-Syndrom

Die Bahn des kreativen Entwerfens verläuft alles andere als glatt. Wir können durch intensive Beobachtung der Welt unseren Erfahrungsschatz auffüllen, wir können aber nur sehr begrenzt unsere Befindlichkeit steuern, wenn es nicht so geht, wie es gehen sollte, wenn wir mitten in unserer Arbeit festsitzen. Geistig festsitzen. Robert M. Pirsig schildert in seinem wunderbaren Buch „Zen und die Kunst, ein Motorrad zu warten" im Rahmen einer Motorradreise quer durch die USA eine Fülle solcher Bremsen, die einen unwiderruflich zurückwerfen. Sie sind Inspiration und Teil dieser Kapitel und werden hier zusammengefaßt und auf unseren Beruf übertragen. Manchmal wird Pirsig zitiert. Er schildert „Festsitzen" am Beispiel des Seitendeckels vom Motorgehäuse, dessen Verschußschraube sich nicht lösen läßt, da man selbst den Schlitz der Schraube deformiert hat.

Ich lese vor:

„Sie waren in Gedanken schon viel weiter und haben überlegt, was Sie tun würden, wenn der Seitendeckel ab ist, und deshalb dauert es eine Zeit, bis Ihnen aufgeht, daß dieses lästige kleine Mißgeschick eines zerstörten Schraubenkopfes nicht bloß eine lästige Kleinigkeit ist. Sie sitzen fest. Können nicht mehr weiter. Aus und

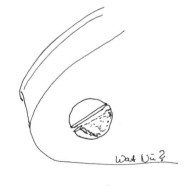

Wat Nü?

Vorbei. Auf einmal ist es völlig unmöglich geworden, das Motorrad zu reparieren. Das ist nicht etwa ein seltenes Ereignis in Wissenschaft oder Technik. Es ist das allerhäufigste. Man sitzt einfach fest. In der herkömmlichen Motorradwartung ist das der schlimmste aller Momente, so schlimm, daß man lieber gar nicht daran denkt, bevor er eintritt.

Ihr Werkstattbuch hilft Ihnen jetzt auch nicht weiter (da steht nur „Seitendeckel abnehmen"). Wissenschaftliche Vernunft ebensowenig. Sie brauchen kein wissenschaftliches Experiment anzustellen, um herauszufinden, wo der Fehler liegt. Sie wissen ja genau, wo der Fehler liegt. Was Sie brauchen, ist eine Hypothese dafür, wie Sie die schlitzlose Schraube da rauskriegen, und die wissenschaftliche Methode liefert keine solchen Hypothesen. Sie funktioniert erst, wenn die Hypothesen schon vorliegen.

Das ist der Moment Null des Bewußtseins. Man sitzt fest. Keine Antwort. Alles aus. Fix und fertig. Es ist ein Tiefschlag fürs Selbstbewußtsein. Man verliert Zeit. Man ist unfähig. Man weiß nicht, was man tut. Man sollte sich über sich selbst schämen. Man sollte die Maschine zu einem richtigen Mechaniker bringen, der sich mit solchen Sachen auskennt.

Es ist ganz normal, wenn in solchen Situationen das Angst-Wut-Syndrom auftritt und man diesen Seitendeckel am liebsten mit Hammer und Meißel bearbeiten oder mit einem Vorschlaghammer abschlagen würde. Man überlegt, und je länger man überlegt, um so größer wird die Versuchung, die Maschine auf eine hohe Brücke zu schaffen und sie in den Fluß zu schmeißen. Es ist ja auch wirklich nicht einzusehen, daß man an so einem winzigen Schlitz in einer Schraube so restlos scheitern soll.

In Wirklichkeit steht man vor der großen Unbekannten, der Leere allen abendländischen Denkens. Man braucht irgendeine Idee, irgendwelche Hypothesen. Die herkömmliche wissenschaftliche Methode hat es leider nie so weit gebracht, daß sie einem sagen würde, wie man es anstellen soll, neue Hypothesen zu finden. Die herkömmliche wissenschaftliche Methode ist seit jeher überwiegend nach rückwärts gewandt. Sie ist brauchbar, wenn man wissen will, wo man gewesen ist. Sie ist brauchbar, wenn man die Wahrheit dessen überprüfen will, was man zu wissen glaubt, aber sie kann einem nicht sagen, wohin man gehen soll, es sei denn, man braucht nur in der bisherigen Richtung weiterzugehen. Kreativität, Originalität, Erfindungsreichtum, Intuition, Phantasie – mit anderen Worten, alles, was verhindern könnte, daß man immer wieder einmal „festsitzt" – liegen völlig außerhalb ihrer Reichweite." Ende der Vorlesung.

Jedem, der entwirft, fallen unzählige Situationen von Seitendeckeln ein, die einen in die Tiefe des Festsitzens stürzen. In einem genialen Grundriß fehlt die Gästetoilette, die Kopfhöhe der Treppe reicht nicht aus, die Ansichten sind schauder-

• Festsitzen
• kein Gedanke mehr möglich
• Gehen Sie besser ins Kino?

haft. Alles aus. Alles neu. Alles von vorn. Stunden sind Müll. Die Verzweiflung läßt kreatives Arbeiten nicht mehr zu. Man brütet dumpf und ohne Aussicht auf Lösung des Problems.

In Pirsigs Buch wird eine Erklärung des Phänomens gegeben. Er schildert eine Bauanleitung, die mit den Worten beginnt: „Die Montage japanischer Fahrräder erfordert großen Seelenfrieden." Das ist die Gemütsruhe, die uns beseelt, wenn wir – eins mit unserem Tun – in unsere Arbeit vertieft sind, bis wir eins mit ihr sind und der Zustand des Objekts unserer Bemühungen mit dem unseren in Einklang gerät. Die Versunkenheit in die Materie unseres Tuns und ihre Gestaltung in beiderseitiger Angemessenheit schaffen Seelenfrieden. Garanten für den Seelenfrieden sind Erfahrung und Befindlichkeit.

Wenn wir baukonstruktiv entwerfen wollen, ist die Kenntnis der Materie, mit der wir spielen, und die der Physik, der die Materie und wir selbst als Teil der Natur unterliegen, unbedingte Voraussetzung für den Seelenfrieden, den wir zum gelassen-spielerischen Entwerfen brauchen. Fehlt uns aber die Begeisterung, haben wir keinen Mut zur Erfindung, nützt das Repertoire wenig. Deshalb ist es von großer Wichtigkeit, sich zum Entwerfen in eine hohe Begeisterung zu versetzen und Seelenfrieden zu haben. Wie das geschehen soll, ist in keiner Anleitung zu finden. Mut und Begeisterung werden für die Arbeit als selbstverständlich vorausgesetzt. Entmutigungen werden verschwiegen, als seien sie tabu. Aus ihnen herauszukommen, ebenfalls.

Leider gibt es genügend Anlässe, Begeisterung und inneren Frieden empfindlich bis nachhaltig zu stören. Davon soll eine Auswahl dargestellt werden. Ihnen fallen sofort eigene Killer ein, die Ihnen Lustverlust gebracht haben. Es gibt unendlich viele. Wenn sie einen unvorbereitet – und das tun sie immer! – treffen, ist es aus. Vielleicht, wenn wir davon wissen, ist es einfacher, damit fertig zu werden, zumal wenn ein paar Tips zur Überwindung dabeistehen.

Rückschläge

Rückschläge nennt Pirsig jene Entmutigungen, die durch äußere Umstände verursacht werden.

Der im Bauwesen häufigste Rückschlag ist die Änderung. Sei es, daß die Bauherrschaft neue Wünsche, kein Geld mehr oder zuviel davon hat, sei es das Bauamt, die Denkmalpflege, der Tragwerksplaner oder die Dimension der Lüftungsanlage. Die bisherige Arbeit ist futsch. Bei Pauschalhonorar schmerzt ein solcher Rückschlag bitter. Nichts hilft, als neu zu beginnen und eventuell das Honorar nachzuverhandeln.

Das Auftreten neuer Gegebenheiten ist eine weitere Rückschlag-Kategorie. Wassereinbruch bei Gründungsarbeiten, archäologische Funde oder schlechter Baugrund nach Ausschachtung werfen die Baustelle zurück und erfordern neue Ansätze in der Planung.

Eine andere beruht auf falscher Reihenfolge und betrifft insbesondere die Detailplanung im Zusammenhang mit der daraufhin folgenden Produktion und Montage. Das schönste Detail taugt nichts, wenn es nicht montierbar ist, weil der Schraubenschlüssel nicht mehr angesetzt werden kann. Alles neu! Auf der Baustelle tritt dem Entwerfer der Angstschweiß auf die Stirn, wenn er einem Anruf des Bauleiters zu dem Problem folgte. Kein Geschrei, keine Beschuldigung anderer, sondern gemeinsame Lösung, so kostenneutral wie möglich, schaffen Abhilfe. Kenntnis der Dinge vermeidet solche Vorfälle nie vollständig.

Die intermittierende Störung ist ebenfalls ein penetrantes Baustellenproblem. Will man einen Fehler suchen, tritt er nicht auf. Will ihn dem zuständigen Handwerker zeigen, geht alles glatt. Kaum ist er weg, ist der Fehler da. Der Vorführeffekt bringt einen zur Raserei. Bei Wackelkontakten im Elektrobereich, bestimmten Zugerscheinungen, Fließgeräuschen u.ä. sind wir diesen Zufällen ausgeliefert. Geduld und Hartnäckigkeit aller Beteiligten sowie gute Hypothesen bis zum „Heureka" sind vonnöten.

Verzögerte, falsche, nichtpassende oder ausbleibende Bauteillieferungen und Ausfälle sind Rückschläge im logistischen Bereich der Baudurchführung und werfen penible Zeitpläne durcheinander. Die helle Wut packt einen erst beim lässigen Schulterzucken der Beteiligten.

Rückschläge sind vorwiegend im materiellen Baugeschehen zu finden. Sie sind selbst auf gutgeführten und teamorientierten Baustellen die Regel, und ein gewitzter Bauleiter hat fast immer schon mehrere Lösungsmöglichkeiten im Kopf, denn sie kumulieren sogar. Wir selbst stehen dann immer noch ganz gut da, kommen sie doch in der Regel von außen und vertreiben unseren Mut nicht völlig.

Blockaden

Blockaden kommen aus uns selbst, aus unserem Inneren, und sind geeignet, uns vollends den Mut zu nehmen. Sie entstehen im wesentlichen aus Unsicherheit dem Tun gegenüber oder mangelnder Offenheit im Denken.

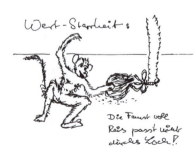

Die wichtigste und häufigste Blockade ist die Wert-Starrheit. Sie beruht sicher auf der starren Gliederung des Wissens in uns, die wenig Spielraum für Alternativen läßt. Das schönste Beispiel für Wert-Starrheit ist die südindische Affenfalle. Man bohre in eine Kokosnuß ein Loch, das gerade so groß ist, daß sich eine Affenhand hineinzwängen kann. Mit ein wenig Reis gefüllt an einen Baum gebunden, greift bald ein Äffchen nach dem Reis. Die mit Reis gefüllte Hand bekommt es nicht mehr aus der Nuß. Wenn die Dorfbewohner es einfangen, siegt nicht der Wunsch nach Freiheit über den Wunsch nach Reis, kommt keine Überlegung, wie die Hand hineingekommen ist, um in Umkehrung der Reihenfolge entkommen zu können. Die Schublade „Reis" bleibt in Funktion. Wollen wir mit dieser inneren Struktur neu auftretende Probleme lösen, muß uns der Mut verlassen. Wer die Schraube des Gehäusedeckels geistig nur mittels Schraubendrehers öffnen kann, kommt nicht auf Rostlösemittel, kleine Schläge, tangential angesetztes Werkzeug, Ausbohren und Gewinde-neu-Schneiden, oder was es noch alles zur Lösung von Schrauben an Ideen gibt. Wenn uns eine solche Entmutigung trifft, sollten wir uns gemächlich zurücklehnen und uns das Problem in Ruhe vor Augen halten. Zeit haben wir sowieso, denn es geht ja nicht weiter. Wir schweifen um das Problem herum und überlegen, ob wir wirklich schon alles bedacht haben, schweifen auch ab und nähern uns von anderswo. Irgendwann kommt ein Lichtblick in die trübe Soße unserer Gedanken. Vielleicht hat er nicht unmittelbar Bezug zum Problem, aber das Denken geht weiter. Nur aus der Ruhe können Sie, sich öffnend, der Wert-Starrheit entkommen. Archimedes, wie wir inzwischen wissen, nahm in seiner gedanklichen Not ein Bad, und: heureka!

Weniger aus uns selbst, als aus unserem wissenschaftlichen Ansatz kommt die Wert-Starrheit der binären Bewertung der Dinge mit Ja oder Nein, gut oder schlecht, ohne die Möglichkeit einzuräumen, daß nichts davon zutrifft. Der binäre Computer unterstützt diese Mißachtung des „nicht zutreffend". Treffen solche Ergebnisse ein, werden sie gern beiseite gehalten und selten so ausgewertet, daß ihr Auftreten zur Forschung anregt, da die Antwort auf das Problem möglicherweise jenseits der aufgestellten Hypothese liegt.

Nicht weit von der Wert-Starrheit entfernt ist die Ichbezogenheit. Vor lauter Eitelkeit ist man nicht in der Lage, Dinge zu akzeptieren, die man noch nicht kennt. Hat man gar eindeutige Fehler gemacht, ist man nicht geneigt, diese zu glauben, geschweige denn, richtige Lösungen von anderen anzunehmen. Dafür ist man versucht, gleichlautende Fehler anderer zu seiner Unterstützung zu übernehmen, denn sie schmeicheln der Selbstüberzeugung. Das endet in der fortwährenden Vertuschung alter Fehler und führt zu innerer Verzweiflung. Diese hätte dem Papst gut angestanden, als er vor kurzem Galilei „rehabilitiert" hat. Er ist sicher weit entfernt von innerer Zerknirschung. Ichbezogenheit ist für kreative Arbeit hinderlich, für Teamarbeit unerträglich. Niemals wird sich die Natur auf ein Ich einlassen und sich nach ihm richten. Der Ichbezogene kann nur bescheiden werden, bevor sein Ballon platzt. Er muß sein Nichtwissen als Qualität definieren und das Zugeben von Fehlern als persönliche Größe.

Die Ichbezogenheit kann durch angenommenen Teamgeist zur Auffüllung der eigenen Lücken und durch aufgesetzte Kollegialität übertüncht werden.

Das Gegenteil ist Ängstlichkeit als Entmutigung. Lieber nichts tun, als es falsch tun. Oft ist mangelndes Repertoire Grund dafür. Aus mangelnder Übersicht tut man das Falsche, arbeitet, wo es nicht nötig ist, und macht Fehler aus lauter Angst, Fehler zu machen. Unverstandene Dinge werden als Kopie im Zusammenhang mit dem anstehenden Problem eingesetzt und führen an der neuen Stelle zu Fehlern und Scheußlichkeiten. In der Baukonstruktion ist Ängstlichkeit aus Mangel an Bildung der häufigste Verursacher von Bauschäden, zumindest von gezeichneten Schäden. Hier hilft nur, sein Repertoire ernsthaft aufzufüllen und sich zu bilden. Erst, wenn man meint, genügend Information zum Thema zu besitzen und diese verstanden zu haben, erst, wenn beruhigender Seelenfrieden eintritt, sollte das eigentliche Problem angegangen werden. Es läuft dann wie von allein.

Dicht daneben ist das „Hühnern", die Konzentration auf ein Detail, das verstanden wurde, ohne die zusammenhängende Struktur zu erkennen. In einer Gemeinderatssitzung werden in kurzer Zeit zukunftweisende Dinge wie die Kanalisation, eine ICE-Trasse, das Agrarstrukturprogramm beschlossen, bis es auf die Parkplätze vorm Haus kommt. Stunden wird diskutiert, alle wissen es etwas besser, kein Beschluß ist möglich, das Thema wird vertagt.

Wer sich im Architekturwettbewerb mit den Toiletten aufhält, ist nicht konzeptfähig. Hühnern signalisiert Angst vor Entscheidung, die nach der Ordnung im Gehirn in Attraktoren und Berge getroffen werden muß. Übergenauigkeit mangels ganzheitlicher Konzepte sind Anlaß zu schwerer Entmutigung und Selbstzerfleischung. Es gehört eine gewisse großzügige Risikobereitschaft zu komplexen Problemlösungen. Um 350 v. Chr. hat Aristoteles in seiner Nikomachischen Ethik formuliert: „Es zeichnet einen gebildeten Geist aus, sich mit jenem Grad an Genauigkeit zufriedenzugeben, den die Natur der Dinge zuläßt, und nicht dort Exaktheit zu suchen, wo nur Annäherung möglich ist." Der Grad an Genauigkeit wird von der städtebaulichen Planung bis zum Fliesenspiegel zunehmen, jeder für sich angemessen. Der Hühnerer muß von seinen Körnchen aufblicken, den Tellerrand finden und darüber hinwegschauen. Das Auffüllen mangelnden Repertoires kommt dann von allein, und das Selbstwertgefühl wächst mit der Übersicht in der Welt.

Langeweile als nächste Entmutigung kann furchtbare Folgen haben. Sie tritt auf, wenn eine Arbeit nicht mehr genügend fordert und uns andere interessante bereits erwartet, die von der eigentlich zu erledigenden Arbeit ablenkt. Der Mut ist vergangen, die Luft ist raus. Sofort aufhören, ist das probate Mittel, nicht in

am Detail hühnern

Fehlerserien aus Langeweile zu geraten. Pirsig rät Schlafen und Kaffee trinken. Man kann langweilige Arbeiten zum Ritual gestalten, wenn sie getan werden müssen. Am besten machen sie andere. Für manche ist das schöne, zur Präsentation notwendige, Darstellen ihres Entwurfs Langeweile pur. Ihnen reichen die Schweinezeichnungen und -modelle, die zur Klärung der Aufgabe gedient haben. Andere lieben die Herstellung und Gestaltung schöner Darstellungen einer Idee und gehen darin auf. Mögen solche Neigungen einander treffen! Es ist die Ablenkung, die Langeweile für die Durchführung einer Arbeit so gefährlich macht. Sonst, so wissen wir alle, bedeutet sie geistige Erholung, bietet inneres Abschweifen oder einfach Leere, wie Meditationsmusik einem suggerieren will.

Ungeduld beginnt als Entmutigung zu wirken, wenn wir uns zeitlich verschätzt haben oder eine zeitliche Schätzung mangels Erfahrung nicht zuwege kommen konnte. Dann sollten wir unbegrenzt Zeit einplanen. Das geht selten. Wir können die Aufgabe verkürzen, die Beschreibungstiefe mindern, um zeitlich zurechtzukommen. Sind wir dann durch irgendeine Entmutigung geistig blockiert, müssen wir alles tun, um nicht grobe Fehler aus Ungeduld zu machen. Am besten beginnt man wie Archimedes mit Sowieso-Tätigkeiten. Wir können die Zeichenmaschine neu bespannen, die Rapis reinigen, das neue CAD-Programm aufspielen.
Ein Studi hat einst einen Baulückenentwurf begonnen und bat mich um Betreuung. Wochen ließ er sich nicht blicken, so daß ich ihn aufgab. Dann kam er mit fertig gezeichneten sauberen Plänen inclusive Layout, Beschriftung und einem perfekten Modell. Nur die Baulücke war weiß. Mit „Ich habe mir Folgendes gedacht" breitete er seine Skizzen aus, die in die Lücke paßten. Die Arbeit begann. Den frustrierenden Zeitraum der kreativen Findung hatte er mit Sowiesoarbeiten ausgefüllt, die irgendwann getätigt werden müßten, und dann möglicherweise Langeweile aufkommen lassen könnten. Während dieser Arbeiten hatte er die zum Entwurf notwendige intime Kenntnis von der Umgebung erworben, denn sie war detailliert dargestellt. Sein Repertoire zum Entwurfsproblem war enorm gestiegen. Er konnte souverän und spielerisch entwerfen.

Entmutigungen, die zur Blockade kreativer Tätigkeit führen, müssen nicht aus der Tätigkeit selbst kommen. Der Verlust des Selbstwertes aus allen Gründen blockiert bereits. Mit Liebeskummer kann niemand entwerfen. Zu tief ist der Selbstwert gesunken. Man ist weder für den anderen noch für sich selbst von Wert und wäre am liebsten tot. Entwerfen ist unmöglich. Da hilft nur die Zeit. Es gibt wenig anderen Trost. Als BAFÖG-Beauftragter ist es mir einmal gelungen, eine einsemestrige Verlängerung der BAFÖG-Zahlungen wegen der Seelenkrankheit Liebeskummer für eine Studentin zu bewirken.

Über die innere Stimmung hinaus gibt es auch sehr einfache physische Gründe zur Entmutigung, die zu Blockaden in der Arbeit führen können.
Das Werkzeug, mit dem wir arbeiten, kann zur Entmutigung führen, wenn es schlecht und ungeeignet ist. Wir sollten zur Arbeit das beste Zeichenzeug, gutes Papier, die beste Kamera oder den besten Computer haben, den wir uns leisten können. Die alte Reißschiene ist würdig, eine Zeichenmaschine gibt aber mehr Freiheit, denn sie ist universell einstellbar. Der Computer spart sehr viel Arbeit und gibt universellen Einblick in den Plan. Lieber gut und gebraucht, als neu und weniger gut.
Der Arbeitsplatz soll genügend hell sein, angenehm temperiert und bequem. Ist unsere körperliche Befindlichkeit gestört, kann das zu mangelndem Wohlbefinden und damit zu Blockaden führen.
All diese Aufzählungen möglicher Entmutigungen bei der kreativen Arbeit und der möglichen Maßnahmen dagegen können nicht an der Stechuhr des Arbeitsplatzes abgegeben und am nächsten Morgen wieder aufgenommen werden. Mut ist ein Lebensziel, das nicht allein auf die kreative Tätigkeit bezogen ist. Unsere gesamte Art zu leben steuert unsere Anfälligkeit für Entmutigungen oder schafft eine Basis für weitgehende Immunität dagegen. Die Probleme, von denen gesprochen wurde, sind nicht die Probleme der Projekte, die wir bearbeiten, sondern unsere Probleme, die sich in den Projekten darstellen. Der Entwurf sind wir. Wir sind eins mit dem Projekt, bis es zur allseitigen Zufriedenheit gewachsen ist.

Qualität

Wir sprechen von qualitätvoller Architektur, meinen Konzepte oder Details, gut angewendete Materialien und schöne Bauten, Raum- und Baukunst. Diese Qualität ist als Unikat frisch aus dem Chaos geschöpft oder deduktiv aus den Regeln der Historie entstanden, in Kopien oder im Mainstream der Moden oder in Selbstkopie einer einmal gehabten Idee, die den Verfasser sogleich identifiziert. Selten ist ein Meister zu finden, der im Laufe des Schaffens die Dynamik des Wissens, die dynamische Realität des fortschreitenden Lebens durch immer neue Ansätze verfolgt, ja inspiriert hat. Pablo Picasso oder Miles Davis waren solche ständigen Sucher. Vielleicht ist es zuviel verlangt, den Menschen die lebenslange Avantgarde, das lebenslange Experiment zuzumuten.
Die Qualität, die hier besprochen wird, ist jenseits der künstlerischen Wertschätzung von Bauwerken (das tun bereits viele andere, denen es oft nicht gegeben war, selbst welche zu erstellen – lesen Sie deshalb Kritiken vorsichtig!). Sie ist aber Grundlage, schöne Bauwerke zu entwerfen. Es ist die Qualität in der Arbeit, die Baukunst als Tätigkeit.

An dieser Stelle soll Robert M. Pirsig noch einmal wörtlich vorgelesen werden, dessen Buch „Zen und die Kunst, ein Motorrad zu warten" im Kern diese Qualität in der Arbeit schildert.
Ich lese vor:
„Schaut euch nur mal bei Gelegenheit einen unerfahrenen oder nicht sehr tüchtigen Arbeiter an und vergleicht seinen Gesichtsausdruck mit dem eines Handwerkers, der bekanntermaßen hervorragende Arbeit leistet, und Ihr werdet sofort den Unterschied sehen. Der Handwerker schaut nicht ein einziges Mal in irgendeine Anleitung. Er trifft bei der Arbeit laufend Entscheidungen. Deshalb ist er in seine Arbeit versunken und achtet genau darauf, was er tut, obwohl er sich das nicht ausdrücklich vornimmt. Zwischen seinen Bewegungen und der Maschine waltet eine Art Harmonie. Er hält sich nicht an irgendwelche schriftlichen Anweisungen, weil die Natur des Materials, an dem er arbeitet, seine Gedanken und Bewegungen bestimmt, die gleichzeitig die Natur des bearbeiteten Materials verändern. Das Material und seine Gedanken erfahren gleichzeitig und fortlaufend Veränderungen, bis er innerlich zur Ruhe kommt, im selben Augenblick, da das Material den richtigen Zustand erreicht." „Hört sich an, als ob von Kunst die Rede wäre", sagt der Kunstlehrer. „Es ist Kunst", erwidere ich. „Diese Trennung von Kunst und Technik ist völlig unnatürlich ..." Ende der Vorlesung.

Daß das Motorradschrauben ein längst vergessener Zweig der Bildhauerkunst ist, datiert Pirsig in die graue Vorzeit. Es ist anzunehmen, daß die Trennung sich mit der Entstehung der anthropozentrischen Kirchen vollzog, als sich der Mensch als Gottschöpfer und Herr der Welt aufzuspielen begann und den Rest der Welt zum Objekt der Ausbeutung erklärte. Damit begann die Distanzierung von Subjekt und Objekt, die uns die Dinge vorwiegend aus der Ferne und mit der Brille unseres Wissens betrachten – und oft nicht verstehen läßt. Betrachten wir unsere gesamte Erfahrung als Beschichtung eines Spiegels, so spiegelt sich die Welt darin als die Wahrheit, die uns die Qualität unserer Spiegelbeschichtung als Wahrheit zu sehen gestattet (Konrad Lorenz, „Die Rückseite des Spiegels"). Das deduktive Abtasten der Welt gemäß der Spiegelbeschichtung wird sofort gestoppt, wenn ein Phänomen auftritt, das die Beschichtung nicht erkennt. Es treten die oben beschriebenen Symptome ein.
Versunkenheit und Harmonie, zur-Ruhe-Kommen im richtigen Zustand sind das Gegenteil von distanzierter Betrachtung. Sie folgen dem schon erwähnten Satz: „Die Montage japanischer Fahrräder erfordert großen Seelenfrieden." Der Arbeiter und der Gegenstand seiner Arbeit sind eins. Es gibt keine Trennung von Entwurf und Entwerfer. Wir sind unser Entwurf. Alle Probleme, die sich in der Beschäftigung mit dem Entwurf auftun, sind unsere Probleme, alle Erfolge, die sich zeigen, sind unsere Erfolge. Allein aus dem Miteinander kann Qualität wachsen – oder

sich entfernen, wenn das Miteinander nicht gelingt. Solange wir entwerfen, haben wir im Gegenstand unserer Arbeit etwas geliebtes Wesenhaftes, das uns eifersüchtig fesselt, 24 Stunden des Tages.

Seelenfrieden entsteht durch die intime Kenntnis der Materie, mit der man gestaltet, bis der richtige Zustand erreicht ist. Wer sicher die Stoffe kennt, mit denen er gestaltet, und die Physik beherrscht, die zwischen den Stoffen und der Welt wirkt, kann ohne Blick in ein Baukonstruktionsbuch oder irgendeine Anleitung spielerisch gestaltend und konstruktiv entwerfen. Er ist versunken in seine Schöpfung und ... siehe oben. Physische Ruhe, geistige Ruhe, möglichst die Ruhe in der Ganzheit unseres Daseins sind Fundamente des Seelenfriedens. Erfahrung und Befindlichkeit stärken Seelenfrieden. Er kann schwinden, wenn wir in die Materie nicht ausreichend versunken sind oder sie nicht ausreichend kennen.

Der Motor, der uns bei unserem Tun aufrechterhält, kann nicht Kraft von außen erhalten sondern muß innerer Antrieb sein. Identifikation, Begeisterung, Enthusiasmus (von Gott erfüllt), Engagement, ja Fanatismus sind moderne Worte zur Beschreibung des schöpferischen Antriebs. Der „hohe Mut" germanischer oder die „arete" griechischer Helden beschreiben diese innere, aus einem selbst kommende Pflicht zum Tun edler Taten. Diese schönen Begriffe wurden im Laufe der Geschichte verändert und mißbraucht, so daß sie heute unbekannt sind. Die modernen Worte aber schließen nicht Verbissenheit, Hühnerei und Erbsenzählen aus, so daß als Motor zum schöpferischen Tun in Seelenfrieden nur der Vergleich mit dem Verliebtsein in den Gegenstand seines Tuns angemessen erscheint.

Sicher trifft der geschilderte Zustand qualitätvollen Arbeitens den schöpferischen Teil unseres Berufes in besonderem Maße. Massenermittlungen, Abrechnung und viele andere Erbsenzählereien bedürfen nicht des Verliebtseins – und trotzdem: Qualität in der Arbeit ist eine Lebenseinstellung, die man hat oder nicht hat. Wer sie hat, liebt die Welt, in der er ist und für die er arbeitet. Er ist Teil der Welt, integral in sie eingebunden, statt ihr Feind, der sie anthropozentrisch zu beherrschen trachtet, was ihm schon aufgrund seiner distanzierten Einstellung nie gelingen wird. Eher kommt der integral denkende Mensch der Welt näher, in der er lebt, weil er in ihr lebt, ohne sie beherrschen zu wollen.

„Hört sich an, als ob von Kunst die Rede wäre", haben wir bei Pirsig gelesen. Es ist Baukunst und hat in diesem Zusammenhang zweierlei Bedeutung. Sie gilt für die baukünstlerische Tätigkeit des schöpferischen Entwerfens, in welchem Maßstab auch immer, aus dem Bauch voller Erfahrungen und voller Seelenfrieden sowie für das materialisierte Ergebnis dieses Prozesses als Beitrag für die menschliche Gesellschaft.

Qualitätvoll baukünstlerisch arbeiten, erzeugt in der Regel qualitätvolle Objekte der Baukunst und bereitet Freude. Qualitätvoll arbeiten ist „Freizeit".

Seelenfrieden

Musik, Mode, Segeln

Spielen auf hohem Niveau: das ist Entwerfen, vom Städtebau bis zum konstruktiven Detail. Unabdingbar zu diesem Spiel ist die Beherrschung des dazugehörigen Handwerkszeugs und des Handwerks „ohne in eine Bedienungsanleitung schauen zu müssen" – ein freies Spiel allein zwischen Entwerfendem und Entwurf, bis Seelenfrieden herrscht.

Die Liebe zu diesem Spiel kann an anderen, ähnlichen Spielarten aufgebaut, trainiert und als entspannender Ausgleich erhalten werden. Aus vielen Möglichkeiten sollen drei hervorgehoben werden, die mehr als andere dem architektonischen Entwerfen als spielerische Kunstform unter funktionalen, technischen und ökonomischen Fakten nahe stehen: Musik, Mode, Segeln.

In der Musik wird besonders klar, daß das Beherrschen des Instruments Grundlage für die Qualität der Darbietung ist. Geringe Kenntnis und mangelnde Übung ermöglichen nur schlichte Musikstücke in vielleicht schlechter Manier vorgespielt. Je virtuoser der Musikant sein Instrument beherrscht, umso hinreißender kann er nicht nur besonders anspruchsvolle, sondern auch einfachste Stücke darbieten. Virtuosität aber kommt ähnlich der einsteinschen Definition von „Genie" aus 10 % Begabung und 90 % Hosenboden. Auch der Virtuose muß täglich üben, üben, üben.

Das Musizieren in der Gruppe erfordert über das Solospiel hohe Konzentration und Disziplin. Das ganze Werk eines Quartetts, eines Orchesters oder Chors kommt zu Gehör. Die eigene Teilleistung muß zwar brillant sein, dem Ganzen aber angemessen. Teamgeist und Einfühlung sind gefordert, wenn man nicht als Rampensau oder brummelnder Hintergrund gemieden werden will. Und doch gilt diese anstrengende Tätigkeit als Spiel. Musiker spielen ihre Stücke auf ihren Instrumenten.

Es ist eigentlich gleich, ob klassische Musik interpretiert wird, ob andere in einer Rockband ihre Musik finden, ob zum Tanz aufgespielt wird oder besondere Musikformen wie Tango, Folk, Western, Volkslied oder andere gepflegt werden, die musikalischen Ansprüche können in der Spannweite vom geübten Dilettanten zum Profi erfüllt werden.

Jazzmusik führt noch etwas weiter, denn hier wird spontan entworfen. An einem musikalischen Gerüst aus Harmoniefolgen und Rhythmen oder anderen Übereinkünften entlang werden eigene, völlig neue thematische Interpretationen für das Musikstück erfunden und gespielt: Stegreifentwürfe der Musik, Kadenzen heißen sie in der klassischen Musik. Jazz erfordert von den Mitspielern noch mehr Hingabe und Aufmerksamkeit, Einfühlung in die Improvisation des Solisten, Unterstützung, Mitgehen, Kontrapunkte, Pausen. Jazz kommt unserem Architektenspiel nahe und es ist beruhigend, daß man schon mit – aus Sicht akademischer Musiker – mittlerer Beherrschung des Instruments viel Freude am Musizieren haben und sogar seinem Publikum solche bereiten kann. Musiker, so die Wissenschaft, bleiben im Alter viel länger mobil im Hirn, können komplexe Dinge leichter einordnen und lösen. Musik – jedes Baby hört zunächst absolut, sonst könnte es keine Sprache lernen – ist Hirntraining, ein Zuckerl der Sprache, wie manche Sprachforscher sagen, und ist Medizin z.B. gegen Parkinson oder als Narkotikum.

Heute dämmen perfekte Hörkonserven das persönliche Musizieren ein. Weil Musik überall vorgeführt bis abgedudelt wird, weil aber auch die Perfektion von Musikaufnahmen den Anfänger mit seinem Instrument an sich zweifeln läßt, bis er es frustriert liegen läßt, ist Kindern oder gar Jugendlichen das Musizieren schwer nahe zu bringen. Schade.

Einstein spielte Geige, Heisenberg wurde nahe gelegt, doch Musiker zu werden, das Bauhaus und die FH Lippe hatten eine Professorenband.

Architekten sollten Musikanten sein und ihre Begabung in den langen Phasen alltäglicher Arbeit am Instrument in Form halten.

Modeschöpfer sind oft Architekten. Der Entwurf von Kleidung ist Raumkunst. Der zu umformende Raum ist komplex und dynamisch. Das Material ist in der Regel zweidimensional und starr (Tuch, Leder) oder in Grenzen flexibel (Stretch, Gummi), so daß Formkunst zur Umhüllung gefragt ist. Egal, ob eng anliegende Maßkostüme und -anzüge geschneidert oder weit fallende Gewänder entworfen werden, die Kenntnis des Körpers und seiner Dynamik sind gleichermaßen gefragt.

Entwerfen und Schneidern ist Architektur von der Phase 1 bis 9 der HOAI, und es ist ziemlich schnell erledigt. Die Befriedigung, die ein solches kleines Werk gibt, wenn andere, große Projekte Ärger, Zeit und Geld kosten, ist wertvoll für das Befinden. Der Aufwand dagegen ist gering: Gefühl für Raum, Liebe zum Körper, Eitelkeit in Kleidung ohne Labelhörigkeit, Kenntnis der Materialien, Nähmaschine und ein wenig Übung damit – und Abstand von der Mode. „Modisch kleidet sich, wer nicht weiß, was er anziehen soll" so der Philosoph Vollmer.

Vielleicht nimmt der interessierte Anfänger für körperliche Raumkunst einmal eine alte Hose auseinander und entdeckt die komplizierte Linienführung der Einzelteile eines so gerade anmutenden Beinkleids, um zu verstehen, wie aus starren zweidimensionalen Elementen dreidimensionaler Raum wird, Raum für zwei Beine, einen Hintern, einen Bauch usw., Körperteile, die stehen, sitzen, liegen, gehen, laufen, springen, reiten, radeln und mehr. Das ist klassische Schneiderkunst. Sofort ist das Interesse geweckt, neue schöne Raumgebilde um den eigenen oder um andere Körper zu entwerfen. Spätestens in der textilen Architektur mit ihren den Minimalflächen folgenden Konfektionierungen findet sich diese Raumkunst wieder. Das Spiel mit Mode ist einfach und schön. Die Nähe zum Architekturentwurf macht diese Spielart zu einem sehr guten Trainingsgebiet kreativer Raumkunst.

==Segeln== hat ja nun nichts mehr mit Architektur zu tun! Falsch. Es hat sogar viel damit gemeinsam. Richard Buckminster Fuller in seiner „Bedienungsanleitung für das Raumschiff Erde":
Aber ein paar menschliche Wesen lernten allmählich im Prozeß von Erfindungen und Experimenten den Bau und Betrieb von Flößen, Einbäumen, Grasbooten und segelnden Auslegerkanus und fuhren anfangs die örtlichen Flüsse und Buchten ab, dann an den Küsten entlang und später auf hoher See. Schließlich entwickelten sie voluminöse Fischerkähne mit gerippten Rümpfen und wagten sich damit aufs Meer. Durch die Entwicklung immer größerer und tüchtigerer Schiffe waren die Seefahrer schließlich imstande, monatelang auf hoher See zu bleiben, bis sie normalerweise auf See lebten. Das führte sie zwangsläufig zu weltweiten, schnellen und gewinnbringenden Unternehmungen. So wurden sie die ersten Weltmenschen.
Nicht allein die Baukunst der Schiffsarchitekten in Kenntnis von Materie und Physik hoch effiziente Boote für das uns fremde Medium Wasser zu zimmern weist auf unseren Beruf. ==Der Aufbruch in die Fremde über ungewohntes Gelände, die Neugier und die Freude an Veränderung, Erschließung neuer Ufer und Abenteuerlust machen den Seefahrer zum kreativen Abenteurer.== So fühlen wir uns vor einem weißen Blatt mit einer neuen Aufgabe und vielleicht einem Termin, das Neuland entdeckt zu haben und dem Bauherrn darüber zu berichten wie Marco Polo dem Kublai Khan berichtet (Italo Calvino: Die unsichtbaren Städte). Für Fuller sind die Seefahrer Vorreiter der Technologieentwicklung der Menschheit und Motor ihrer Entwicklung vom Jäger, Sammler, Bauern zum Weltmenschen.
Aber auch Segeln als Sport, wie es uns heute nur noch bleibt, hat mit dem Beruf zu tun. Die Koordination von Wind und Welle zum maximalen Nutzen der eigenen Fortbewegung trainiert unser Gefühl für die Welt, in die wir unsere Bauwerke mit gleichem Gespür für alle Umweltfaktoren unter maximaler Nutzung ihres Potentials an Ressourcen setzen wollen.
==Der gute Segler== kämpft nicht gegen Wellen und Wind, er nutzt die Ressourcen zu seinen Zwecken: schnell und sicher segeln.
==Der gute Architekt kämpft nicht gegen den Unbill des Standorts, er nutzt alle Faktoren optimal für sein Projekt.==

Schon auf einem Surfbrett in der Welle wird die gefürchtete, unbändige Kraft der Brandung zu Highspeed-Erlebnissen verwandelt. Mit dem Windsurfer startet das Spiel zwischen Wind und Welle. Gute Körpermotorik ist trainierbar. Sie ist in der Regel hilfreich für gute Geistesmotorik, d.h. Koordinationsfähigkeit. Mit dem anspruchsvollen Jollensegeln in Regatten steigert sich die Anforderung für diejenigen, die sich im Wettbewerb mit anderen messen wollen: das ist dem Berufsalltag nahe. Das optimale Segeln als l´art pour l´art entspannt vom Stress des Wettbewerbs und erfüllt den gleichen Zweck der ==Entspannung in kunstvoller Anspannung.== Welch herrliches Gefühl kommt auf, wenn das Boot schnell, schön und elegant am Wind durch die See gleitet, wenn die Naturgewalten einem durch eigene Geschicklichkeit dienlich sind. Extrem, weil dem Geschwindigkeitsrausch nahe, ist Eissegeln mit über 100 Km/h.

Seemannschaft ist das Zauberwort für die reibungslose Koordination eines Teams ab zwei Personen aufwärts zur Führung eines Schiffes. Seemannschaft bedeutet für jeden: Einordnung in die Gruppe unter Einsatz seiner besten Leistung. An Bord ist gute Seemannschaft unter extremen Bedingungen von Wind und Welle überlebenswichtig. Der Skipper führt. Seemännische Anordnungen in solchen Lagen sind unverzüglich zu befolgen. Nur die solidarische Gruppe kann das Schiff und damit sich selbst erhalten. Die harte Seemannschaft der britischen Marine, wie sie C. S. Forresters Romanheld Hornblower in elf Bänden vom Fähnrich bis zum Admiral aus vielen Positionen erlebte galt für gepreßte und unfreiwillig shanghaite Mannschaften, teils aus Gefängnissen rekrutiert. Heute begibt man sich freiwillig in Seemannschaft wie in ein Orchester oder eine Band, wiederum, um trotz Anspannung und Konzentration zu entspannen.

Welchen Stellenwert die moderne Seemannschaft für ein Architektenteam hat, ist offenbar. Das gemeinsame Projekt kann je nach Projektmannschaft gut laufen oder kentern.

Sicher fällt der geneigten Leserin, dem geneigten Leser noch manch andere schöne Nebensache ein, die ähnliche Rückwirkung auf unseren Beruf haben kann, weil sie in spielerischer Leichtigkeit Schweres verlangt, Teamwork voraussetzt und Solidarität. Der Katalog ist zu ergänzen.

II. Was am Bauwerk vorgeht

In unserer anthropozentrischen Arroganz rechnen wir alle Erscheinungen, die uns auf unserem Wege stören, zu Feinden. In der Baukunst, und nicht nur dort, ist es sinnvoll, die vermeintlichen Feinde zu kennen, sie als Teil unserer Welt zu betrachten, weitgehend zu nutzen und sich nur von ihnen abzusetzen, wo es notwendig ist.

Gravitation & Wind

Jedes Bauwerk und jedes einzelne Molekül seiner Stoffe strebt zum Erdmittelpunkt und will rutschen, kippen oder zusammenfallen, wenn Wind von der Seite bläst. Die Stabilität des Tragwerks und die Festigkeit des Bodens und der Gründung des Bauwerks halten es in der gewünschten Lage. ==Für jedes Detail denken wir in Richtung Erdmittelpunkt und beachten die Windlasten. Alle Lasten müssen so direkt wie möglich in Richtung Fundament verlaufen.==
Das wird kompliziert, wenn wir Abspannungen vornehmen, die aus dem Baugrund ziehen. Jede Last, die aus der Erde zieht, tritt an anderer Stelle als Last zum Erdmittelpunkt auf. Die Häringe, mit denen unser Zelt abgespannt wird, drücken die Zeltstange in den Boden hinein. Anders bei in sich gespannten Konstruktionen. Eine Geige wiegt um 400 Gramm. Ihre Saiten sind mit ca. 28 kg gespannt. Diese 70fache Kraft wird intern durch geschickte Konstruktion aufgenommen. Allein die Masse der Konstruktion, bezogen auf die Gravitationskraft, macht ihr Gewicht aus. Räume schaffen heißt, die Gravitation aufheben oder potentielle Energie herstellen. Maßnahmen dazu sind in dem Kapitel zur Physik dargestellt.

Wasser

Wasser ist der vielfältigste Feind des Baukonstrukteurs. Es tritt selten dort in Erscheinung, wo der Schaden ist und selten zur Schadenszeit. Wasser wechselt den Aggregatzustand und ist in jeder Form unterschiedlich wirksam. Wasser kommt von allen Seiten.
Wasser von oben, Niederschlag, wird nach den Regeln der Baukunst von der Dachhaut in Rinnen, in Fallrohre und in Zisternen, Versickerungsanlagen oder in die Kanalisation geleitet. Schon dieser einfache Vorgang fällt manchen Entwerfern schwer, und es entstehen Wassersäcke oder Sintfluten konzentrierten Regenwassers. Auch ein Dachgrundriß ist zu entwerfen!
Mit Wind gemeinsam kommt Wasser auch horizontal, in Turbulenzen auch von unten. Staudruck drückt es die Pfannen hoch in das Bauwerk hinein, Schlagregen bei Sturm durchschlägt das Vormauerwerk und strömt innerhalb der Wand herab. Eingewehter Schnee lauert auf Tauwetter, um ins Haus zu tropfen, und die Schnee-

wehen in den scheußlich ausgeschnittenen Dachterrassenlöchern schmelzen durch Tür und Fenster herein. Eis macht Wasser zum undurchlässigen Festkörper. Zugefrorene Dachgullis und Fallrohre lassen das Wasser andere Wege oberhalb der genormten Dachhautgrenze suchen. Der Dachentwurf ist ein wesentlicher Teil des Gebäudeentwurfs, und die Kenntnis des Wassers ist unbedingte Voraussetzung, Dächer zu konstruieren.

Wasser von unten kann unterschiedliche Wirkung haben. Bauen wir in den Grundwasserpegel hinein, sollten wir ein dichtes Schiff konzipieren, so schwer, daß es auf Grund bleibt. Vorsichtshalber ist das Grundwasser auf aggressive Stoffe zu untersuchen. Stehen wir oberhalb des Grundwassers, kann Wasser kapillar aufsteigen oder aus Niederschlägen an dem erdbedeckten Bauteil anstehen. Je nach Dichte des Baustoffs dringt es kapillar ein und tritt an der Innenseite hervor. Eine wasserdichte Außenhaut verhindert das Eindringen. Kapillarbrechende Kiesschichten ohne Feinkornanteil halten ebenfalls Wasser vom Bauwerk fern. Eine Ringdrainage in Sohlplattenhöhe ist nur bei garantiertem Abfluß sinnvoll.

Wasser, das im Boden gefriert, hebt diesen durch seine Ausdehnung an. Fundamente in diesen Zonen werden mit angehoben. Da allgemein der Boden bei uns bis ca. 80 cm Tiefe gefriert, sind frostfreie Fundamente ab 90 cm Tiefe anzusetzen.

Wasser von innen ist Wasserdampf, der über Haut und Atmung von Menschen, Tieren und Pflanzen im Innenraum entsteht. Dampf ist unsichtbar. Erst wenn die Luft, je nach Temperatur, mit Dampf gesättigt ist, kondensiert er zu feintropfigem Nebel, der sich flüssig an den kalten Gegenständen des Raumes niederschlägt. Der Taupunkt ist erreicht. Die Außenhaut als Schutzzone zwischen kalt und warm ist Hauptort der Kondensation. Diffundiert der Dampf durch die Bauteile der Außenwand, nimmt die Temperatur ab und erreicht irgendwann den Taupunkt. Es entsteht Wasser. Die Dämmwirkung des Bauteils nimmt ab, und es kommt zu mehr Wasser. Eine Dampfsperre auf der warmen Seite des Bauteils kann solche Bauschäden verhindern. Eine nach außen sich öffnende Dampfdiffusionsschichtung kann den Dampfdurchgang fördern und eine Verdunstung von Kondensat erleichtern.

Wärme & Strahlung

Wärme ist gut, wenn es draußen kalt ist, und schlecht, wenn es heiß ist. Das Argument der wechselnden Wärme, wie hell und dunkel oder großzügig-weit und kuschelig-eng als Qualität, ist für Wärme unpopulär. Innen soll es für uns verweichlichte Komfortmenschen an jeder Stelle gleich warm sein. Gesünder wären unterschiedliche Temperaturzonen im Haus.

Ein Bauwerk verliert Wärme durch Transmission und Konvektion und gewinnt Wärme aus Strahlung. Beide Aspekte sind beim Entwurf zu beachten. Eine sehr gut gedämmte Außenwand läßt kaum Wärme entweichen, hat aber auch keinen

Gewinn. Eine Glashaut als Wetterschutz, hinterlüftet vor dunklem Untergrund, kann mit dem Treibhauseffekt Strahlungswärme gewinnen und bei geschickter Klappenanordnung durch thermischen Auftrieb und Verdunstung sogar kühlen. Fenster sind materialbedingt Schwachstellen im Wärmeschutz, gewinnen aber Strahlungswärme. Die technische Optimierung von Wärmeschutzgläsern ist nur bedingt zu nutzen, da Lichtverlust Nachteile bringen kann und für gleiche Lichtausbeute größere Fenster erforderlich sind. Die Tageslichtverfärbung bereitet gesundheitliche Bedenken für den dauernden Aufenthalt. Die Klimaanpassung von Bauwerken hat beim Fenster Tradition. „Winterflügel" für die kalte Jahreszeit oder Fensterläden für die Tag-Nacht-Veränderung sind bekannte Maßnahmen. Optimaler Strahlungsgewinn mit maximaler Dämmung bei fehlender Strahlung sind in der Kombination von lichtdurchlässigen Fenstern und gedämmten Zusatzelementen zu erreichen. Besonders wichtig ist, daß das Tageslichtspektrum nicht durch Glasfärbung verändert wird.

Die Außenwand soll in unseren Breiten optimal und lückenlos gegen Wärmeverlust gedämmt sein. Zur Speicherung des Wärmegewinns und zur Pufferung der Heizwärme sind Speichermassen im Hausinneren anzuordnen, deren spezifische Wärmekapazität nutzbar ist. Sie sollten dort sein, wohin die Sonne scheint, damit sie die Wärme direkt einspeichern. Fußböden und Innenwände sind dafür prädestiniert. Eine schwere Außenwand mit Außendämmung würde nie bestrahlt. Konsequent ist ein Bauwerk mit schweren, vielleicht tragenden Innenwänden und leichter, sehr gut dämmender Außenhaut. Die Wandstärken wären in diesem Falle einander ähnlich um 25 cm. Die tradierten Backstein- und Putzbauten sind energetisch nur mit doppelt so dicken Außenwänden und entsprechendem Aufwand zu retten.

Schall

Schall ist mechanische Energie der Bewegung von Molekülen. Schallschutz ist die Kunst, diese Bewegungsenergie zu stoppen. Das geht durch Masse (gegen die Wand laufen lassen), durch Weichheit (Gummizelle), durch Umlenkung (Labyrinth, Irrgarten), durch Schichtung (Tür mit den sieben Schlössern) oder durch Vereinzelung (am langen Arm verhungern lassen).

Luftschall (Longitudinalwellen) dringt durch jeden Spalt. Schallschutzwände sind so gut wie ihre Anschlüsse, die Türen, die Fenster, die Steckdosen und andere Installationen, die alle Mühe des kunstvoll erdachten Wandaufbaus zunichte machen können. Physik wirkt an jeder Stelle der Wand gleich. Luftschallschutz ist weniger die Kunst der Wandkonstruktion als vielmehr die Kunst der Fuge.
Körperschall (Transversalwellen) überträgt sich durch Vibration der Materie. Wir hören den durch Vibration erzeugten Luftschall. Die konstruktiven Mittel, vibrierende Bauteile nicht im gesamten Bauwerk spürbar zu machen, sind vielfältig,

beruhen aber zumeist auf der Isolation, der Vereinzelung des Vibrators. Aufzüge werden mit Gummipuffern im Schacht befestigt, Fundamente werden getrennt von anderen gegossen oder gar schwimmend gelagert. Magnetschwebetechnik wäre als „Lagerung im Gas" die optimale Abkoppelung von Körperschallübertragung.

Lebewesen

Wir Menschen erobern die Welt und machen sie durch unsere Evolutionssprünge der Bildung der abstrakten Sprache und der Zähmung des Feuers untertan. Doch die Welt ist nicht nur anthropozentrisch. Alle Lebewesen wollen die Welt erobern und tun dies nach Kräften. Erwarten wir von keinem Lebewesen Solidarität oder Bescheidenheit, wir selbst handeln auch nicht danach. Alles Lebendige agiert allein zum eigenen Wohl. Das ist Naturgesetz.

Vögel und Insekten wohnen im Fassadengrün, im Dachboden oder im Keller, Marder und Siebenschläfer zieht es in unsere Luxusbauten, und sie nisten in der wohligwarmen Wärmedämmung. Mäuse und Ratten kommen bis in die Küchen. Ameisen legen Straßen durch die Vorräte. Je nach Temperament arrangieren wir uns damit oder kämpfen unser Territorium frei – manchmal vergeblich.

Pflanzen wachsen auf der kreativen und intelligenten Suche nach Nahrung ins Haus hinein oder schließen mit ihren Wurzeln ein defektes Abflußrohr. Sie finden jede Nahrungsquelle und jeden guten Habitat. So viele Vorteile eine Fassadenbegrünung hat, sie bedeutet ständige Pflege, insbesondere mit Leiter und Schere. Käfer, Pilze, Bakterien fressen organische Stoffe, Termiten ja sogar Steinhäuser, wenn das „Stoffklima" ihnen den Habitat gewährt.

Gegen die zerstörende Aktivität von Lebewesen wird allgemein mit Vergiftung des möglichen Habitat reagiert. Die Grenzen dafür werden mit wachsender Erkenntnis der Wirkung dieser Gifte auf uns selbst immer enger gesteckt. Konstruieren bedeutet auch die Vermeidung von Stoffklimata, die die Ansiedlung von zerstörenden Lebewesen ermöglichen. Die wichtigste Maßnahme gegen Befall zerstörenden Lebens ist Trockenheit, Kälte, Dunkelheit und Nahrungsentzug. Feuchtigkeit, organische Materie und Wärme, vielleicht noch Licht dagegen sind lebensfördernd. Beispielsweise sind organische Wärmedämmstoffe in der Außenwand am Taupunkt des Wärmedurchgangs potentieller Quell des Lebens.

Gegen Eindringen von zerstörenden Lebewesen sind konstruktive Maßnahmen zu treffen, sorgfältig trocken zu bauen, Gitter in Lüftungsöffnungen zu setzen und „Angstgifte" nach Vorschrift so anzubringen, daß den rechtmäßigen Bewohnern kein Schaden entsteht.

Entropie & Feuer

„Alles wird schlechter", so sagt man nicht nur in verklärter Erinnerung an alte Zeiten. Das ist die Quintessenz des aus dem zweiten Hauptsatz der Thermodynamik abgeleiteten Entropiesatzes. Der Gang der Materie ist klar ausgerichtet in Richtung wachsender Unordnung von komplizierten zu einfachen Strukturen, bis das Universum ein lauwarmer Brei gleichmäßig durchmischter Materie ist, wie Clausius das „thermodynamische Gleichgewicht", den Wärmetod, beschreibt. Der Entropiesatz ist das wichtigste Naturgesetz für Materie.

Unsere Bauwerke sind entgegen der Entropie errichtete Gebilde höherer Ordnung. Die verwendete Materie wurde unter Aufwendung von Energie in einen neu geordneten Zustand versetzt, der ihrem natürlichen Zustand und dem „normalen" Gang der Entropie entrückt ist.

Um so mehr wird diese Ordnung naturgesetzlich dem Verfall zur Unordnung ausgesetzt. Die zum Neubau eingesetzte Energie erhält das Werk der Ordnung nicht ewig. Es bedarf des dauernden Energiezuflusses, um den gewollten Zustand des Bauwerks zu erhalten. Es bedarf zusätzlicher Energie, das Bauwerk im Sinne der kulturellen Evolution und Selektion anzupassen, die neuen Techniken des Lebensvollzugs einzubauen, damit es lebensaktuell bleibt. Denkmalschutz erhält nur einen historischen Zustand. Erst aber die Zustandserhaltung (Sanierung) und die Anpassung an die Erkenntnis (Modernisierung) erhalten ein Bauwerk im lebendigen Kulturgeschehen.

Feuer ist schlagartige Entropie. Alle eingebrachte Energie ist in kurzer Zeit freigesetzt, verschwindet im Universum und hinterläßt oxidierte Materie in Form von Staub und Asche.

Die Schadensbegrenzung im Falle eines Brandes ist Aufgabe des Entwerfens und des Konstruierens. Primär ist der Schutz der Bewohner zu bedenken. Fluchtwege und Brandabschnitte sind zu planen, Verminderung der Brandlast und Verzögerung der Ausbreitung von Feuer sind materialspezifische Entscheidungen.

Ein Werk wunderbarer Raumkunst und optimaler Baukunst ist auch in dieser Hinsicht ausgelegt.

II.I. Physik: Die Naturgesetze

Dieses Kapitel will Angst vor Physik nehmen. Deshalb ist es frei von Formeln, Tabellen und Mathematik. Die findet jeder in den vielen „richtigen" Physikbüchern. Ohne dieses komplizierte Instrumentarium könnte Verständnis für die grundlegende Struktur der Naturgesetze geweckt werden, das möglicherweise jene so schwer zu verstehende Physikbücher zugänglich macht.
Die Gegenstände der Physik sind einfach, sehr viel einfacher als z.B. die Gegenstände der Biologie. „Wir Lebewesen sind das Komplizierteste, was es im bekannten Universum gibt" – so beginnt der Biologe Richard Dawkins sein neues Plädoyer für den Darwinismus in „Der blinde Uhrmacher". Er zählt darin auch die künstlichen Produkte des Lebendigen, menschgemachte Artefakte wie den Computer oder das Auto, zu den biologischen Gegenständen: „Sie sind kompliziert und offensichtlich zu einem Zweck konstruiert, doch sie sind nicht lebendig; und sie sind aus Metall und Plastik, nicht aus Fleisch und Blut." – „Biologie ist das Studium komplizierter Dinge, die so aussehen, als seien sie zu einem Zweck entworfen worden. Physik ist das Studium einfacher Dinge, die uns nicht dazu herausfordern, Zweckmäßigkeit zu beschwören." – „Maschinen sind direkte Produkte lebender Objekte."– „Wir meinen, die Physik sei kompliziert, weil wir sie nicht so leicht verstehen und weil die Physikbücher voller schwieriger Mathematik stecken. Aber die Objekte der Physiker sind dennoch im wesentlichen einfache Gebilde." – „Physikbücher mögen kompliziert sein, aber Physikbücher sind – wie Autos und Computer – das Produkt eines biologischen Objekts, des menschlichen Gehirns. Die in einem Physikbuch beschriebenen Objekte und Erscheinungen sind einfacher als eine einzige Zelle im Körper des Physikbuchautors. Und der Autor besteht aus Billionen solcher Zellen, die sich oft voneinander unterscheiden und die alle mit Hilfe einer hochqualifizierten Architektur und Präzisions-Ingenieurtechnik zu einer Arbeitsmaschine zusammengebaut sind, dazu fähig, ein Buch zu schreiben."
Sicher meint Dawkins die linear rechnende und beschreibende Physik – ohne den Meilenstein, beginnend mit der Heisenbergschen Unschärferelation, die jüngste Öffnung in das Chaos zu notieren, die auch die Physik der Materie der Physik des Lebendigen näherrücken könnte. Für die Belange des Bauwesens allerdings reichen allemal die von Dawkins als einfach geschilderten Phänomene der Physik.
Insbesondere zur Darstellung von Erscheinungen aus der Mikrophysik und der kosmischen Welt des Universums ist es unter Physikern Brauch, sich Modelle zu entwerfen, die die für uns maßstäblich nicht faßbaren und unvorstellbaren Zustände und Geschehnisse der Natur in begreifbare Bilder umsetzen. So werden Elemente und Moleküle zu mehr oder weniger großen Seifenblasen, die sich wie diese anein-

anderreihen. Niemand weiß, wie H$_2$O wirklich aussieht, doch alle kennen die große blaue Blase des Sauerstoffatoms mit den beiden 105°3' schräg angelagerten roten Bläschen der Wasserstoffatome. Modellbau nun ist probates Mittel auch für Architekten, so daß die Darstellung in solchen Bildern sicher hilfreich zum Verständnis von Physik sein kann. Eigentlich ist das Naturgesetz der Materie einfach.

Verlieren wir also die Angst vor Physik!

Kräfte

Ein Bauwerk ist in der Regel ein Hohlraum für besondere Nutzungen. Es ist dadurch einer Reihe von Kräften ausgesetzt, die in den Bauteilen dergestalt abgefangen und umgelenkt werden müssen, daß der für die gewünschte Nutzung notwendige Hohlraum gestaltet wird und (nahezu) verformungslos dauerhaft erhalten bleibt. Um sich mit dem Fachingenieur, der den Standsicherheitsnachweis des Bauwerks erstellt, zu beraten, aber auch um gute, sinnvoll „tragfähige" Ideen zu zaubern, sind Grundkenntnisse der wesentlichen Kräfte, die auf das Bauwerk wirken, unerläßlich.

Alle Kräfte verursachen Verformungen an den Bauteilen. Im Zusammenspiel der Bauteile muß der technische Entwurf Raum für diese Verformungsbewegungen bieten, ohne die Funktion der einzelnen Bauteile zu ändern.

Kräfte in der Natur _ Wind

Wind ist kinetische Energie, die bewegter Masse eigen ist. Strömende Luft wird dynamische Kraft, die entsteht, wenn durch Sonneneinstrahlung und aufsteigende erwärmte Luft unterschiedliche Druckverhältnisse ausgeglichen werden (Hochs und Tiefs). Er greift meist horizontal an und möchte die angeströmten Dinge durch Staudruck auf der Windseite (Luv) und möglicherweise Sog auf der abgekehrten Seite (Lee) verschieben oder gar umwerfen. Luft ist zwar dünn und trägt als bewegte Masse nur wenig Energie mit sich, aber bei steigender Windgeschwindigkeit wächst die Kraft in der dritten Potenz, so daß Stürme ein großes Zerstörungspotential haben. In der Höhe nimmt Windgeschwindigkeit zu, so daß hohe Gebäude mit in der Regel ungünstigem Verhältnis von Gründungsfläche zu Bauhöhe den Windkräften besonders trotzen müssen. Um die Auswirkung von

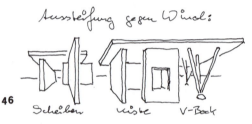

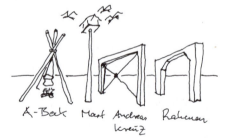

Windkräften zu mindern, ist neben der angeströmten Fläche des Körpers auch dessen aerodynamische Form von Bedeutung. Dieses drückt sich in dem aus der Automobiltechnik bekannten Luftwiderstandsbeiwert c_W aus, der, je niedriger er ist, einen um so geringeren Angriff für die Windkraft darstellt.
Leider greift der Wind unsere immobilen Gebäude aus allen Richtungen an und nicht, wie beim Automobil, vorwiegend als Fahrtwind von vorn, so daß Aerodynamik allenfalls für die Hauptwindrichtungen, bei uns Südwest bis West, in Frage käme.
Windlasten (DIN 1055) berücksichtigt der Tragwerksingenieur als horizontale Kräfte. Das Bauwerk muß insgesamt dergestalt gegen diese Kräfte ausgesteift sein, daß es nicht schwingt, dreht, nicht kippt, nicht wie ein Kartenhaus zusammenfällt, und daß die Windlast ins Fundament und damit in eine genügend feste Schicht des Erdreichs eingeleitet wird. Es darf aber auch nicht abheben, wie manche leichten Holzbauten im Hurrican.
Diese Aussteifungen sind grundrißbestimmend und müssen in der frühen Phase der Strukturplanung des Baukörpers vom Architekten mit seinem Ingenieur entworfen werden, wenn nicht die Zwänge des Tragwerks als peinliche Zufälligkeiten im Architektenentwurf auftauchen sollen. Es sind in der Regel steife Scheiben als Wände und Decken, Kuben oder, oft in den Fassaden zu finden, mit Zugseilen ausgekreute Rahmen (Andreaskreuze) in genügender Anzahl. Auch schräge Stützen, Böcke oder V-Stützen steifen Bauwerke aus, ebenso biegesteife Rahmen oder in Fundamente eingespannte Stützen. Die Anordnung der Aussteifung eines Bauwerks muß gleichzeitig dessen Zusammenbruch durch Verdrehung (Torsion) verhindern.
Notwendige Aussteifungselemente sind in guter Architektur Teil der Raumkunst.

_ Schwerkraft (Gravitation)

Zwischen zwei Massen mit einem Abstand voneinander wirkt Gravitationskraft als gegenseitige Anziehung. Gravitation ist eine der vier fundamentalen „Wechselwirkungen", die die Welt lenken. Sie gilt als schwächste Kraft. Die nächstfolgende, die elektromagnetische Kraft, ist schon 1042 mal stärker als Gravitation. Die beiden anderen sind die schwache Kernkraft, die für die Radioaktivität verantwortlich ist, und die starke Kernkraft, die die Quarks im Proton und im Neutron sowie die Protonen und Neutronen im Atomkern selbst zusammenhält.
Natürlich beeinflussen all diese Kräfte alles Geschehen im Kosmos. Man könnte die vier Kräfte das Informationssystem der Materie nennen. Uns in der Bauwelt aber muß insbesondere die als schwächste Kraft dargestellte Gravitation beschäftigen, denn diese bewirkt, daß unsere Gebäude zusammenstürzen können.
Jedes Teilchen spürt je nach Masse die universell wirkende Gravitation. Sie wäre nahezu nicht bemerkbar, hätte sie nicht zwei besondere Eigenschaften, die sie von den anderen Kräften unterscheidet:

- Sie kann über große, ja kosmische Distanzen wirken.
- Sie ist immer eine anziehende Kraft.

Auch die elektromagnetische Kraft wirkt mit ihrer Strahlung über kosmische Distanzen, neutralisiert sich aber oft durch ein Gleichgewicht von Anziehung unterschiedlicher Ladungen und Abstoßung gleicher Ladungen. Die anderen Kräfte haben nur kurze Reichweite und heben einander gleichfalls durch gegenseitigen Einfluß von anziehender und abstoßender Wirkung auf. Die Erscheinungen der Gravitation wachsen mit der Masse. So kreist die Erde um die Sonne, die Galaxien bewahren einigermaßen ihre Form und der gesamte komplizierte Bewegungsapparat des von uns wahrnehmbaren Universums hängt an den Mobilefäden der Gravitation.

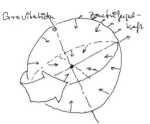

In der Quantenmechanik – so denken die Physiker heute – wird die Kraft zwischen zwei Materieteilchen von einem masselosen Teilchen, dem Graviton, getragen. Der Masselosigkeit wird die große Reichweite der Kraft zugeschrieben. Die Massenanziehung z.B. zwischen Erde und Sonne wird dem Austausch von Gravitonen zwischen den Teilchen, aus denen die beiden Körper bestehen, zugeschrieben. Das ist aber noch Hypothese. Die genaue Erklärung der Gravitation ist noch offen.

Als einzige Kraft der Gravitation entgegen wirkt bei rotierenden Massen die Zentrifugalkraft. Deshalb ist die Erde an den Polen abgeplattet und am Äquator, wo die Fliehkraft durch die maximale Rotationsgeschwindigkeit am größten ist, bauchig. Die Erdmasse allein bestimmt die Gravitation an ihrer Oberfläche. Je weiter entfernt, um so geringer wirkt die Erdanziehung. Sehen wir im Fernsehen donnernd eine Rakete starten, bekommen wir einen Eindruck von der erforderlichen ungeheuren Energie, die die Rakete aus dem Gravitationsfeld der Erde befreit. Jede andere bodennahe Masse unterliegt vorherrschend ihrem Verhältnis zur Erdmasse. Sie zeigt sich im Gewicht, deshalb wird die jeweilige Anziehungskraft zum Erdmittelpunkt Schwerkraft genannt.

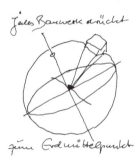

Gewicht ist die Gravitationskraft, die die Erde auf den gewogenen Gegenstand ausübt. Jedes Teilchen oder jede Ansammlung von Teilchen auf der Erde wird versuchen, so nahe, wie möglich an den Erdmittelpunkt als Schwerpunkt der Erdmasse zu gelangen, und zwar die Materialien hoher Dichte näher als die Stoffe mit weniger Dichte. Hebt man Gegenstände aus ihrer bisherigen Lage empor, so ist Energie erforderlich, die dem Gegenstand von nun an innewohnt, bis er wieder in seine alte Lage kommt: potentielle Energie der Lage.

Potentielle Gravitationsenergie des Objekts = Gewicht x Höhe

Sie wächst mit der Masse des Gegenstands und dem gehobenen Weg. Bauteile, mit denen wir Hohlräume für bestimmte Nutzungen vom Rest der Welt abgrenzen, drängen nach unten, ebenfalls zeitweise Schnee und Eis auf dem Bauwerk und natürlich auch alles, was in das Bauwerk hineingehört.

Wir müssen wissen, daß jeder Zoll unseres Bauwerks zum Erdmittelpunkt strebt und daß jede Maßnahme der Baukonstruktion dazu dient, dieses zu verhindern und das Bauwerk in dem gedachten Zustand zu erhalten.

_ Beben

Manchmal rührt sich auch die als fest angenommene Erdkruste in ihrer kalten und festen Oberhaut, und es gibt ein Beben, gemessen an der nach oben offenen Richterskala. Dann wackeln die Fundamente, und alle ingeniösen Bemühungen stürzen zusammen. Erdbebensicherheit ist ein besonderes Kapitel, das in einer Fibel nur Erwähnung finden kann. Prinzipiell baut man Häuser in Erdbebengebieten besonders steif auf breitem Fuß oder besonders elastisch, um die Stöße federnd aufnehmen zu können.

Kräfte des Bauwerks _ Eigengewicht

Der Raum, den wir formen, wiegt „nichts", denn die Luftmassen (1 m³ Luft wiegt ca. 1 kg) schweben in der umgebenden Luft. Um Raum zu schaffen, müssen Bauteile angehoben und dauerhaft in ihrer Lage abgestützt werden. Diese Bauteile wollen der Gravitation folgen, je schwerer sie sind, um so mehr. Deshalb sind wir Entwerfer bemüht, weitspannende Konstruktionen für große Räume so leicht wie möglich zu bauen. Das Schlagwort „Struktur statt Masse" besagt, daß Ingenieurkunst vor dem Eigengewicht des Bauwerks regiert.

Eine Konstruktion muß zunächst sich selbst tragen. Wenn die Räume leer bleiben, bleibt es dabei. Zur Dimensionierung der Bauglieder ist die Ermittlung dieser Eigenlast der Bauteile erforderlich. Das geschieht mit den Daten in der DIN 1055 und der Berechnung des Volumens der Bauteile. Sorgfältige Lastannahmen sind für die Entscheidungsfindung der günstigsten Baustruktur von großer Bedeutung, denn sie sind Grundlage der Dimensionierung. Sie sollten schon Gegenstand der Strukturfindung im frühen Entwurfsstadium sein.

_ Verkehrslast

Zum Eigengewicht kommt die mobile Verkehrslast, die für die unterschiedlichen Nutzungen ebenfalls in DIN 1055 festgelegt wurde. Sie kann wechselnd im Bauwerk vorkommen, so daß sie in unterschiedlichen Verteilungen für die Dimensionierung der Bauteile berechnet werden muß.

Bewegliche Verkehrslasten, Maschinenschwingungen, horizontale Verkehrslasten (an Treppengeländern oder Pfeilern im Verkehrsbereich einer Tiefgarage) machen die Lastannahme zu einem komplizierten Geschäft, das der Architekt mit seinem Ingenieur lösen muß.

Ergebnis der Lastannahmen und der konstruktiven Maßnahmen zur Aufnahme all der auftretenden Kräfte ist eine geniale Baustruktur und ein elegantes, gekonntes Detail, das den gestalteten Raum in seiner Wirkung unterstützt.

Kräfte im Bauteil _ Druck

Druck ist die typische Erscheinung der Gravitation innerhalb aller Gegenstände, wenn die oberen Strukturen auf die unteren drücken, aber auch, wenn sie auf ihrem Weg zum Erdmittelpunkt durch andere Materie gehindert werden. Sie pressen die darunterliegende tragende Materie in ihrer Molekularstruktur zusammen und scheinen zu versuchen, durch sie hindurch den Erdmittelpunkt zu erreichen. Nun ==setzen in festen Molekularstrukturen die Moleküle untereinander bei einer bestimmten Distanz enorme Abstoßkräfte frei, die ein weiteres Zusammenpressen sehr schwer machen.== Ist der Druck größer als die Abstoßkräfte der gedrückten Fläche, so verformt sich die Materie elastisch oder bricht auseinander, wenn sie spröde ist. Lange, schlanke Säulen oder Stützen, wie wir sie gern zur Raumbildung benutzen, haben bei hoher Druckbelastung die besondere Neigung, lange vor der dem Material zumutbaren verformenden und zerstörenden Drucklast zu knicken. Plötzlich weicht das Material dem Druck seitlich aus, und die Last kommt von oben dem Erdmittelpunkt näher. ==Die Neigung zum Knicken ist mitten zwischen Lasteintrag und Lastabtrag am größten.== Schlanke Druckglieder wie Stützen werden deshalb gemäß ihrer Gefahr des Knickens dimensioniert. Bauchige Säulen haben also einen technischen Sinn. Die eleganten, zu beiden Enden spitz zulaufenden Pendelstützen mit Edelstahlkugeln als Auflager können sich diese Schlankheit an den Enden leisten, wenn sie nur in der Mitte genügend Volumen haben. Noch leichter sind die wie Schiffsmasten (Diamond) verspannten Stützen, deren Ausknicken durch kleine Stützen und Seile verhindert wird. Keinesfalls müssen Stützen wegen des Ausknickens plump sein, sie dürfen es aber, wenn das Raumkonzept dieses als besonderen künstlerischen Ausdruck vorsieht. Wir haben die Gestalt der Stütze in der Hand, wenn wir die Physik dazu beherrschen.

_ Zug

Anders als beim Druck ist es beim Auseinanderziehen der gleichen Strukturen. ==Die molekularen Anziehungskräfte wirken weniger stark und nur bis zu einem gewissen Abstand. Dann lassen sie schnell nach.== Der Molekularverband dehnt sich und zerreißt schließlich. Je nach Molekularstruktur des Stoffes dauert die plastische Verformung lange an, wie bei Kaugummi, oder er reißt abrupt, fast ohne Verformung, bei spröden Materialien wie Glas oder Gußeisen.

Zug entsteht, wenn Gegenstände in „potentieller Lage" auf ihrem Weg zum Erdmittelpunkt durch Festhalten von oben gehindert werden. Zug entsteht auch,

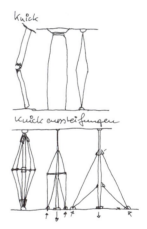

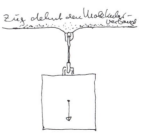

kann das dünne Seil halten?

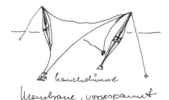

hauchdünne Membrane, vorgespannt

wenn Kräfte umgelenkt werden sollen, z.B. zur Freihaltung eines großen Areals wie das des Münchener Olympiastadions oder des Daimler-Benz-Stadions in Stuttgart. Zugkräfte können einander im Ring aufheben und an anderer Stelle mit der im Ring herrschenden Zuglast ungeheure Folgelasten verursachen. Zugbauteile können so schlank sein, wie ihr Querschnitt Zuglast aufnehmen kann. Es gibt kein Knicken, wie bei Drucklast. Allerdings sind die meisten Baustoffe nicht gut auf Zug belastbar, da sich ihre Molekularstruktur schnell öffnet und meistens spröde abreißt. Hervorragend zugfest und darum mit so geringen Querschnitten lasttragend, daß Bauherren Angst bekommen, ist Stahl. Seine Kristallstruktur wird vorgereckt, so daß längliche Kristalle entstehen, die so viel Reibungsfläche gegeneinander haben, daß sie sehr schwer abreißen. Reine Zugglieder sind gemeinhin Stahlbauteile. Die gute Zugfestigkeit von Holz wird durch schwierige Anschlußmöglichkeiten in den Knoten und auch durch Wuchsunregelmäßigkeiten eingeschränkt. Hochfeste Textilien werden als zugbeanspruchte Flächentragwerke eingesetzt. Hier kommt die besondere Physik der Mechanik von Minimalflächen zum Tragen, die die Ingenieurkunst des Architekten Frei Otto ausmacht.

_ Biegung

Biegung läßt beide Phänomene, Druck und Zug, gleichzeitig in einem Bauteil auftreten, wenn z.B. ein Balken frei von einem Auflager zum anderen gelegt wird. Schon die eigene Masse, die zum Erdmittelpunkt strebt, wird den Balken dorthin ziehen. Er wird sich nach unten durchbiegen, und zwar um so mehr, je freier er sich bewegen kann, also mitten zwischen den beiden Auflagern. Sobald diese Verformung beginnt, wird die Unterseite des Balkens länger, die Oberseite will sich verkürzen. Unten entsteht Zug, oben drückt das Material gegeneinander. Allein die Mitte wird ihre ursprüngliche Struktur und Länge behalten.

Wir haben eben gelernt, daß die meisten Baustoffe nur mäßig Zuglasten aufnehmen können. So hat man früher den waagerechten Biegebalken nur über kurze Spannweiten gewagt und ihn, wie bei den klassischen Griechentempeln im Mittelmeerraum aus hohen Steinblöcken gebildet. Holzbalken waren die einzigen auf Biegung beanspruchbaren Bauelemente mit Spannweiten um 5 m.

Die Überspannung von Räumen mit Techniken (fast) ohne Biegung war eine Kunst, die wir heute nicht mehr anwenden. Gewölbe unterschiedlicher Geometrie, Tonnen, Bögen und Kuppeln für große Spannweiten wie die der Hagia Sofia in Istanbul oder die des Petersdoms in Rom sind Beweise für die Baukunst mit zuglastfreien Bauteilen. Ob die Physik dazu bekannt war, wird bezweifelt. Viele dieser wunderbaren Bauten sind Produkte von trial and error, aber auch der intuitiven Vorstellungskraft ihrer Meister, die wissenschaftliche Unkenntnis mit Erfahrung auszugleichen verstanden.

Der Holzbau ist Vorreiter für Biegetragwerke, ist der Baum doch eine eingespannte Stütze mit hoher Biegebeanspruchung aus Windkraft und Eigengewicht des ausladenden Astwerks. Leider sind unsere modernen Holzbauvorschriften extrem materialfeindlich, da sie dem Holz nur eine geringe zulässige Durchbiegung gestatten. Das ist falsch und teuer.

Als der Eisen- und dann der Stahlbau um die Wende zum 20. Jahrhundert begann, konnten Spannweiten völlig neuen Ausmaßes überbrückt werden. Stahl, als hochfestes Material für Druck wie für Zug und optimal formbar, öffnete neue Horizonte im Bauwesen. Biegezug war kein Schrecken, der zu vermeiden ist, sondern wurde den Bauteilen absichtlich zur wirtschaftlichen Überspannung von Räumen beigemessen. Mit der fast gleichzeitigen Entdeckung des Gärtners Monier, daß seine mit Draht bewehrten Zement-Blumenkübel länger hielten als andere ohne Draht, sind Biegebauteile in Stahlbeton vom kleinen Fenstersturz bis zu weitspannenden Brücken nicht mehr aus dem Baugeschehen wegzudenken. Die Arbeitsteilung, Druckspannungen vom Beton, Zuglasten durch den Stahl aufnehmen zu lassen, konnte in genialer Symbiose geschehen, weil wichtige physikalische Eigenschaften wie Wärmedehnung von Beton und Stahl sehr ähnlich sind und Betonummantelung den Stahl vor Rost schützt. Denken wir uns einmal, was die ägyptischen Pharaonen gebaut hätten, wäre ihnen dieser wunderbare Stoff bekannt gewesen!!

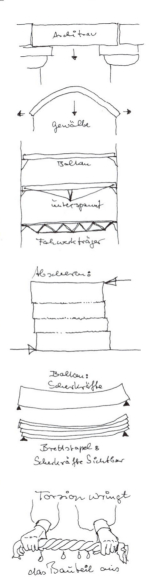

_ Abscheren

Scherkräfte wirken wie eine Schere. Das Material wird an einer Grenzlinie entgegengesetzt gedrückt. Diese einander gegengerichteten Kräfte erzeugen in der Grenzlinie im Molekülverband Zug. Halten die molekularen Anziehungskräfte diesen nicht mehr stand, reißt der Verband auf: Das Material ist abgeschert. Scherkräfte kommen in jedem Biegebauteil vor, wenn die Druckzonen gepreßt und die Zugzonen gedehnt werden. Wäre der Biegebalken ein loser Bretterstapel, würde sich dieser unter Biegung stufig an den Seiten verschieben. Blattfedern funktionieren auf diese Weise. Als zusammengeleimter Bretterstapel (Brettschichtholz) treten die zur Verschiebung führenden Kräfte als Scherkraft im Bauteil auf.

_ Drehung (Torsion)

Torsion ist eine Belastung um eine zentrale Drehachse. Drehung verursacht Zug im Material der Peripherie des Bauteils um seine unbelastete Achse. Verformung und Zerstörung folgen der Zugbeanspruchung. In Bauwerken kommen sie bei Torsion einzelner Bauteile oder gar des gesamten Baus vor, wenn dieser nicht ausreichend ausgesteift ist. Offensichtlicher ist die Erscheinung bei Industrieschornsteinen oder Masten zu beobachten, die um die eigene Achse drehend wie Mikadostäbchen fallen können.

Torsion als kreatives Mittel der Physik im Bauwesen kommt da vor, wo Federung erforderlich ist. Blattfedern werden auf Biegung, Spiralfedern oder „Torsions"-stäbe auf Torsion in ihrer Elastizität gefordert.

Wärme

Wärme ist eine Erscheinung, die mit dem Licht auftritt, also in den Bereich der Energie elektromagnetischer Strahlung gehört.
Thermodynamik heißt bei den Physikern das Kapitel, das sich mit der Wärme befaßt. Bevor wir in die Einzelheiten über Wärme einsteigen, sollen ganz vorn die beiden wichtigsten Hauptsätze der Thermodynamik stehen, zunächst zur Kenntnis, im Laufe der Darstellung sicher zum Verständnis. Es gibt viele Formulierungen für diese fundamentalen Gesetze, die folgenden sind markant und ausreichend präzise.

1. Hauptsatz der Thermodynamik:
In einem geschlossenen System bleibt die Summe von Energie und Materie erhalten.

(Das ist sehr logisch, denn wo nichts hinein- oder hinauskann, kann sich nichts an den Mengen ändern, was auch immer im System umgeformt werden mag.)

2. Hauptsatz der Thermodynamik:
In einem geschlossenen System geht Wärme nicht von selbst aus einem Körper niederer Temperatur in einen Körper höherer Temperatur über.

(Das ist schon schwieriger, aber wer könnte sich die Hände an einem Eisblock wärmen, wobei dieser weiter auskühlt? Dieser Satz bestimmt vielfältig das Geschehen im Universum und erhält noch ein eigenes Kapitel.)

Nun aber zur Erklärung von Wärme:
Es ist wichtig zu wissen, daß alles, was wir Materie nennen, aus winzigen Teilchen zusammengesetzt ist, aus Molekülen und Atomen, die sich wiederum aus Protonen, Neutronen und Elektronen bilden, die aus den heute angenommen kleinsten Einheiten, z.B. den Quarks und Leptonen,

bestehen. Wollten wir etwa die Größe eines Atoms in einem Apfel darstellen, wäre dieses so klein wie der Apfel im Verhältnis zur Erdkugel. Diese Vorstellung von Materie als Anhäufung von einzelnen Teilchen ist hilfreich zum Verständnis aller physikalischen Erscheinungsformen, und es ist nicht verboten, in der eigenen Phantasie diese Teilchen zu personifizieren, ihre Einzelleistung zu betrachten und ihr Verhalten in der Herde zu Artgenossen oder zu fremden Teilchen.

Diese Versammlung von Einzelteilchen der Materie, in welcher Form auch immer, ist in ständiger Bewegung, vergleichbar den Zuschauern in einem Fußballstadion. Die Teilchen schwingen in der Regel gegeneinander bis zur atomaren Abstoßung und werden gehalten von der atomaren Anziehung. Kollisionen der Teilchen untereinander und mit ihren Randbereichen nehmen wir als Wärme wahr.

Wärme ist Bewegungsenergie: kinetische Energie der Atome und Moleküle.

Temperatur ist das Maß für den Mittelwert der Bewegungsenergie eines Moleküls.

In festen Körpern kristalliner Struktur sind die Teilchen ziemlich stramm in eine geometrische Struktur gebunden, so daß sie nur begrenzt in ihrem gesamten Gitter zappeln. Flüssigkeiten haben einen geringeren Verbund und lassen größere Schwingungen zu. Dampf schließlich, gasförmige Materie, läßt die einzelnen Moleküle jeweils frei im Raum schwingen.

Wird das Zittern der Moleküle einer Flüssigkeit durch Energiezufuhr erhöht, so vergrößert sich die Temperatur. Die Flüssigkeit dehnt sich aus, weil die einzelnen Moleküle mehr Bewegungsraum brauchen. Das Zittern kann so stark anwachsen, daß es die atomare Anziehung überwindet und sich die Moleküle vereinzeln. Die Flüssigkeit siedet, und es entsteht Gas.

Halten wir das Gas in einem Behälter, stoßen seine einzelnen Teilchen auch gegen die Wandungen, was wir als Druck empfinden. Je mehr Moleküle in dem Behälter sind, um so mehr Kollisionen, um so höher der Druck. Je höher die Temperatur, um so weiter die Schwingungen, intensiver die Kollisionen und um so höher der Druck. Eingeschlossene Gase üben in ihrem Behälter Druck aus. Er steigt mit Erhöhung der Kompression (Luftpumpe) und/oder der Temperatur (Luftballon in der Sonne).

Nimmt die Temperatur einer Flüssigkeit ab, gewinnt die Anziehungskraft der Atome über das sich abschwächende Zittern die Oberhand und beginnt, eine Ordnung der Moleküle in einer Kristallstruktur aufzubauen, der, je nach Molekularstruktur, bestimmte Geometrien und Symmetrien zugrunde liegen. Es entstehen feste Körper. Die Moleküle zittern in

ihrem Gitter auf der Stelle. Unter Druck erwärmt sich die feste Struktur und kann schmelzen. Eis schmilzt unter dem Druck der Eiseglerkufen und „schmiert" die Gleitfläche. Erreicht die Temperatur den absoluten Nullpunkt 0 °K oder −273 °C, so ist das Zittern nur noch minimal, die Materie fast immer ein Festkörper.
Wasser wird so zu Wasserdampf und zu Eis.
Die drei für uns wichtigen Aggregatzustände der Materie (fest, flüssig und gasförmig) hängen von der Bewegungsintensität der Moleküle des Stoffes ab.
In der Regel beansprucht eine Anzahl Moleküle in Form von Gas ein sehr großes Volumen, als Flüssigkeit ein viel geringeres, aber mehr, als dicht gepackt und geordnet in Festkörperkristallen. (Wasser hat durch sein hohlraumbildendes Kristallgitter als Eis ausnahmsweise ein größeres Volumen als in flüssiger Form, eine Eigenschaft, die beim Bauen zu vielen Schäden führen kann.)
Erhöht sich umgekehrt die Temperatur der kristallinen Festkörper, so zerschlägt das auflebende Zittern der Moleküle den einengenden Kristallverband, und er schmilzt zu Flüssigkeit, die mehr Bewegung der Teilchen zuläßt.
Viele Erscheinungsformen von Wärme in der Natur lassen sich mit dem Bild der bewegten Teilchen erklären, so z.B. die Reibungswärme, die unser Achterteil erwärmt, wenn wir das Treppengeländer hinabrutschen: Moleküle schubsen einander an, und ihr Zappeln erhöht sich. Die Energie der Lage unserer Geländerfahrt wird gemindert und auf viele Moleküle verteilt, die die Bewegung aufnehmen und sie als Wärme spürbar machen. Auch die Erwärmung von Stahlfedern durch Dehnung erklärt sich durch Kompression und Auseinanderziehen der molekularen Kristallstruktur, und das Rühren in einer Flüssigkeit erwärmt diese (Friktionswärme), wie wir vom Automatikgetriebe der Autos wissen.

Wärmeinhalt

Jeder Stoff enthält in unterschiedlicher Intensität und Form Wärme. Enthalpie ist das Fachwort für den Wärmeinhalt. Die Inhalte sind für die einzelnen Elemente oder Verbindungen und für die drei Aggregatzustände fest, flüssig und gasförmig jeweils unterschiedlich. An dieser Stelle soll der greifbare und veränderbare Wärmeinhalt von Materie in seinen für das Konstruieren von Gebäuden wichtigsten Formen dargestellt werden:
• spezifische Wärme • Latentwärme • chemische Wärme.
Andere Energieformen werden später dargestellt.

_ Spezifische Wärme

Erhöht sich die Temperatur eines Körpers, schwingen seine Teilchen um so intensiver. Er nimmt Energie auf und behält diese in Form kinetischer Molekularenergie. Flüssigkeiten und Festkörper dehnen sich ein wenig aus, Gase erheblich.
Es wäre denkbar, daß Stoffe hoher Dichte besonders viel Energie aufnehmen und in ihrer Molekülmasse speichern können. Das ist im Prinzip richtig. Offensichtlich aber hängt die Menge aufnehmbarer Energie auch von anderen Faktoren ab, insbesondere vom Bewegungsraum der einzelnen Teilchen. Darum können, zumindest bei Raumtemperaturen, nicht die dichtesten Stoffe automatisch auch die meiste Energie aufnehmen. Das Maß, Wärme aufzunehmen, ist eine Eigenschaft, die zur Grundbeschreibung der Stoffe gehört. Es ist die
Spezifische Wärmekapazität c (J/(kgK))
und gibt an, welche Wärmemenge in Joule (J) pro Kilogramm (kg) und Grad (K) ein Stoff speichert. Für uns Bauleute ist die Speichermenge, bezogen auf das Volumen (m³), von Bedeutung.
Die größte Wärmemenge kann Wasser speichern, und nicht nur bezogen auf das Gewicht, sondern auch auf das Volumen.
1 Liter Wasser wiegt etwa 1 kg, das gleiche Volumen Eisen wiegt 7,86 kg.
1 kg Wasser, von 0° auf 100° erhitzt, benötigt 418,2 kJ Energie und enthält diese Wärme.
7,86 kg Eisen, von 0° auf 100° erhitzt, benötigt 365 kJ Energie, und mehr Wärme ist auch nicht im Eisen.
Da Gase sich bei Erhitzen enorm ausdehnen, gelten für sie andere Regeln. Werden sie auf gleichem Volumen gehalten, speichern sie Wärme gemäß der Wärmekapazität, und es entsteht darüber hinaus Druck. Expandieren die Gase, verrichten sie Arbeit (Bombe). Gase haben sehr geringe Wärmekapazität, da ihre wenigen Moleküle einzeln und weit auseinander sind.
Die spezifische Wärmekapazität deckt den Teil des möglichen Wärmeinhalts von Stoffen ab, der durch das Zittern der Teilchen hervorgerufen wird.
In Klammern, weil nicht so zum Wärmeinhalt gehörend, soll die Volumenveränderung der Stoffe durch Temperaturwechsel erwähnt sein, die Wärmedehnung. Wie oben erwähnt, dehnen sich Stoffe mit steigender Temperatur aus und ziehen sich mit fallender wieder zusammen. Die Teilchen brauchen unterschiedlich Raum zum Schwingen.
Im Bauwesen ist dieser Eigenschaft, die bei allen Stoffen unterschiedlich groß ist, beim technischen Entwurf Rechnung zu tragen. Fugen oder andere Bewegungsmöglichkeiten sind einzuplanen. Je größer Temperaturunterschiede sein können, um so sorgfältiger sind Bewegungsmöglichkeiten anzubieten, ohne die Funktion der Bauteile zu verändern.

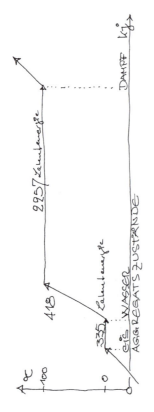

_ Latente Wärme

Betrachten wir einen Stoff durch alle Aggregatzustände, so entdecken wir noch eine weitere Energiereserve an den Temperaturpunkten, an denen die Übergänge vom festen zum flüssigen und dann zum gasförmigen Zustand stattfinden. Beim Übergang vom festen zum flüssigen Zustand muß das Kristallgitter aufgebrochen werden. Das braucht Energie, denn die Teilchen müssen kräftig wackeln, damit sie freikommen. So wird Energie zugeführt, ohne daß sich die Temperatur ändert. Auch beim Übergang von Flüssigkeit in Gas bleibt die Temperatur trotz Energiezufuhr eine Zeitlang stehen. Das Herauslösen der einzelnen Moleküle aus dem Verbund atomarer Anziehung braucht ebenfalls besondere Energie. Die eingebrachten Wärmemengen bleiben in dem Stoff erhalten, bis er seinen Aggregatzustand ändert. Sie heißen Schmelz- und Verdampfungsenthalpie.
Beim umgekehrten Vorgang, dem Erstarren oder Gefrieren und dem Kondensieren, werden diese Wärmemengen wieder frei.
Um einen Liter Wasser von 0 °C Eis zu 0 °C Wasser zu schmelzen, braucht man 335 kJ an Wärme, zum Verdampfen der gleichen Menge von 100 °C Wasser zu 100 °C Wasserdampf braucht es 2257 kJ.
Während Wasser von 0 °C bis 100 °C „nur" eine Wärmemenge von 418,2 kJ aufgenommen hat, kann Eis von 0 °C bis Dampf von 100 °C eine Wärmemenge von 3010,2 kJ einspeichern, siebenmal soviel. Schon 0 °C Eis zu 100 °C Wasser hat fast die doppelte Enthalpie.
Latentwärme von Stoffen mit besonderen Schmelzpunkten – die Gasphase ist praktisch nicht nutzbar – wird bisweilen als Wärmespeicher benutzt, wenn auch die gezielte Initiation des Übergangs, ein chaotischer Vorgang, technisch noch Sorgen bereitet.

_ Chemische Wärme

Während die beiden bisherigen Energieinhalte rein kinetischen Ursprungs waren, mischen sich in der chemischen Wärme kinetische und elektrische Vorgänge. Zur Vereinfachung sollen auch diese prinzipiell wie die kinetischen beschrieben werden.
Manche Atome üben eine besondere Anziehung aufeinander aus, die vorwiegend durch unterschiedliche elektrische Ladung entsteht. Sie knallen mit Wucht aufeinander und schließen sich zusammen. Dabei entsteht Wärme, kinetische Energie. Kohlenstoff und Sauerstoff sind solche Atome, die sich unter Freisetzung von Wärme verbinden: $C + O \rightarrow CO$ oder bei genügend O: $C + 2O \rightarrow CO_2$
Wir sagen, die Kohle brennt. Sauerstoff (Oxygenium) ist ein aggressives Element, das alle Stoffe verbrennen, oxydieren will.

Vorgänge, bei denen Wärme frei wird, sind exotherme Prozesse. Soll dieser Prozeß rückgängig gemacht werden, muß die freigesetzte Energie wieder zugeführt werden. Wir können uns vorstellen, daß es ein gehöriges Maß an kinetischem Rütteln braucht, um die feste Bindung elektrischer Art wieder zu zerschlagen. Es gelingt bei genügend Wärmezufuhr. Diese Vorgänge heißen endotherme Prozesse. Chemische Wärme spielt auf der Baustelle keine besondere Rolle, sehen wir einmal von Bindungswärme beim Abbinden einiger Baustoffe wie Kalk ab. Sie gewinnt an Bedeutung, wenn wir die Herstellungsenergie für die Baustoffe betrachten, den Hochofenprozeß für Stahl oder den elektrischen Strom zur Aluminiumherstellung, um die Metalle von Sauerstoff und anderen Elementen zu befreien. Sie spielt auch eine Rolle, wenn wir an den materiellen Kreisprozeß denken müssen, der für die Zukunft von überlebenswichtiger Bedeutung sein wird: Welche Energie muß für die Erhaltung der Materie im nutzbaren Zustand aufgebracht werden? Chemische Wärme ist eine Basis zur Bewertung der Energiebilanz von Stoffen.

Wärmetransport

Wärme verbreitet sich so lange im Raum, bis überall die gleiche Temperatur herrscht. Das Warme heizt das Kalte auf, bis alles gleich lauwarm ist. Sollten Sie vor lauter Wissensdurst den Durst auf Ihren Tee neben dem Buch vergessen haben, mag er nun kalt sein. Die Energie ist nicht verschwunden, unmerklich hat sich der Raum aufgeheizt. Bei geschlossenem Fenster und erfüllter Wärmeschutzverordnung ist die Teewärme noch im Raum. So will es der erste Hauptsatz der Thermodynamik. Der zweite erklärt uns die banale Tatsache, daß diese Wärme nicht von allein wieder in die Tasse zurückgelangt. Wir müßten Energie zuführen oder einen neuen Tee bereiten. Dann aber wäre das bisherige System geöffnet, und die Sätze gälten für das nächstgrößere System.
Wie gelangt die Wärme aus der Teetasse in den Raum?
Welche Verkehrssysteme kann Wärme benutzen?
Drei Wege des Wärmetransportes sind bekannt:
• Wärmeleitung • Konvektion • Strahlung.
Alle drei Wege werden bei der Auskühlung der heißen Teetasse benutzt.

_ Wärmeleitung

Die Moleküle, aus denen die Stoffe zusammengesetzt sind zittern bekanntlich, festgehalten in ihrem Kristallgitter, frei in der Flüssigkeit und ziemlich allein im Gas. Dabei stoßen sie einander an. Wo es warm ist, zittern sie stärker als in kühleren, bewegungsärmeren Zonen. An den Übergängen werden die ruhigeren Moleküle von den munteren angeschubst, bis auch sie munter sind, diese ermun-

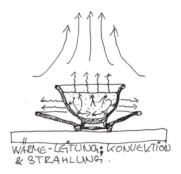

WÄRMELEITUNG, KONVEKTION & STRAHLUNG.

WÄRMELEITUNG

Die Beteiligten stehen vor der Einer wandert

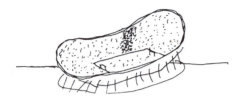

tern die nächsten, und so geht es munter weiter, die Wärme „wandert" durch gegenseitiges Anschubsen, bis alles gleichmäßig schwingt und die Temperatur ausgeglichen ist. Es ist wie in einer Karnevalssitzung, wo es an einem Punkt heiß hergeht, das Schunkeln beginnt, bis der ganze Saal gleichmäßig schunkelt. Selbst eine kurze Erhitzung, z.B. Sonnenschein auf eine Wand durch ein Wolkenloch, passiert die Molekularstruktur wie eine LAOLA-Welle das Stadion. Die kurze Erregung bewegt sich wandernd, doch alle Teilchen bleiben an ihrem Platz.

Körper leiten Wärme durch Übertragung kinetischer Energie von stark angeregten Molekülen auf weniger angeregte. Die Übergabe der thermischen Energie findet in Richtung zum Kälteren statt. Ganz einfach erklärt sich nebenbei der zweite Hauptsatz der Thermodynamik, denn wie sollten müde Moleküle muntere Moleküle ermuntern?

Bei Temperaturabnahme kühlt der Stoff in Richtung zum Wärmeren aus. Die Moleküle beruhigen sich in ihrer Bewegung, nehmen die restlichen Schwingungen der noch warmen Teilchen auf, nehmen deren Energie, bis alle Teilchen gleichwenig zittern. Die Bewegungsenergie ist an anderer Stelle. Wir spüren das langsam wandernde Erstarren der Moleküle als kriechende Kälte.

In der Teetasse war Wärmeleitung innerhalb der heißen Flüssigkeit zu bemerken, und zwar zum Ausgleich der kühleren Randzonen, bis die Temperatur im Tee gleich war. Beim Wärmeübergang vom Tee zur Tassenwandung geschehen noch ein paar Kleinigkeiten, die hier vernachlässigt werden.

Die Wärmeleitung eines jeden Stoffes ist unterschiedlich und hängt von seiner Struktur und Dichte ab. Die hierfür kennzeichnende Eigenschaft ist die Wärmeleitfähigkeit. Sie wird durch den Proportionalitätsfaktor Lambda (W/m K) ausgedrückt und gibt an, wieviel Wärme je Grad Temperaturunterschied, bezogen auf eine Wegstrecke durch den Stoff transportiert wird. Die Werte sind Tabellen zu entnehmen.

Die Wärmeleitfähigkeit von Luft ist nur ein Zehntausendstel von der des Aluminiums. Gase haben sehr geringe Wärmeleitung. Das ist verständlich angesichts der sehr geringen Zahl an Molekülen, die einander schubsen können. Das Vakuum hat keine Wärmeleitung, denn wo nichts ist, kann nichts zittern. Wärmeleitung ist an Teilchen gebunden. Thermoskannen haben ein Vakuumpolster. Jegliche Technologie zur Verbesserung der Wärmedämmung – schlechte Wärmeleitung bedeutet gute Wärmedämmung – zielt auf räumliche Netze kleiner Luftkammern und die Abnahme der Leitfähigkeit von Festkörpern begründet sich im wesentlichen auf den Anteil an Luftporen innerhalb der Struktur, wie z. B. beim Holz.

Besonders gute Wärmeleitung haben kristalline Strukturen, da das Kristallgitter insgesamt schwingt und den Transport beschleunigt. Noch besser leiten Metalle die Wärme, weil den im Kristallgitter frei schwimmenden Elektronen zusätzliche

Beschleunigung des Transports zugeschrieben wird. Aluminium und Kupfer dienen als Kühlrippen zur Wärmeabfuhr von Transistoren und als Wärmesammler für Sonnenkollektoren.

_ Konvektion

Wer in einem Altbau wohnt, könnte noch die dicken Rohre der alten Thermosyphon-Zentralheizung kennen, die ohne Umwälzpumpe funktionierte. Das im Kessel erhitzte Wasser dehnte sich aus, wurde dadurch leichter als das kühlere Wasser und stieg nach oben auf. In dem relativ geschlossenen Wasserumlauf (es gab ein Ausdehnungsgefäß) strömte der abgekühlte Rücklauf aus den Heizkörpern nach und wurde wieder erhitzt. Das Wasser wurde per Wärmeleitung erhitzt, und es floß mitsamt seiner Wärme aufgrund der veränderten Schwere davon. ==Im Gegensatz zur Wärmeleitung wird das Medium bei der Konvektion als Wärmeträger mittransportiert. Darum kann diese Art Wärmetransport nur in Flüssigkeiten und Gasen stattfinden, in denen die Moleküle beweglich zueinander und nicht in einen festen Gitterkäfig gesperrt sind==. Umwälzung von Wärme mittels Konvektion geschieht z.B. in der Atmosphäre als Thermik, in der Raumluft bei Zentralheizung mit „Konvektoren" und sogar im klassischen Kastenfenster, wenn die Außenfenster von der Sonne erwärmt werden oder die Innenfenster die Raumwärme nach außen transportieren. Die erwärmte Luft steigt nach oben und nimmt die durch Wärmeleitung aufgenommene Energie mit sich, es entsteht Strömung. Die erwärmte Luft gibt wiederum über Wärmeleitung ihren Energieinhalt an andere Stoffe ab. ==Der Strom ist um so schneller, je größer die Temperaturunterschiede sind, da die Gewichtsunterschiede mit der Temperatur wachsen==. Wenn allerdings die Reibung der Moleküle gegeneinander in der Strömung größer ist als die Auftriebsenergie durch den Temperaturunterschied, gibt es keine Konvektion mehr. Deshalb haben gute Dämmstoffe sehr kleine Luftkammern.

Innerhalb der Teetasse hat Konvektion stattgefunden, denn die auskühlende Oberfläche ruft eine „Inversionslage" hervor, in der das schwerere Kalte über dem leichteren Warmen liegt. Eine innere Stromwalze gleicht diese Lage aus. Spürbarer aber war die Konvektion der Luft über der Tasse, die wir am aufsteigenden Dampf sehen konnten. Eine feine Daunenfeder wäre sicherlich entgegen der Gravitation nach oben abgesegelt wie ein Segelflieger in der Thermik und erst nach Verlassen des Wärmestroms zum Boden gedriftet.

_ Strahlung

Auch seitlich der Teetasse haben wir gespürt, daß darin heißer Tee war, und ohne die Tasse zu berühren, war uns klar, daß er nun kalt geworden ist. Die Teetasse hatte Strahlung ausgesendet, nun nicht mehr.

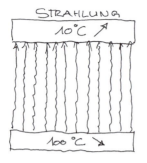

Strahlungsenergie ist Energie des Lichts und eine Form der elektrischen Energie, weil Licht als Zittern im elektrischen Feld dargestellt werden kann. Eigentlich gehört sie in die Quantenoptik, ist aber pragmatisch mit der Wärmelehre und Solarenergie eng verknüpft. Durch Bewegung der Atome, Ionen und Elektronen aufgrund ihrer thermischen Energie (sozusagen innere Erregtheit, die die Moleküle zum Zappeln bringt) verlassen elektromagnetische Wellen den warmen Körper und treten an der Außenfläche, wo die Teilchen keinen angemessenen Widerstand mehr finden, als Wärmestrahlung nach außen. Die emittierte Energie geht dem Körper verloren. Sie kann an anderer Stelle, sogar in weiter Ferne, von anderen Körpern wieder absorbiert werden. Die Strahlungsintensität nimmt mit wachsender Entfernung ab, da sich die bestrahlte Fläche mit wachsender Entfernung vergrößert, ihr Anteil dadurch geringer wird. Unsere Erde erhält so nur ein Zweimillionstel der von der Sonne ausgestrahlten Energie.

Strahlungsleistung wird in Arbeit/Zeit (W/s) angegeben. Bezogen auf eine Fläche, wird Strahlung in Leistung/Fläche angegeben. Die Sonne strahlt auf unsere Erde im Mittel mit 1,4 kW/m², also erhalten wir stündlich je m² 1,4 kWh von der Sonne (Solarkonstante). Erwärmt sich der strahlende Körper, so verkürzen sich die Wellenlängen aus dem Infrarot zum sichtbaren Licht, der Körper wird rotglühend bis zur Weißglut. Treffen ausgesandte Wärmestrahlen wieder auf einen Körper, werden dessen Atome, Ionen und Elektronen angeregt und beginnen zu zittern. Der Körper erwärmt sich. Die empfangene Strahlung wird als Wärme absorbiert. Was reflektiert, bleibt Strahlung. Der Absorptionsgrad beschreibt das Verhältnis von Bestrahlungsstärke zu Absorptionsmenge.

Körper mit vollständiger Absorption reflektieren keine Strahlung. Sie sind schwarz. Diese Körper zeigen auch hohe Emission von Wärmestrahlung. Der Emissionsgrad wird als Verhältnis zum „Schwarzen Körper" angegeben und ist seinem Absorptionsgrad gleich (Kirchhoffsches Strahlungsgesetz).

Die spezifische Ausstrahlung eines Körpers steigt mit der vierten Potenz seiner Temperatur (Stefan-Boltzmann-Gesetz). Sehr heiße Gegenstände strahlen also sehr viel Energie ab. Da Wärmestrahlung Licht ist, können Temperaturen optisch gemessen werden.

Strahlungswärme wird für das Innenklima bewohnter Räume der durch Konvektion verteilten Wärme vorgezogen, da sie Luftbewegung (Konvektion) und den damit verbundenen Staubumtrieb vermeidet und weil die umschließenden Wände als Strahler eine Temperatur aufweisen, die Behaglichkeit bietet, denn wir spüren, daß unser eigener Körper, der ja auch Wärme abstrahlt, weniger Strahlung an die Umgebung abgibt. Die Raumluft kann bei Strahlungsheizung kühler sein, was für die Körperentwärmung über die Atmung wichtig ist und den Lüftungswärmeverlust mindert. Strahlungswärme braucht gut emittierende, mäßig warme große Oberflächen und gleichmäßige Strahlung. Zur Wärmepufferung sind Materialien hoher spezifischer Speicherfähigkeit von Vorteil.

Treibhauseffekt

Eine Besonderheit des Wärmetransports mit einer echten Energiefalle soll neben den notwendigen physikalischen Grundregeln besonders hervorgehoben werden, da sie in der Gebäudetechnik eine wichtige Rolle spielt: der Treibhauseffekt. Wir alle kennen dieses Modewort aus Berichten zu Klimagipfeln, globalen Apokalypsen und Weltuntergangsängsten. Der Name allerdings stammt aus der Gärtnerei mit ihren Treibhäusern, die das Gemüse weit über das verfügliche Außenklima hinaus in Frühjahr und Herbst, bei Heizung sogar im Winter wachsen lassen. Im Sommer müssen sie dann gut belüftet und verschattet werden.
Wie kommt es dazu?
Glas läßt das Spektrum der Sonnenstrahlung fast ungehindert hindurchtreten. Erst im Inneren werden die Strahlen absorbiert, und die Gegenstände erwärmen sich. Erwärmte Gegenstände aber werden, wie eben geschildert, selbst zu Strahlern und geben Strahlungsenergie zurück. Bei geringer Temperatur ist die Strahlung jedoch so langwellig, daß die Glasscheiben für diese Frequenz nicht mehr transparent sind und die langen Wellen reflektiert werden. Es ist eine Wärmefalle entstanden, begründet aus der Temperatur- und damit Frequenzänderung zwischen Absorption und Emission von Wärmestrahlung. Dieser Effekt wird seit jeher in Gewächshäusern genutzt. Die sogenannte und vielbeschworene ökologische Krise in der Atmosphäre durch die lange Frequenzen abschirmende CO_2-Schicht ist eine solche Erscheinung in globalem Format. In der uns bekannten Erdgeschichte schwanken die Werte der Treibhausabschirmung in Perioden. Ob die heutigen Erscheinungen überhaupt zu einer „Schwankung" führen und ob wir uns arrogant einbilden dürfen, daran beteiligt zu sein, ist mehr und mehr umstritten.

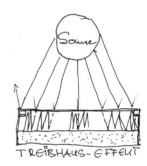

TREIBHAUS-EFFEKT

_Fenster

Für Fenster gilt der Treibhauseffekt ebenso. Eingestrahlte Sonnenenergie kann den Raum nicht mehr als Strahlung durch das Glas verlassen. Der Raum heizt sich auf. Das ist in der kalten Jahreszeit angenehm, im Sommer jedoch lästig. Sonnenschutz ist gefragt.
„Moderne" Fenster mit hoher Wärmedämmung lassen natürlich entsprechend weniger Licht und Wärme durch. Ihr Solargewinn ist gering, allerdings auch ihr Wärmeverlust. Kombinationen als Kastenfenster oder mit gedämmten Fensterläden in der Nacht lassen Gewinn und Dämmung gestalten.

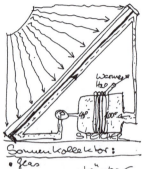

_ Glashaus

Ein Symbol für „ökologisches Bauen" ist der Wintergarten, einst ein Boom im Bürgertum der Kolonialzeit als Gewächshaus für exotische Früchte der Kolonien. Die neue Bedeutung haben sie als Pufferzone zwischen Außenklima und Innenraumklima erhalten, als begehbare Sonnenkollektoren, die das Leben im Freien (oder Halbfreien) im Laufe des Jahres verlängern sollten. Der einfach verglaste Wintergarten hat im Sommer die gleichen Probleme der Aufheizung wie Gewächshäuser. Sonnenschutz und Lüftung sind notwendig. Wintergärten aus Wärmedämmglas, vielleicht sogar beheizt, sind pervers.

_ Solarkollektor

Eine Steigerung des Prinzips „Treibhauseffekt" ist der Sonnenkollektor. Hier wird unter der Glasscheibe ein möglichst schwarzer Körper (alpha = 1) installiert, der hocheffizient die eingestrahlte Wärme absorbiert und weiterleitet. Schwarz gefärbte Alu- oder Kupferbleche leiten die in die Falle gegangene Wärme zu einem Rohrsystem, das konvektiv oder mit Umwälzpumpe die Wärmebeute in einem gut gedämmten Speicher in Sicherheit bringt, bevor Verluste durch Abstrahlung, Konvektion und Wärmeleitung auftreten. Jedes Dach, jede Fassadenfläche, die zur Sonne orientiert ist, und selbstverständlich jede Sonnenschutzmaßnahme sind potentielle Kollektorflächen.

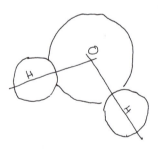

Wasser

Sauerstoff (O, wie Oxygenium) ist das häufigst vorkommende Element auf der Erde. Es ist ein aggressives Element, das sich mit vielen Elementen exotherm verbindet und ihnen ihre von uns geschätzte Eigenschaft nimmt. Eisen rostet, und Aluminium korrodiert zu Tonerde. Hätte die Erdatmosphäre vor 4 Milliarden Jahren schon Sauerstoff enthalten, wäre das Lebendige nicht entstanden, all die hochkomplizierten Molekularstrukturen wären gnadenlos oxidiert worden. Die Freisetzung von molekularem Sauerstoff (O_2) in die Atmosphäre durch Cyanobakterien (Blaualgen) war sicher der größte globale Holocaust in der Geschichte des Lebendigen, weit wirksamer als unsere kleinen Versuche der Selbstzerstörung unserer Art, und es hat hochkreativer Evolution bedurft, das lebendig Gebliebene auf das neue Gas einzustellen.

Sauerstoff aber ist vorwiegend gebunden im Oxyd des Urelements Wasserstoff (H). Dieses Wasserstoffoxyd (H_2O) wird Wasser genannt und ist das wichtigste Lebensmittel für alles Lebendige. Unser Körper besteht zu über 80% aus Wasser, und wir sollten täglich drei Liter Wasserumsatz haben, der in der Nahrung enthalten ist und im wesentlichen über Atmung, Transpiration und Blase ausgeschieden wird.

Wie es kommt, daß sich zwei so unterschiedliche Gase mit sehr tiefen Kondensat- und gar Gefrierpunkten in einer Verbindung miteinander zu jenem Stoff „Wasser" finden, der unser Leben wie kein anderer bestimmt, mag unsere phantastische Vorstellung der Welt der kleinen Teilchen beflügeln und vielleicht – bedenkt man die für solche Verbindungen notwendigen Informationen – die derzeit gültigen Grenzen des Lebendigen verschwimmen lassen. Wasser ist ein wunderbarer Stoff!

Im Bauwesen kann das nicht so euphorisch behauptet werden. Hier ist Wasser Ursache für die meisten Bauschäden und Grund für komplizierte Bautechnik. Als Flüssigkeit kann es von unten (Grundwasser, Oberflächenwasser) in das Gebäude gelangen und von oben (Regen, Schnee, Nebel) findet es jeden Weg, der es so direkt wie möglich dem Erdmittelpunkt näherbringt, und mit Wind gemeinsam noch ganz andere Wege. Immerhin sind global 12 300 km³ Wasser in der Atmosphäre, die sich jährlich vierzigmal umsetzen. Gasförmig, als Dampf, liegt Wasser in der Luft und bereitet Probleme, weil die Temperatur für die Kondensation zu Flüssigwasser im Bereich unseres Raumklimas liegt und „harmloser" Dampf plötzlich, und an unglaublichen Stellen, zu Wasser wird. Dampf in Gebäuden entsteht insbesondere durch Atmung und Transpiration alles Lebendigen innerhalb der vier Wände. Wir selbst verursachen Bauschäden, allein aufgrund unserer Existenz. Deshalb wird diesem besonderen Stoff ein eigenes Kapitel gewidmet.

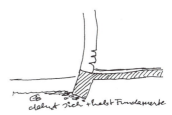
Eis dehnt sich + hebt Fundamente

Die Molekularstruktur von Wasser wurde bereits dargestellt. Alle drei Aggregatzustände
• Eis • Flüssigkeit • Dampf
kommen in den Temperaturbereichen unseres Lebens vor.

Eis
Bei 0 °C oder 273 °K kristallert Wasser und wird fest. Die Besonderheit von kristallinem Wasser anderen Kristallen gegenüber liegt in seinem hohlraumbildenden Gitter, das dem Stoff trotz fester und dichter Molekülpackung größeres Volumen als die Flüssigkeit gibt.

Wasser hinter Putz ▽ Eis bricht die Struktur

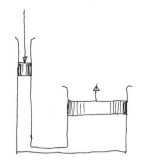

Baulich bereitet das überall dort Probleme, wo Bauteile mit Wasser in Berührung kommen und Frostwechsel auftreten können. Gefrorener Boden dehnt sich aus, so daß wir genügend tief und „frostfrei" das Bauwerk in die Erde stellen müssen, damit es nicht angehoben wird. Steht Wasser auf dem Flachdach, kann es bei Frost die Ränder sprengen, wie auch im Schwimmbad. In kleinem Maßstab kann die Sprengkraft von Eis z.B. Putz oder Farbe abplatzen lassen, wenn Wasser dahinter gelangt ist. Überall, wo Wasser in kleine Räume eindringen kann und Frost möglich ist, wird seine Sprengkraft wirksam.

Flüssigkeit _ Druck

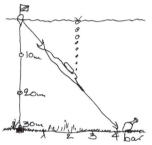

Flüssigkeiten haben eine Molekularstruktur, die sich nach allen Seiten verschieben läßt. Druck breitet sich darin deshalb gleichmäßig nach allen Seiten aus und nicht nur in Richtung des Drucks. Er ist in allen Raumrichtungen gleich. Druckerhöhung bewirkt in Flüssigkeiten eine geringe Volumenabnahme. Sie ist bei Wasser etwa viermal so groß wie bei Aluminium und achtmal so groß wie bei V2A-Stahl. Diese beiden Eigenschaften, geringe Zusammendrückbarkeit (Kompressibilität) und Druckausbreitung, sind Grundlage aller hydraulischen Systeme.

Darüber hinaus üben die obenliegenden Flüssigkeitsschichten auf die tieferen einen Schweredruck aus. In 10 m Wassertiefe erhöht sich der Druck um 1 bar. Er wächst linear, d.h., in 20 m Tiefe herrschen 2 bar Druckerhöhung. Taucher kennen diese Erscheinung und lassen mit ihrem Lungenautomaten die Atemluft in entsprechendem Gegendruck in die Lunge fließen.

_ Auftrieb

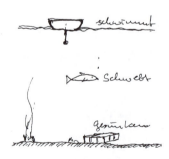

„Heureka!" – „ich hab's!" rief Archimedes, als er das Gesetz der Verdrängung fand. Stoffe in einer Flüssigkeit verdrängen diese in der Menge ihres Volumens und erhalten Auftrieb entsprechend der verdrängten Wassermenge.

Dinge, die leichter sind als die verdrängte Flüssigkeit, schwimmen oben und schauen aus der Oberfläche heraus. Sie verdrängen so viel Wasser, wie sie wiegen. Große Schiffe werden in Tonnen Verdrängung vermessen.

Dinge, die so schwer wie ihre Wasserverdrängung sind, schweben, und schwerere sinken auf den Grund, dem Erdmittelpunkt näher. Auftrieb kann auf Gebäude wirken, die bis ins Grundwasser reichen. Sie müssen ausreichend Gewicht bekommen, damit sie nicht aufschwimmen.

_ Oberflächenspannung

Wer kennt nicht die kleinen Wasserläufer, die im Sommer über den Teich flitzen. Sie gehen auf dem Wasser – ohne den Anspruch des Propheten Jesus. Flüssigkeiten sind an der Oberfläche, der Grenze zu einem anderen Medium, anders:

Trotz relativ freier Bindung der Moleküle wirkt in Flüssigkeiten eine gewisse molekulare Anziehung untereinander (Kohäsion), die sich im Raum der Flüssigkeit ausgleicht. An der Oberfläche fehlt der halbe Raum bzw. ist anders strukturiert, z.B. durch Luft. Die Anziehungskraft wirkt nur nach innen bis zur Oberfläche. Die Oberfläche enthält so Energie, deren Dichte Oberflächenspannung (N/m²) heißt. Da ein System im Gleichgewicht immer minimale potentielle Energie einnimmt, sind Oberflächen von Flüssigkeiten immer Minimalflächen: die Seifenblase, der Wassertropfen (schwerelos) also eine Kugel mit einem durch die Oberflächenspannung gegebenen Innendruck. Frei Otto experimentierte mit Seifenblasen an Minimalflächen für Membrankonstruktionen (s.o.).

Den Kohäsionskräften des eigenen Molekülverbandes an der Oberfläche entgegen wirken Anziehungskräfte zu anderen Stoffen (Adhäsion), die z.B. diese Buchstaben auf dem Papier halten und nicht vom Winde verwehen lassen.

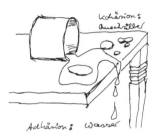

Ist die Kohäsionskraft im Stoff größer als die Adhäsionskraft zum benachbarten Medium, hält die Oberflächenspannung die Flüssigkeit zusammen. Wir alle kennen die quirligen Quecksilberkügelchen, die über den Tisch rollen, wenn ein Thermometer zerbrochen ist. Sie halten ihre Form, abgeplattet durch die Schwerkraft. Auch Fettaugen in der Suppe rühren daher. Solche Flüssigkeiten sind „nicht benetzend". Überwiegt dagegen die Adhäsionskraft zu anderen Medien, breitet sich die Flüssigkeit aus und „benetzt" die Oberfläche, soweit sie kann, wie der Ölfilm auf der Nordsee. Im Gegensatz zu Quecksilber (0,50 N/m² zu Luft) hat Wasser eine geringe Oberflächenspannung (0,072 N/m²) und benetzt die meisten Dinge.

_ Kapillarität

Tauchen wir ein enges Röhrchen in Quecksilber, so wölbt sich die Flüssigkeit im Röhrchen darin nach oben, und der Pegel steht etwas niedriger als der umgebende. Die Energie der Oberflächenspannung zieht die Quecksilbersäule nach unten. Bei benetzenden Flüssigkeiten wie Wasser ist die Form der Oberfläche im Röhrchen konkav, und es entsteht ein Unterdruck in der Flüssigkeit, die den Pegel im Rohr um eine bestimmte Höhe steigen läßt. Wasser klettert in engen Gefäßen entgegen der Schwerkraft aufwärts, eine Erscheinung, die in der Natur bei der Versorgung der Pflanzen mitwirkt.

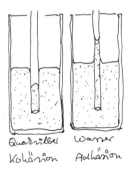

_ Durchlässigkeit (Permeabilität)

Wasser kann wie andere benetzende Flüssigkeiten in andere Stoffe mehr oder weniger eindringen. Das hängt von der Durchlässigkeit (Permeabilität) der Stoffe ab, inwieweit ihre Kristallstruktur Freiräume hat, die ausgefüllt werden, oder die Struktur derart porös ist, daß sich vorhandene Luftkammern mit Wasser

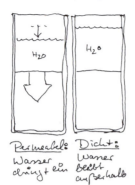

füllen können. Die Stoffe nehmen das Wasser auf wie ein Schwamm, und ihre Eigenschaften verändern sich dadurch. Stoffe, in die kein Wasser eindringen kann, sind wasserdicht. Ihre Struktur läßt kein Wassermolekül zwischen die eigenen Moleküle dringen. Das Eindringen kann durch andere Eigenschaften beschleunigt werden: Kapillare Gefäße an benetzter Fläche und hygroskopische Salze oder Unterdruck „saugen" das Wasser hinein. Überdruck an der benetzten Fläche oder Auftriebsdruck pressen das Wasser zwischen die Moleküle und in die Hohlräume.

_ Lösung

Manche Stoffe lösen sich im Wasser und verändern die Eigenschaften des Wassers als Lösung. Eine Kochsalzlösung aus Natriumchlorid (NaCl) läßt das Wasser z.B. anders schmecken und erst bei tieferen Temperaturen gefrieren. Wasser ist bestrebt, Dinge in Lösung zu nehmen, bis ein gewisser Sättigungsgrad erreicht wird. Darüber hinaus fällt der zu lösende Stoff kristallin aus. Nicht netzende Stoffe können mechanisch sehr fein im Wasser verteilt werden. Solche „Emulsionen" trennen sich wieder, wenn sie ruhig stehen, und schichten sich gemäß ihrer Wichte. Lösungen können beim Gang des Wassers durch die Bauteile die Qualität der Bauschäden verändern.

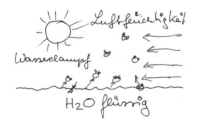

Dampf

Auch unterhalb von 100 °C ist Wasser in Form von Dampf in der Luft. Über das reine Verdampfen hinaus herrscht an der Wasseroberfläche ein reger Austausch von Molekülen. Ein paar Dampfteilchen verschwinden wieder im Wasserverband, andere lösen sich heraus (verdunsten) und schweben vereinzelt, je nach Temperatur in größerer oder kleinerer Anzahl, in der Luft über der Wasseroberfläche. Wind transportiert sie dann in die Welt.

Wasserdampf ist ohne die Luft, in der er schwebt, für uns von nur geringer Bedeutung. So schließen wir in dieser Betrachtung die Atmosphäre mit ein. Luft ist ein Gasgemisch aus vorwiegend Stickstoff (78%), Sauerstoff (21%), Argon (1%) und geringe Mengen Kohlendioxyd (CO_2), Edelgase, Aerosole, Staubteilchen und Wasserdampf.

Die Menge Wasserdampf, die in der Luft sein kann, ist abhängig von der Lufttemperatur, also relativ. Sie wird als Verhältnis in % angegeben, wobei 100% relativer Luftfeuchte die Sättigung der Luft mit Wasserdampf bei bestimmter Temperatur darstellt, den Sättigungsdampfdruck. Gelangt mehr Wasser in die Luft, so kondensiert der Dampf zu Wasser, und es bilden sich Wolken oder Nebel (Wolke am Boden). Heiße Luft kann mehr Wasserdampf aufnehmen als kalte. Kühlt heiße Luft ab, erreicht sie irgendwann die Temperatur des

Sättigungsdampfdrucks für die in ihr enthaltene Menge Wasserdampf, den Taupunkt, und es bilden sich Wassertröpfchen. Der Dampf kondensiert zu Wasser.
Will man ausdrücken, welche Masse Wasserdampf sich gerade in der Luft befindet, so gilt die absolute Luftfeuchte, die in Gramm Wasser je kg Luft gerechnet wird. Wir sollten uns dabei vorstellen, daß 1 kg Luft etwas mehr als 1 m^3 Volumen hat.

Alle oben aufgestellten Eigenschaften der Flüssigkeiten zur Druckverteilung (Luftballon), zum Auftrieb (Heliumballon), zur Oberflächenspannung und Kapillarität sind prinzipiell auch für Gase und Gasgemische gültig. Allerdings ist der lose Verbund einzelner Moleküle im Raum sehr temperaturabhängig und verändert sein Volumen und damit seine Wichte erheblich (Heißluftballon). ==Gas ist stark zu komprimieren, wobei sich Druck und Wärme aufbauen.== Komprimierte Gase sind elastisch und werden zur Federung eingesetzt (Reifen, Luftfederung) oder zur explosiven Entladung (Preßlufthammer, Luftgewehr).

Auch der ==Schweredruck im Medium== selbst ist vorhanden, verhält sich aber ==anders als in Flüssigkeiten:== Der Druck nimmt nach oben nicht linear ab, wie bei Flüssigkeiten. An der Erdoberfläche haben wir etwa einen Luftdruck von 1 bar. In 10 km Höhe sind es noch 0,27 bar und in 20 km nur 0,08 bar. Dieser Verlauf erklärt sich durch die Kompression des Gases auch unter Eigenlast.

Andere Eigenschaften als Flüssigkeiten haben Gase in ihrer Eigenschaft der Durchdringung von anderen Stoffen. ==Die einzelnen Moleküle passen durch Strukturen, die für Flüssigkeiten schon dicht erscheinen,== und nur Materialien mit besonders dichter Anordnung der Moleküle lassen keine Gase ein. Sie sind „dampfdicht".

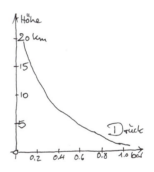

==Die Eigenschaften „wasserdicht" und „dampfdicht" spielen im Bauwesen eine wichtige Rolle.== Aus dem Kapitel über Wärme wissen wir bereits, daß unterschiedliche Potentiale einander ausgleichen, bis an jeder Stelle des Systems gleiche Verhältnisse herrschen. Das gilt auch für Druckunterschiede (Wind) und für unterschiedlichen Wasserdampfgehalt der Luft, Dampfdruck. Auch hier wandert gemäß dem zweiten Hauptsatz der Thermodynamik Dampf hohen Drucks in Zonen niederer Sättigung, um das Dampfdruckgefälle auszugleichen. Dieser Weg ist zwingend, und es ist ihm eine gewisse Energie eigen.

All diese Zusammenhänge zwischen Temperatur, Wassergehalt, relativer Luftfeuchtigkeit, Wasserdampfdruck und Wärmeinhalt der Luft ist in dem berühmten i_x-Diagramm von Mollier im Jahre 1906 zusammengestellt worden. Wer dieses Diagramm verstanden hat, sollte keine feuchtigkeitsbezogenen Bauschäden mehr machen können.

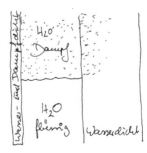

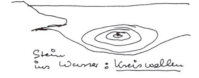

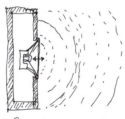

Schall

Schall ist, was wir hören, wie Licht ist, was wir sehen. Licht und Schall werden von uns sehr genau auf unseren Wahrnehmungsapparat bezogen. Die Randbereiche des Wahrnehmbaren werden mit Bezeichnungen wie Infra-, Ultra- oder Hyper- als nicht mehr wahrnehmbare Zonen ähnlicher Eigenschaft dargestellt. Unsere Physik ist anthropozentrisch, wenn auch inzwischen weit vom Menschen als Mittelpunkt des Universums abgerückt wurde. Wären alle Physiker Hunde, hätten wir sicher ein canozentrisches Weltbild.
Schall ist Energie mechanischer Wellen und folgt somit den Gesetzen der Mechanik. Wie bei Wärme werden Teilchen bewegt, hier aber nicht durch elektromagnetische Erregung, sondern schlicht mechanisch „angeschubst": die Materie wird in Vibration versetzt und reagiert mit elastischer Deformation.

Wellenarten

Nach der Ausbreitung von Wellen gibt es ebene Wellen, die sich nur gerichtet ausbreiten wie im Prinzip das Bindfadentelefon, Kreiswellen, die wir beobachten, wenn ein Stein in glattes Wasser fällt, und Kugelwellen, die eigentlich alles Hörbare, das durch die Luft übertragen wird, ausmachen.
Es gibt zwei Wellentypen, die sich nach Art der mechanischen Erregung unterscheiden: • Longitudinalwellen • Transversalwellen.
Beide Wellentypen kommen im Bauwesen vor, und es müssen für jede von ihnen besondere Maßnahmen zur Vermeidung ihrer Ausbreitung getroffen werden.

_ Longitudinalwellen

Longitudinalwellen schwingen in der Richtung, in der sie sich ausbreiten. Die Bezeichnung Kompressionswellen oder gar Druckwellen beschreiben den Vorgang bildhaft. So schiebt z.B. eine Lautsprechermembrane die Luftmoleküle durch ihre Vibration an, die getroffenen Teilchen werden komprimiert und geben diese Kompression an die nächsten Moleküle weiter. Im Zurückschwingen entsteht Unterdruck, dem wieder Kompression folgt. So entsteht eine Folge unterschiedlicher Drücke, die stärker oder schwächer als der normale Luftdruck sind. Wenn diese Folge auf eine Membrane wie unser Trommelfell im Ohr trifft und mit unterschiedlicher Energie darauf einwirkt, schwingt diese im gleichen Rhythmus mit. Wir hören Radio.
Die Teilchen schwingen jeweils um ihren Ruhepunkt mit einer bestimmten Auslenkung und Beschleunigung, die von der Kraft der Schallquelle (Schalldruck),

von der Elastizität des Mediums (E-Modul) und von der Schwingungshäufigkeit (Frequenz) bestimmt wird. Ähnlich dem Wärmetransport ist die Schallübertragung von Longitudinalwellen der Eimerkette vergleichbar: Die Träger bleiben stehen, nur der Transportgegenstand wird weitergereicht.
Diese Wellenart kann in gasförmigen, flüssigen und festen Medien vorkommen. Im Bauwesen wird sie „Luftschall" genannt.

_ Transversalwellen

Transversalwellen kommen allein in festen Körpern vor. Sie schwingen senkrecht zur Ausbreitungsrichtung. Wir beobachten sie, wenn wir ein Seil an einem Ende befestigen und am anderen Ende unter gewisser Spannung mit der Hand kurz wackeln. Die senkrechte Auslenkung wandert das Seil entlang. Sie kommt vom Ende wieder zurückgelaufen und ist in der Hand als Energie spürbar. Hier werden die Scherkräfte des Mediums gefordert, und da Gase und Flüssigkeiten in ihrem losen Molekülverbund keine Scherkräfte aufnehmen können, überträgt sich Schall hier nicht transversal.
Transversalwellen hören wir selten, es sei denn, wir setzen eine Stimmgabel an den Kopf oder legen das Ohr an das Bahngleis oder einen anderen schwingenden Gegenstand. Vom transversal schwingenden Resonanzboden des Flügels oder aus dem Körper des Kontrabasses hören wir nur die durch Transversalwellen im Festkörper verursachten Vibrationen, die als Longitudinalwellen in die Luft gelangen. Allerdings „hören" wir mit dem ganzen Körper, so daß die Schallwahrnehmung nicht allein über das die Druckwellen aufnehmende Trommelfell, sondern auch über den transversal schwingenden eigenen Körper erfolgt. Wer Kopfhörermusik mit Livekonzert oder auch Boxenmusik vergleicht, wird diesen Anteil „Hören" im Kopfhörer vermissen.
Da diese Schallwellen allein festkörperintern verlaufen, werden sie im Bauwesen „Körperschall" genannt.

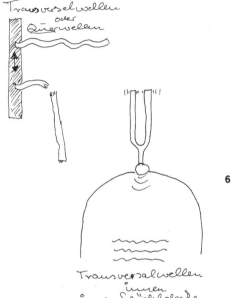

Frequenz & Amplitude

Frequenz (Häufigkeit) wird zeitlich in Schwingungen je Sekunde angegeben und nach dem Physiker Wilhelm Hertz (Hz) benannt. Sie gibt die Dichte der Aufeinanderfolge von Druckwellen bzw. Vibrationen an. Hohe Schwingungszahlen je Sekunde hören wir als hohe, niedrige als tiefe Töne. Allgemein wird das menschliche Wahrnehmungsvermögen für Schall von 16 Hz bis 20 kHz angegeben. Es ist jedoch individuell unterschiedlich und altersabhängig. Frequenzen unterhalb 16 Hz nennen wir Infraschall, über 20 kHz liegt der Ultraschallbereich bis zum Hyperschall ab 1 GHz (1 Mrd. Hz).

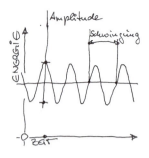

Stellen wir uns Schallwellen idealisiert als Sinuskurve vor, so ist die Frequenz auf der Abzisse (Zeitachse) ablesbar und gibt die Tonhöhen an: weite Schwingung = tiefer Ton, enge Schwingung = hoher Ton. Die Ordinate zeigt die Kraft des Schallsignals dar. Die Amplitude (maximale Auslenkung) der Kurve zeigt die maximale Veränderung des Drucks zum Normaldruck bei Longitudinalwellen bzw. die mechanische Auslenkung im Festkörper bei Transversalwellen: große Amplitude = laut, kleine Amplitude = leise. Mit der Amplitude erhalten wir Auskunft über den Schalldruck und die Schallintensität, die in Leistung je Fläche angegeben wird. Der Schallintensität entgegen wirkt der Wellenwiderstand oder die Schallimpedanz, die das Verhältnis von Wichte des Mediums zu Schallgeschwindigkeit angibt und den „Energieverzehr" des Schallträgers beschreibt. Für eine punkt- oder kugelförmige Schallquelle fällt die Intensität mit der Entfernung quadratisch ab.

Schallgeschwindigkeit

Sehen wir einen Blitz, zählen wir im Sekundentakt, bis der Donner grollt. Bei drei Sekunden ist das Gewitter etwa 1 km weit entfernt. Zählen wir einmal die Zeitverzögerung des Blitzes (Lichtgeschwindigkeit) auf der Erde nicht – zur Sonne sind es nur 8 Lichtminuten – so wissen wir, daß der Schall in der Luft in etwa drei Sekunden 1 km zurücklegt. Im dichteren Medium Wasser ist Schall 1400 m/s schnell, in Eis durch das Kristallgitter 3200 m/s und in Stahl 5050 m/s.
Es ist wichtig zu wissen, daß sich alle Frequenzen im gleichen Medium mit gleicher Geschwindigkeit ausbreiten. Wäre das nicht der Fall, z.B. die tiefen Töne langsamer als die hohen, könnten wir keine Musik in bekannter Weise hören.
Die Geschwindigkeit transversaler Scherwellen wird durch einen Schubmodul G bestimmt und ändert sich nicht nur stofflich, sondern auch geometrisch. Die Zeitunterschiede von Längs- und Querwellen in Festkörpern werden zur Lokalisierung von Erdbebenherden oder zur seismischen Erkundung z.B. für Erdöl herangezogen.

Stehende Welle

Eine Station auf dem Pfad der Sinne von Hugo Kückelhaus ist der Summstein. Wer seinen Kopf in die kleine Höhle steckt und zu summen beginnt, bekommt das Gefühl, der ganze Steinblock summte. Wir befinden uns mit dem Kopf in einer stehenden Welle. Blasinstrumente klingen aufgrund stehender Longitudinalwellen, die durch Blättchen- oder Lippenvibration erzeugt werden. Die Längenänderung der Luftsäule bewirkt unterschiedliche Tonhöhen, da sich damit die „Eigenschwingung" des Systems ändert. Saiteninstrumente klingen aufgrund stehender Transversalwellen. Auch hier bewirkt die Saitenverkürzung eine Tonerhöhung. Jeder Klangkörper besitzt eine eigene Frequenz, in der er schwingt

Im Bauwesen ist Eigenschwingung von Bauteilen ein wichtiges Phänomen im Schallschutz, dem konstruktiv zu begegnen ist. Welche Kraft Eigenschwingungen aufbieten können, ist an einer Abrißmethode zu erkennen, bei der Bauten gezielt und energiereich in Eigenschwingung versetzt werden, bis sie zusammenstürzen.

Doppler-Effekt

Werfen wir den Schwimmer der Angel ins stille Wasser, breiten sich kreisförmig Wellen aus. Kurbeln wir ihn langsam wieder heran, verdichten sich die Wellen in Fahrtrichtung des Schwimmers und ziehen achterlich auseinander. Ziehen wir schneller, als die Wellen sich ausbreiten, entsteht ein Wellenkeil, eine Bugwelle. Akustisch hören wir das gleiche, wenn ein Fahrzeug mit singender Maschine auf uns zukommt und nach Vorüberfahrt mit tieferem Ton verschwindet. Die Drehzahl, und damit die Frequenz der Maschine, bleibt gleich. Kommt das Fahrzeug auf uns zu, verkürzt seine Geschwindigkeit die Druckwellen des Schalls zu einer scheinbar höheren Frequenz, fährt es von uns weg, verlängert sich die Folge von Druckwellen und erscheint als tieferer Ton. Bewegt sich ein Medium schneller als der Schall, so tritt auch hier eine Bugwelle (Machscher Kegel) auf, an der sich die Schallenergie verdichtet. Das ist die berühmte „Schallmauer", deren Bugwelle manchmal als Knall auf der Erde zu hören ist, wenn eine Concorde am Himmel vorüberzieht. Der Doppler-Effekt bleibt gleich, ob sich Schallquelle oder Empfänger bewegen.

Schallempfindung

Unser Ohr nimmt Schallwellen zwischen 16 Hz und 20 kHz wahr, allerdings individuell unterschiedlich. Das Schallempfinden ändert sich im Laufe des Lebens und offensichtlich auch im Laufe der Generationen. So erstaunen heute die stahlharten Trommelfelle der Disco-Techno-Generation, der Walkman-Dröhner oder der Bass-Boost-Automobile, die sich während der Fahrt rhythmisch auszubeulen scheinen. Ist gesteigerte Lautstärke Folge gesteigerten Lärms? HNO-Arzt als Zukunftsberuf? In Rosendorfers „Briefe in die chinesische Vergangenheit" beklagt der über einen 1000-Jahre-Zeitsprung in München gelandete Mandarin Kao-tai, daß es nie völlig dunkel und nie völlig leise ist in der Stadt. Gibt uns das zu denken?

_ Schallpegel (dB)

Wir hören schon Töne von geringster Energie. Das Hören beginnt bei einem Schalldruck von etwa 2×10^{-5} Pa, das entspricht einer Schallintensität von 10^{-12} W/m² (eine Million Millionstel Watt: Hörschwelle). 60 Watt immerhin hat unsere Leselampe als Stromverbrauch, das sind etwa 6 Watt Licht! Schon bei ca. 20 Pa Schalldruck, entsprechend 1 W/m² Schallintensität, können wir vor Ohrenschmerzen keine Frequenzen mehr unterscheiden.

Zur übersichtlichen Darstellung des weiten, 12 Zehnerpotenzen umfassenden Hörbereichs wurde eine logarithmische Skala eingeführt, die den Schallpegel als Logarithmus des Verhältnisses von Schallintensität bzw. Schalldruck zur Hörschwelle abbildet. Dieser Wert (mal 10, damit es ganze Zahlen werden) stellt den Schallpegel dar und wird, obwohl eigentlich dimensionslos, Dezibel (dB) genannt. Die logarithmische Skala, so ist der Stand der Erkenntnis, entspricht auch weitgehend unserem Hörempfinden.

_ Lautstärke

Nun hören wir nicht alle Frequenzen gleichen Schallpegels gleich laut. Wir alle wissen, daß für tiefe Töne mehr „Druck" nötig ist, um sie gleichwertig mit hohen Frequenzen zu hören. Die „Loudness"-Taste der Stereoanlage hebt die Bässe bei leiser Musik an, und gute Tieftonwiedergabe erfordert kräftige Endstufen im Verstärker. Nehmen wir einmal das Bespannungsgitter von den Boxen und beobachten die Membrane der Basschassis, so verstehen wir den Energiebedarf für den weiten, dem Auge sichtbaren Hub des Lautsprecherkegels, der eine dicke Luftsäule bewegen muß. Andererseits verstehen wir, daß diese im Vergleich zu höheren Frequenzen träge Bewegung nur wenig Eindruck auf unser kleines Trommelfell macht und zur Wahrnehmung kräftig anpochen muß. Deshalb hören wir 16 Hz erst bei 75 dB und nicht bei 0 dB, wie die Frequenzen um 4000 Hz, dem mittleren Hörbereich. Ausgehend von dem Schallpegel, wurde eine Skala erstellt, die die empfundene Lautstärke für alle hörbaren Frequenzen gemäß ihrem Schallpegel darstellt, die Phonskala. Sie stimmt im 1000 Hz-Bereich mit dem Schallpegel (dB) überein. Um nun Lautstärken schallmeßtechnisch als Schalldruck zu ermitteln, wurden Meßkurven mit „bewerteten" Schallpegeln aufgestellt, die z.B. die tiefen Töne geringer veranschlagen. Solche bewerteten Schallpegel werden durch Buchstaben gekennzeichnet. Für das Bauwesen gilt vorwiegend die Bezeichnung dB(A) zur Feststellung von Lärmpegeln.

Schallschutz

Die häufigste Aufgabe im Bauwesen bezüglich Schall ist der Schallschutz. Wenn wir mit baulichen Mitteln Räume aus der Umwelt abgrenzen, um besondere, von der Umwelt abweichende Bedingungen zu schaffen, so können diese auch den Schallpegel betreffen, und zwar sowohl den Schallschutz nach außen (Disco) als auch den nach innen (Wohnen hinterm Lärmschutzwall).
Sicher ist der beste Lärmschutz die planerische Trennung unverträglicher Nutzungen. Notwendige Dichte, gewünschte Nutzungsmischung, aber auch das planungsferne, politisch-ökonomische Realisierungsgewurstel lassen genügend Bedarf an technischem Schallschutz in der Welt.

_ Luftschall

Luftschall, haben wir gelesen, sind Longitudinalwellen: Druckwellen mit Energie inhalt. Ziel von Schallschutz ist, diese Energie in etwas Leises umzuwandeln. Dazu gibt es folgende Prinzipien:

1. Masse
Treffen Luftschallwellen auf schwere Masse, scheitern sie an dem Versuch, diese in Bewegung zu setzen. Sie prallen darauf, verlieren Kraft. Ein Teil allerdings wird reflektiert und bleibt laut. Die Minderung des Pegels ist Wärme geworden.

2. Weichheit
Treffen Luftschallwellen dagegen auf weiche Masse, wird ihre Energie nicht nur durch Wärmeumwandlung, sondern auch durch mechanische Molekularbewegung verändert. Der Anteil an Reflexion ist geringer als bei harter Masse. Beim Bühnenumbau läßt man im Theater zum Publikum einen schweren Gummivorhang herab.

3. Rauhigkeit
Rauhe, zerklüftete oder gelochte Oberflächen lassen für Schallwellen nur diffuse Reflexion zu. Zwischen den Hohlräumen reflektieren sie kreuz und quer, verlassen durch mehrmalige Reflexion geschwächt die Fläche in unbestimmte Richtung, wenn sie sich nicht sogar fast völlig „totlaufen". Perforierte rauhe Wände, weiches Material und schwere Masse sind Mittel zur Schallvernichtung.

4. Mehrschaligkeit
Gegen Schalldurchgang kann eine möglichst vielfältige Hindernisstrecke aufgebaut werden, die aus harten, weichen, porigen und schweren Materialien in mehrschichtigem Aufbau besteht. Schallwellen müssen sich durch diesen Parcours bewegen und verlieren ihre Energie auf unterschiedliche Weise. Um eine Resonanz durch Eigenschwingung zu vermeiden (Trommeleffekt), sollten die Schalen unterschiedliche Elastizität besitzen, gleiche Materialien also unterschiedlich dick oder von anderer Geometrie sein. Schallschutzgläser haben z.B. unterschiedliche Glasstärken. Jede mehrschichtige Schallschutzkonstruktion ist allerdings nur so gut wie ihre Befestigung an den Rändern und ihre Fugen. Hier sind durch geschickte Konstruktion die Schlupflöcher des Luftschalls zu stopfen.

5. Umlenkung
Nach dem Prinzip der Rauhigkeit funktioniert auch die Schallumlenkung. Wir alle kennen den Auspuff unseres Fahrzeugmotors, und manche werden schon einmal mit defektem Schalldämpfer ein paar Kilometer zur nächsten Werkstatt gefahren

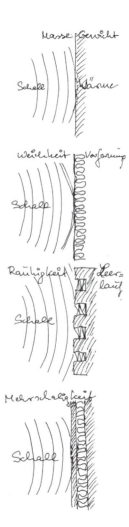

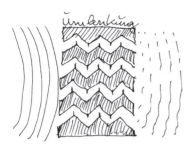

sein. Es lärmt ohrenbetäubend! Nun muß aber ein Abgasstrom aufrechterhalten werden, dessen Quelle schmerzhaft lärmt. Der Schalldämpfer ist in mehrere Kammern eingeteilt, in die lautes Abgas durch ein Rohr eingelassen wird. Ein entgegengesetztes Rohr entläßt das durch Überdruck gesteuerte Abgas, während sich der Schall an den Prallplatten der Kammern mehrstufig „totläuft". Hier leistet geschickte Geometrie, was weiche, rauhe, schwere Masse kann.
Solche Auspuffsysteme sind Grundlage für die Lüftungstechnik von Lärmschutzfenstern (oft auch mit gleichem Inhalt). Umlenkung ist aber auch Prinzip für jegliche Schallschutzmaßnahme im Fugenbereich zwischen Bauteilen, die fest oder gar beweglich miteinander verbunden werden sollen, denn Longitudinalwellen dringen als Druckwellen durch jeden noch so kleinen Luftspalt und breiten sich von dort aus wieder kugelförmig im neuen Raum aus.
Da Fugen noch viele andere Aufgaben haben, die ebenfalls mit Maßnahmen der Umlenkung bewältigt werden können, ist Schallumlenkung in der Regel das probate, weil multifunktionale Mittel für die Vermeidung von Schalldurchgang.

6. Interferenz

Es gibt physikalisch die Möglichkeit, eine Schallquelle mit einer anderen akustisch zu „löschen", wenn die Gegenquelle mit halber Wellenlänge Verzögerung alle Wellenberge (Druck) und Wellentäler (Unterdruck) gegeneinander versetzt aufhebt. Dieses aber nur theoretisch!

_ Körperschall

Körperschall entsteht durch Transversalwellen im festen Körper und schwingt so energiereich, wie der Körper Masse hat. Die Wellen verbreiten sich im ganzen Körper und tragen den Schall einer einzigen Quelle mit schwindender Energie an jede Stelle bis zur Peripherie. An der Luft entstehen aus den Körperschwingungen Luftschallwellen, die wir über das Vibrieren der Transversalwellen hinaus mit dem Ohr wahrnehmen. Zur Vermeidung der Ausbreitung von Transversalwellen gelten folgende Prinzipien:

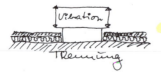

1. Masse

Auch hier kann Masse dazu dienen, aufgrund ihrer Trägheit die Quelle zu betäuben. Es entsteht Wärme. Überwiegt jedoch die Schallquelle und setzt eine Masse in Bewegung, braucht es entsprechend Energie, diese zu dämpfen.

2. Trennung

Die einfachste Form, Körperschallübertragung zu vermeiden, ist die Einteilung in unterschiedliche Körper, die dergestalt gelenkig voneinander getrennt sind, daß Transversalwellen nicht übertragen werden. So baut man in der Industrie Maschinenfundamente, die mit denen der Halle und mit dem Hallenboden nicht in Berührung stehen.

3. Weiche Lagerung
Legen wir einen schwingenden Körper in ein weiches Bett, schwingt er auf federnder Matratze und überträgt so wenig Vibration auf den Matratzenträger, wie die Matratze elastisch ist. Der schwimmende Estrich ist das häufigste Mittel der Lagerung vibrierender Bauteile und bietet eine geringe Schallübertragung.

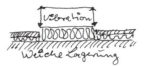

4. Mehrschaligkeit
Mehrere Schalen mit weicher Zwischenschicht und ohne direkte Verbindung miteinander entsprechen ebenfalls dem Prinzip der weichen Lagerung. Wichtig ist die gleichermaßen getrennte Randausbildung bzw. Trägerschicht z.B. bei Trennwänden. Eigenschwingung ist durch Materialgeometrie (s.o.) zu vermeiden.

Raumakustik
Nicht nur defensiv, sondern kreativ und kunstvoll gehen Raumakustiker mit dem Schall um. Ihre Aufgabe liegt in der schönen Klangverteilung im Raum mit dem angemessenen Maß an Hall (Reflexion) und Dämpfung (Schallschluck) für eine allseits gute Raumakustik. Die klassische Raumakustik beschäftigt sich mit Versammlungsräumen aller Art und steigert sich zu hoher Kunst für Konzerträume und Theater, aber schon der Aufbau einer Musikanlage im Wohnraum erfordert raumakustisches Wissen und Gespür. Hier soll dieses anspruchsvolle Gebiet aber nur gestreift werden, denn es ist nicht der Alltag.
Alle Maßnahmen der Raumakustik sind optisch und haptisch im Innenraum wahrnehmbar, konstruktive Maßnahme und Gestalt sind vereint. Sie sind die innerste Haut des Raumes.
Um so sicherer müssen die raumgestaltenden Architekten den klanggestaltenden Akustikingenieuren Materialien zur Erfüllung der technischen Notwendigkeiten in gewünschter Gestalt und gewünschtem Stoff anbieten.
Eigene raumakustische Planungen sind nach Erarbeitung einiger Grundlagen von Schallenkung, -dämmung und Nachhallzeit sicher noch von vielen Zufällen abhängig. Immerhin ist die Akustik in klassischen Amphitheatern bewundernswert und ausgeklügelt – ohne rechnergestützte Simulation.
Raumakustik ist ein besonderes Kapitel im Zusammenspiel von Raumkunst und Baukunst.

Energie

Wir haben bereits im Kapitel über „Wärme" den Begriff „Energie" angewandt, ohne ihn näher zu erklären. Immerhin wissen wir schon von der Energieerhaltung in einem geschlossenen System (1. Hauptsatz der Thermodynamik). Nun tut sich die Physik schwer in der Erklärung von Energie:

„Es ist wichtig einzusehen, daß wir in der heutigen Physik nicht wissen, was Energie ist ..." erklärt Robert Feynman in seinen berühmten „Vorlesungen über Physik".

Wir kennen eine Menge verschiedener Energieformen: Gravitationsenergie – kinetische Energie – Wärmeenergie – elastische Energie – elektrische Energie – magnetische Energie – chemische Energie – Strahlungsenergie – Kernenergie – Massenenergie und sicher noch mehr. Für jede Art gibt es eine Formel, und wir wissen, daß, wie auch immer Umwandlungen von einer in die andere Form geschehen mögen, die Summe der Energie im System gleich bleibt.

Nun werden wir Baumenschen von den Problemen der Physiker mit der Energie nur prinzipiell Kenntnis nehmen wollen. Eines jedoch sollten wir noch verinnerlichen: Alle Materie besitzt Energie allein aufgrund ihrer Existenz, die sog. Massenenergie. Feynman erklärt: „Wenn ich ein Positron und ein Elektron habe, die still stehen und nichts tun – ohne Betrachtung der Gravitation, ohne Beachtung von irgend etwas –, und sie treffen zusammen und verschwinden, so wird ein bestimmter Betrag von Strahlungsenergie freigesetzt, welcher berechnet werden kann. Alles, was wir wissen müssen, ist die Masse des Objekts. Sie ist unabhängig davon, was es ist; wir lassen zwei Dinge verschwinden und erhalten einen gewissen Energiebetrag. Die Formel wurde zuerst von Albert Einstein gefunden; sie lautet: $E = mc^2$.

Diese in vielen Formen immer wiederkehrende Beziehung zwischen Energie und Materie ist Grundlage für die beiden wichtigsten Forderungen an den materiellen Umsatz unserer menschlichen Kultur:
- Kreislauf der Materie
- Maximale Energieeffizienz.

Seit 4 Äonen (4 Mrd. Jahren) sind diese Aspekte Motor der Evolution und Richtschnur der Selektion und der Sukzession von Ökosystemen, bis sie in der Klimax diesen Zustand zum Wohle aller Mitglieder der Lebensgemeinschaft erreicht haben. Es sind Grundregeln des Lebendigen.
Wir Menschen müssen sie für uns „künstlich" einsetzen, denn, auf eine einzelne Art bezogen, gelten diese Maximen in der Natur nicht.

Die klassische Physik kennt vier Energieformen, die die materiellen Prozesse der Welt lenken: Gravitation haben wir bereits im Kapitel „Kräfte" kennengelernt. Elektromagnetische Kraft spielt in den Abständen zwischen Atomen und Molekülen eine beherrschende Rolle. Schwache Kernkraft (Radioaktivität) hält die Kerne der Atome zusammen und starke Kernkraft die Quarks und Leptome der Kerne. Alle materiellen Umformungen folgen dem „Informationssystem" dieser Regeln.

Energiequellen

Überlegen wir, woher wir unsere Energievorräte beziehen, so kommen wir auf drei bekannte Quellen: • Uran • Wasserstoff • Sonne.
Uran ist das Grundmaterial zur Kernspaltung, die in unseren Atomkraftwerken betrieben und zu Wärme umgewandelt wird. Hier spielen wir mit der schwachen Kernkraft, die im Erdinneren noch eine starke Rolle spielt. Die Herstellung der Wärme ist bereits einigermaßen gediehen, allerdings entspricht die Restmaterie nicht den Forderungen nach Kreislauf der Materie, und die Effizienz thermischer Kraftwerke ist immer noch miserabel (ca. 30% an der Steckdose!). Eine Rechnung nach Kostenwahrheit, die alle „externen Kosten" einbezieht, läßt diese Technologie absurd erscheinen.
Wasserstoffkerne zu Heliumkernen zu fusionieren, macht uns die Sonne in der Ferne vor. Immerhin ist uns dieser Prozeß in Labors schon in kurzen explosiven und gefährlichen Reaktionen gelungen. Würden die thermonuklearen Reaktionen kontrolliert steuerbar, so könnten 10 Liter Wasser in der Sekunde den Energiebedarf je Sekunde der USA decken.
Alle anderen Energiequellen kommen ursächlich von der Sonne:
Die „fossilen Energieträger" Erdöl, Kohle (von Steinkohle bis Torf), Erdgas sind Derivate organischen Einspeicherns von Sonnenenergie durch Photosynthese u.a., die durch geologische Vorgänge an Standorte gelangt sind, die den Verfall verhindert haben. Dieser Vorgang verläuft seit Beginn des Lebendigen bis heute; er ist so langsam, daß wir ihn mit unserem Zeitmaß nicht spüren können. Der chemische Wert jener fossilen Träger ist für unsere menschliche Kultur, insbesondere für Pharmazie und Chemie, wesentlich höher als ihr Brennwert. Die begrenzten und zu langsam nachwachsenden Ressourcen sollten anderen Prozessen als der Verbrennung zugeführt werden. Allenfalls Erdgas, reines Methan (CH_4), kann als Energiequelle dienen, wohl wissend, daß es zu H_2O und CO_2 verbrennt und damit ein Problem unserer Atmosphäre vergrößert.
Windenergie entsteht durch solare Erwärmung, Ausdehnung, Aufsteigen und Nachströmen von Luft (Hochdruck- und Tiefdruckwetterlagen). Das gilt sowohl für die globalen Windsysteme, z.B. die Passate, als auch für lokale Winde wie den

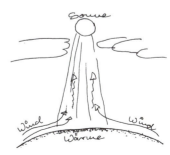

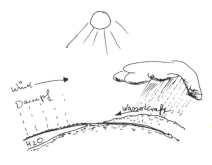

mittäglichen Hangaufwind einer bestrahlten Südhanglage. Die von der Sonne verursachte Luftströmung kann mit Windrädern oder durch Segel für uns nutzbar gemacht werden.

Vielseitig, aber vorwiegend nachts betrieben, ist die Eigenschaft des Windes, Abgase und Partikelreste mit dem Effekt einer flächendeckenden Deponie fein in der bodennahen Luftschicht zu verteilen.

Wasserenergie ist Gravitationsenergie der Lage und entsteht in Kombination von Sonne und Wind. Die Hebeenergie leistet die Sonne durch Verdunsten des Wassers zu Dampf. Mit der aufsteigenden Luft heben sich die Dampfmoleküle, werden vom Wind mitgenommen und kondensieren bei Abkühlung auf den Taupunkt und Sättigung der Aufnahmekapazität der Luft zu sichtbaren Tröpfchen (Wolken), die sich dann bei weiterer Abkühlung zu Regentropfen, Hagel oder Schnee ballen und auf die Erde fallen. Treffen sie höhere Lagen an Land, so stauen sie sich dort (Energie der Lage) oder fließen zum niedrigstmöglichen Punkt, idealerweise ins Meer. Die von der Sonne geleistete Hebeenergie wird in Wasserkraftwerken für uns nützlich gemacht. Auch fließendes Wasser wird zur Feinverteilung von Restmaterie, welcher Art auch immer, mit dem Effekt flächendeckender Deponien genutzt.

Organische Energie ist die fossile Energie der Gegenwart. Holz gehört dazu, aber auch besondere Pflanzenprodukte wie Rapsöl, Wolfsmilch oder Zuckerrohr (Alkohol). Auch Biogas, die anaerobe Vergärung organischen Materials, könnte als Gegenwart des Erdgases gesehen werden, denn es enthält vorwiegend CH_4. All diese Energiequellen haben den Vorteil, daß aus Sicht globaler Ökologie der Matriehaushalt stimmt. Das nur mit kurzer Zeitverzögerung gebundene CO_2 wird freigesetzt und wieder gebunden. Leider reichen die möglichen Mengen der verantwortlich greifbaren organischen Energiequellen nicht annähernd für den von der Art Mensch beanspruchten globalen Energiehaushalt.

Immerhin scheint zumindest tags die Sonne mit über $1\,kW/m^2$ direkt auf die Erde. Auch wenn die reale Energieausbeute geometrisch bedingt sehr unterschiedlich ist, auch wenn wir mit Kollektoren nicht anderem Leben auf der Erde die Existenz nehmen sollten, ist der verfügbare Anteil immens. Verglichen mit den für Kernspaltung ausgegebenen Forschungsmitteln oder den Kosten für die unsinnige Kohleverbrennung, ist für diese sinnvollste, weil kontaminationsärmste aller Energiequellen noch wenig in die Forschung geflossen.

Das Prinzip des Wärmekollektors ist im Kapitel „Wärme" schon angedeutet. Es ist sogar bei uns in kleinem Rahmen anwendbar, um warmes Wasser zu bereiten. Gebäude können aber auch insgesamt als Kollektoren gebaut sein (s. Treibhauseffekt). Noch interessanter für die globale Wirtschaft ist die Technik, direkt aus Sonnenstrahlung Strom herzustellen, die Photovoltaik. Hier tut sich ein partikel- und abgasfreies Energiepotential auf, das von höchster Qualität ist. Auch wenn

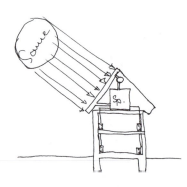

die Effizienz von Einstrahlungsenergie zu Stromausbeute mit ca. 10% noch mager aussieht, entsteht nichts Schädliches, die restlichen 90% sind Wärme. Solarstrom hat im Betrieb keinen Abfall.
Kombinieren wir diese Edelenergie mit der aus der ersten Chemiestunde bekannten Elektrolyse von Wasser zu Wasserstoff und Sauerstoff, so haben wir mit Wasserstoff einen bekannten Energieträger, der CO_2-frei verbrennt (zu H_2O).
Die Zukunft muß daher der Photovoltaik mit Wasserstofftechnologie gehören, unterstützt durch Solarwärme und organische Energiequellen sowie den Rest Erdgas.

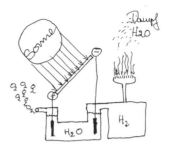

Energiequalität

Eine Kilowattstunde ist eine Kilowattstunde!
Das stimmt, wenn wir allein den ersten Hauptsatz der Thermodynamik heranziehen, der bekanntlich sagt, daß die Energie erhalten bleibt. Eine Tasse heißen Tees in einem Raum von 20 °C entspricht demnach einer Tasse kalten Tees in einem ein wenig wärmeren Raum.
Eine Kilowattstunde ist nicht eine Kilowattstunde.
Das stimmt, wenn wir auch den zweiten Hauptsatz der Thermodynamik betrachten, der die Qualitätsunterschiede zwischen einer Tasse heißen und einer Tasse kalten Tees erklärt. Es gibt unterschiedliche Energiedichten oder Energiequalitäten.
Die Qualität von elektrischem Strom stellt unbestritten die höchste uns bekannte Qualitätsstufe einer Energiehierarchie dar, denn mit Elektrizität lassen sich alle folgenden bekannten Energiearten herstellen. Wärmeenergie steigt mit der Temperatur in seiner Qualität.
Andere Qualifikationen von Energie könnten nach Kosten, nach Herstellung, nach Kontamination usw. aufgestellt werden, so daß z.B. Atomstrom, Kohlestrom und Photovoltaik in ihren realen (in der bestehenden Wirtschaft gültigen) und in ihren wahren (inclusive aller „externer") Kosten verglichen werden können.
Vergleichen wir die physikalischen Eigenschaften der Energieformen, so gelten im Bauwesen in der Regel folgende Anforderungen:
- Niedrigwärme für die Raumheizung (ca. 35 °C)
- mittlere Wärme für Warmwasser (ca. 50 °C)
- höhere Wärme zum Kochen, Backen ... (bis ca. 350 °C)
- Strom für Elektronik, Licht und Arbeit.

Erinnern wir uns an den Leitsatz „Maximale Energieeffizienz", so ist einzusehen, daß für jede dieser Energieanforderungen eine Energieform mit angemessener Leistung eingesetzt werden sollte: Heizung und Warmwasser möglichst mit Sonnenwärme, denn mehr kann diese nicht leisten – Kochen, Backen, Kühlen mit Gas o.ä., denn das ist gut leistbar – und allein für den letzten Bereich die Elektrizität, denn diese Dinge sind anders nicht sinnvoll zu lösen.

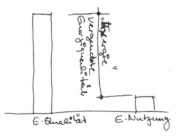

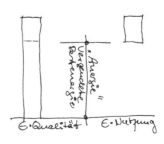

Es ist nicht sinnvoll, z.B. mit elektrischer Fußbodenheizung hochqualitätvollen Strom für eine derart niedere Nutzung einzusetzen, zumal von der eingesetzten Primärenergie nur 30 % im Haus ankommen und Restenergie und Materie in die Welt gelassen werden. Selbst eine elektrisch betriebene Wärmepumpe mit dem Wirkungsgrad 1:3 verschafft dem Gebäude gerade so viel Umweltenergie, wie das Kraftwerk abläßt. Einfacher wäre hier der direkte Einsatz der Primärenergie.

Energiekaskade

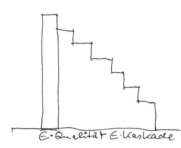

E.Qualität E.Kaskade

Energieträger hoher Qualität werden zu hochqualifizierten Nutzungen eingesetzt. Die Restenergie (Anergie) bleibt ungenutzt. Die Industrie baut seit jeher nach Möglichkeit Energiekaskaden auf, in denen Nutzungen abfallenden Qualitätsanspruchs mit jeweils der Restenergie der nächsthöheren Nutzung versorgt werden.

Das signifikanteste Beispiel ist die Wärmekraftkopplung eines Blockheizkraftwerks, das die Energie mehrstufig nutzt. Ein Verbrennungsmotor treibt den Generator für Strom. Die Motorkühlung beheizt den Vorlauf von Warmwasser- und Heizungswärme, die Auspuffwärme könnte im Energiehaus für Backen, Waschen und Tiefkühlen (Absorber) nützen. Stromüberschuß könnte Wasserstoff produzieren oder Brennstoffzellen für Fahrzeuge laden.

Energiekaskaden erfordern Gleichzeitigkeit aller Nutzungen oder brauchen Speichermedien, die das System verteuern. Je feiner die Vernetzung einzelner Einheiten, um so geringer die Anfälligkeit aufgrund mangelnder Gleichzeitigkeit.

Energieoptimierung

Energieeinsparung ist ein Zauberwort im Bauwesen, doch leider wird dabei vielfach sehr laut auf dem falschen Bein „Hurra" geschrien. Einsparung hat nicht unbedingt mit Optimierung zu tun. So ist das vielzitierte frei stehende „Niedrigenergiehaus" oder gar „Nullenergiehaus" vielleicht ein rühmliches Beispiel für Energieeinsparung. Rechnet man Landverbrauch, Aufwendungen für Infrastruktur oder Materialaufwand im Sinne der Kostenwahrheit, so sind alle diese Produkte weit von einer Optimierung entfernt.

Energieoptimierung beginnt im Städtebau, beeinflußt die Bebauungsplanung, die Gebäudekonzeption, die Konstruktionsweise und die Materialwahl, die technische Einrichtung und schließlich den Betrieb, also das Nutzerverhalten. An dieser Stelle sollen zu den ersten Punkten ein paar Bemerkungen gemacht werden.

_ Städtebau

Die dichte Ansammlung von Menschen ist widernatürlich, sind wir doch stammesgeschichtlich Jäger und Sammler – Nomaden, die in ihrer Horde durch weite Lande zogen, andere Horden mieden oder bekämpften. Seßhaftigkeit, besonders aber die Fron gebückter Arbeit auf dem Felde, war eine Notlösung aufgrund wachsender Population.

Wir sind nach wie vor Jäger und Sammler. Die notwendige Weite des Landes und die Einsamkeit des Jägers kompensieren wir auf zwei entgegengesetzte Weisen:

1. Verdrängung der Dichte:
Der Stadtnomade ist einsam. Er kann unter Tausenden allein sein. Die Stadt ist seine Wildbahn und der Gang durch den Supermarkt sein Jagen und Sammeln. Er ist „light", mobil, besitzt nichts, was er nicht abstoßen könnte, und besitzt alles, denn sein ist die Wildbahn Stadt. Soziale Kontakte erlaubt er sich im Maße einer Pavianherde (max. 200 Bekannte im Umfeld), bleibt aber beweglich. Sein Denken ist weit, er ist der ideale Städter und Weltbürger, egoistisch, aber tolerant.

2. Verdrängung der Weite:
Der Häuslebauer begrenzt die unendliche Wildbahn auf sein Grundstück. Das Miniaturterritorium verteidigt er vehement gegen den Feind. All sein Denken konzentriert sich auf seinen Besitz, auch die Vorgänge rundum wertet er nach seinen Vor- und Nachteilen. Zaun und Rolladen sind Zeichen seines Sozialverhaltens. Er wäre am liebsten „Selbstversorger" und hätte einen Bauernhof auf dem Lande. Diese Art der Verdrängung beschert das größte städtebauliche Problem. Die Welt ist voller „Häuslebauer", und sie werden von den Politikern gestreichelt, denn sie hängen an ihrem Besitz und müssen sich entsprechend brav und angepaßt verhalten. Ein Parteiprogramm für Urbanität wäre die Garantie, unter die 5%-Hürde zu fallen. So weisen Städte aus Angst vor Abwanderung (Steuernachteile bei hohen Vorhaltungen) ihre Randgebiete für die kleinen Wildbahnen aus. Sie stellen den Inbegriff dessen dar, was Matthias Horx „Bebraismus" nannte.

Es ist offensichtlich, daß diese Art der „Stadtverbreiung" ein hohes Maß an Energie- und Materieaufwand benötigt. Nicht nur die frei stehenden Burgen, die sich die Bewohner erstellen, brauchen und verbrauchen übermäßig Ressourcen. Die Folgeeinrichtungen der Straßen, Leitungen, der Service vom Kindergarten bis zur Postbotin kosten öffentliche Mittel, die alle Bürger zahlen. Rechnet man frei stehende Einfamilienhäuser nach der Kostenwahrheit, sind sie die teuerste Lösung des Wohnens, zum großen Teil auf Kosten anderer. Häuslebesitzer sind Parasiten an der urbanen Gesellschaft.

Unter diesem Aspekt ist jeder Vorschlag, frei stehende Häuser im Stadtgebiet „ökologisch" zu verbrämen, als romantische Fehlleistung zu sehen. Stadtökologie verlangt dichte, material- und energieschonende Bebauung an schönen, allen

Verdrängung der Dichte

Verdrängung der Weite

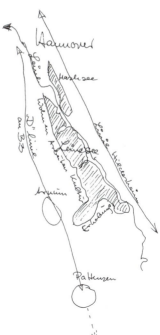

zugänglichen Parks. In diesem Sinne wäre das zur Expo 2000 in Hannover vorgestellte „Leinesee"-Projekt des Architekten Peter Grobe vorbildliche Stadtentwicklung gewesen und ein zukunftweisender Beitrag zur richtig verstandenen Stadtökologie. Keiner wollte es.

_ Bebauungspläne

Den Übergang von der städtebaulichen Konzeption zum realen Bauen stellt der Bebauungsplan dar, der als gemeindliche Satzung bindend gültig ist. Ob sich ein zu realisierendes Bauwerk nach dem Gang der Sonne ausrichten kann, hängt sehr vom „B-Plan" ab, denn hier werden die bebaubaren Flächen festgeschrieben, oft auch Dachneigung und -richtung und anderes. Da auf der ganzen Erde die Sonne im Osten aufgeht, über Süden (auf der Südhalbkugel über Norden) gen Abend im Westen untergeht, müßten alle B-Pläne ähnlich sein, wenn energieeffizient und solarbewußt gebaut werden soll. Ein idealer Bebauungsplan braucht keinen besonders gezeichneten Nordpfeil, denn er muß kraft seiner Konzeption klar die Südlage kennzeichnen. Jegliche Forderung nach „passiver" Sonnennutzung bedarf entsprechender Bebauungsplanung mit der Grundforderung nach solar orientierter Ausrichtung. Dem Argument der Eintönigkeit muß mit städtebaulicher Raumkunst entgegengewirkt werden.

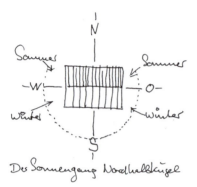

_ Gebäudekonzeption

Die Hauptenergiequelle der Erde hat an jedem Ort und zu jeder Zeit eine bestimmte Geometrie. Sollen sich ein Bauwerk und die Nutzung darin dieser Quelle bedienen wollen, sind sie an die Geometrie des Sonnengangs gebunden. Schon ein gespiegelter Grundriß kann nur für eine Seite sensibel geplant sein, geht doch die Sonne für die andere nicht im Westen auf.

_ Konstruktion

Angemessenheit ist das Schlüsselwort für die materielle und energetische Durchführung und für den Betrieb eines Bauwerks. Materialien und energetischer Aufwand sind der Nutzung entsprechend zu optimieren und so flexibel zu halten, daß Umnutzung möglichst ohne Umbau, jedenfalls ohne Bauschutt erfolgen kann. Wir Baumenschen müssen in unseren Konzeptionen bereits Um- und Abbau beachten, auch wenn es den Bauherrn nicht im geringsten interessiert. Kreislauf der Materie, Recycling, Abfallversorgung gehören in die Konzeptionierung von Bauwerken von Anbeginn hinein.

Entropie

Zum Schluß dieser wichtigsten Grundgedanken zur Physik, die wir zum Konstruieren benötigen, soll versucht werden, Verständnis für den Gang der Dinge in der Welt zu erwecken. Wir begeben uns damit in ein Gebiet, das selbst Physiker an manchen Stellen in die Wundertüte blicken läßt. Und doch ist es für uns Baumenschen, die langfristig denken und planen sollten, deren Werke, wenn sie gut gebaut sind, über Jahrhunderte stehen und weiter stehen können, wenn sie gut gepflegt werden, von großer Bedeutung, sich mit der wichtigsten Regel zum Gang der Materie auseinanderzusetzen, der Entropie.

Es hat einige Gründe, daß Entropie so schwer zugänglich ist. Da ist zunächst der Begriff, der in einigermaßen zutreffender Übersetzung „Un-Gestalt" bedeutet, so daß es schon einmal Schwierigkeiten bereitet, sich vorzustellen, daß Entropiezunahme eine Verschlechterung des Zustands, und Entropieabnahme ein Qualitätsmerkmal ist. Schließlich beschreiben wir ja nicht das Leben als Zunahme des Todes.

Erschwerend kommt hinzu, daß wir wohl die Erscheinungen der Entropie kennen, daß sie sogar lebensbestimmend und orientierend für unser tägliches Leben sind, wir aber nicht verstehen, warum das so stattfindet. Trotzdem soll dieses Phänomen hier diskutiert werden, denn es erleichtert in vielen Bereichen das Verständnis für das Bauen vom ersten Entwurfsgedanken bis zum totalen Ende des Bauwerks.

Entropiesatz

Im Kapitel über die Wärme haben wir schon den 2. Hauptsatz der Thermodynamik kennengelernt. Hier die Wiederholung:
In einem geschlossenen System geht Wärme nicht von selbst aus einem Körper niederer Temperatur in einen Körper höherer Temperatur über.
Der Entropiesatz verallgemeinert diesen auf Wärme bezogenen Hauptsatz:
„In einem geschlossenen System nimmt Entropie zu."
Sadi Carnot und Rudolf Clausius haben diese Erkenntnis Anfang des 19. Jahrhunderts formuliert und in Variationen stehen viele Wissenschaftler wie Boltzmann oder Prigogine hinter diesem Fundamentalgesetz der Physik. Selbst die berühmten drei Murphy-Gesetze:
„Was schiefgehen kann, geht schief.
Was nicht schiefgehen kann, geht schief.
Was nicht schiefging, hätte schiefgehen sollen."

sind Ausdruck der Entropie. Unsere Welt ist auf einer ==Einbahnstraße zum Verfall, zum thermodynamischen Gleichgewicht==, dem Wärmetod, einer lauwarmen Suppe gleichmäßig verteilter Materie, wie es Clausius zu sagen pflegte.
Was geht vor?

Nehmen wir noch einmal die Tasse heißen Tees aus dem Wärmekapitel. Sie ist, arbeitet der Leser diesen Text eifrig durch, schon bald „kalt". Die Wärme ist im Raum. Sie ist irreversibel, d.h., unumkehrbar in den Raum dissipiert (zerstreut). Wir bekommen sie nicht mehr zurück in die Tasse. Die differenzierte Ordnung „heiße Tasse im kühlen Raum", ist einer undifferenzierten Unordnung „alles gleich lau" gewichen.

Irreversibilität (Unumkehrbarkeit)

Physiker erklären gern idealisierte reversible Prozesse, die im Kreislauf gehen und sogar umkehrbar sind. Man sollte annehmen, daß alle Dinge, die in einer Gleichung ausgedrückt werden, reversibel sind, sind doch die Seiten jeder Gleichung gleich. In der Mechanik ist Reversibilität die Regel. Nehmen wir das Fahrrad:
Drehen wir das große Kettenblatt mit den Pedalen, drehen sich die kleinen Kettenräder am Hinterrad mit größerer Winkelgeschwindigkeit. Wir haben ein Getriebe mit einer einfachen Übersetzung. Wenn wir beim Putzen an den kleinen Rädern drehen, so bewegt sich das Kettenblatt vorn langsam. Der Getriebeprozeß kann rückwärts laufen und ist umkehrbar. Ein reversibler Prozeß.

Wir haben am Fahrrad aber auch einen irreversiblen Prozeß, der nicht umkehrbar ist und damit eine Ausnahme in der Mechanik darstellt, den Freilauf. Ein simples Knarre-Sperrhaken-Prinzip bewirkt eine Einbahnstraße, auf der der Vortrieb nur in einer Richtung möglich ist. Trete ich rückwärts, dreht sich die Kurbel frei, oder die Rücktrittbremse setzt statt dessen ein.

Die natürliche Eigenschaft aller Phänomene im wirklichen Leben ist ihre offensichtliche Irreversibilität. Drehen wir einen Film rückwärts, werden alle Zuschauer sehr bald lachen, denn wir sind nicht gewohnt, ein herabfallendes und zerberstendes Glas vom Boden aufspringen und heil auf dem Tisch landen oder jemanden, mit den Füßen zuerst aus dem Wasser kommend, trocken auf dem Sprungbrett stehen zu sehen. Ein Spiegelei wird nie mehr ein Ei. Die Lottozahlen liegen von 1 bis 49 geordnet im Prüfkanal, ehe sie in der Mischtrommel durcheinandergeblasen werden. Niemand nimmt an, daß sie die Trommel wieder in der Reihenfolge von 1 bis 49 verlassen werden. Ein derart ausgefüllter Lottoschein käme uns absurd vor, auch wenn er nicht absurder als alle Lottoscheine ist. Würde die Sendung der Lottoziehung rückwärts gezeigt und die Zahlen träten in der richtigen Reihenfolge in das Prüfrohr, kämen Anrufe, das sei gegen die Gesetze der Physik. Zeigte man aber rückwärts eine Detailaufnahme, wie sich die Kugeln treffen und

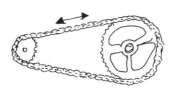

Kettentrieb: reversibel

Knarre-Sperrhaken: irreversibel

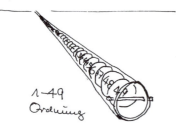

1-49 Ordnung

schubsen, käme kein Protest. Der einzelne Vorgang des Mischens ist für unsere Wahrnehmung reversibel, der Gesamtvorgang nicht, auch wenn er sich aus vielleicht reversiblen Einzelvorgängen zusammensetzt.
Was sich bei diesen alltäglichen Beispielen nicht umkehren läßt, ist der Weg von der Ordnung zur Unordnung. Dinge ordnen sich nicht von selbst. Die Änderung von einer geordneten Anordnung zu einer ungeordneten Anordnung ist der Grund der Irreversibilität. Diese Erscheinung ist uns so selbstverständlich, daß wir sie mit dem Lauf der Zeit gleichsetzen und bei Zeitumkehrung protestieren. Stephen Hawking zeichnet drei Zeitpfeile in gleicher Richtung:
1. den kosmischen Zeitpfeil in Richtung der Ausdehnung des Universums
2. den thermodynamischen Zeitpfeil in Richtung der Entropie
3. den psychologischen Zeitpfeil unseres Zeitempfindens, der dicht an den thermodynamischen gebunden ist.

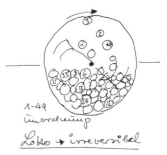

Ordnung

„Ordnung ist das halbe Leben, ich lebe in der anderen Hälfte!" Diesen Spruch kennen wir bereits. Wir müssen noch einmal über Ordnung reden und definieren, was wir mit Ordnung und was mit Unordnung meinen. Dabei bedeutet Ordnung nicht das angenehme Schöne und Unordnung das unangenehme Häßliche; die Physik bedarf numerischer Definition:
Ordnung ist um so größer, je unwahrscheinlicher der Zustand in seiner Erscheinungsform ist. Mit wachsender Wahrscheinlichkeit eines Zustands wächst seine Unordnung. Die Zahl der Möglichkeiten zur inneren Anordnung eines Zustands, der von außen gleich aussieht, ist seine Unordnung; der Logarithmus dieser Zahl ist seine Entropie. Sehen wir die Lottozahlen in ihrer Glaskugel: Die höchste Ordnung ist ihre numerische Reihenfolge, sie kommt nur zweimal vor, vorwärts oder rückwärts. Es mag noch andere Ordnungen geben, z.B. alle ungeraden links und alle geraden Zahlen rechts, dafür gibt es schon viele Anordnungen, die von außen gleich aussehen. Für die uns bekannte Durchmischung gibt es so viele Möglichkeiten, daß wir sie guten Gewissens unendlich nennen können.
Ordnung ist also Maß der geringen Wahrscheinlichkeit und hat sicher mit Zufall oder mit Glück zu tun. Auf unserem Lottoschein geben wir eine persönliche Ordnung vor, die wir voraussagen. Schon für sechs Zahlen aus neunundvierzig ist die Wahrscheinlichkeit der Vorhersage einer selbst gewählten Ordnung äußerst gering, wie wir wissen.
Nun ahnen wir, daß das uns bekannte Universum vor ca. 15 Äonen durch den Urknall (Big Bang) entstand, und haben gelernt, daß es parallel zum kosmischen Zeitpfeil des Auseinanderdriftens dem thermodynamischen der Entropie folgt. Wir müssen annehmen, daß die Ordnung abgenommen hat, wir also bereits einen

äußerst unordentlichen Zustand darstellen. Das kränkt unseren Stolz als Krone der Schöpfung erheblich! Sind wir nicht das unwahrscheinlichste Wesen im Universum? (Nun, für das Lebendige gilt Entropie nicht, da es Energie sammelt, das System also offen ist.)

Welche Ur-Ordnung höchster Unwahrscheinlichkeit kurz vor dem Urknall zusammenkam, weiß niemand. Kurz danach begann alles Materielle mit dem Wasserstoff, dann Helium bis zum Eisen usw., das Periodensystem hinauf mit Abkühlung des Universums. Ist die kosmische Ordnung reine Energie und deren Materialisierung wachsende Unordnung? Folgt man dem Clausius-Wort von dem lauwarmen Brei gut durchmischter Materie ohne jegliches Energiegefälle als Endzustand des Universums, so kann dieser Gedanke zum Verständnis des Gangs der Welt und zur Definition unseres Zustands darin hilfreich sein. Warum dieser beobachtete Weg zur Unordnung irreversibel ist, ist nicht vollkommen verständlich, solange wir über den Anfang der Geschichte des Universums nur spekulieren können.

Leben

Mit dem Lebendigen verhält es sich ein wenig anders. Wundersamerweise entwickelt es sich von einfachen zu immer komplizierteren, komplexen und unwahrscheinlicheren Strukturen. „Leben ist negative Entropie, Negentropie", ist eine vielgeschriebene Behauptung (sogar vom berühmten Physiker und Nobelpreisträger Erwin Schrödinger), die, wäre sie richtig, das Grundgesetz der Thermodynamik ausgetrickst hätte. Sie ist aber falsch: Die Hauptsätze beginnen beide: „In einem geschlossenen System ...", und das trifft für das Lebendige nicht zu. Unsere Erde ist, abgesehen von möglichen Gewinnen durch Meteoriteneinschlag und Verlusten von Wasserstoff am Rande der Atmosphäre oder ein paar Satelliten, materiell ein geschlossenes System. Energetisch aber ist sie ein offenes System, das laufend Energie von der Sonne empfängt. Während diese Energie für unbelebte Materie nur geringfügig zur Entropieverzögerung beiträgt, hat das Lebendige Eigenschaften entwickelt, die von außen kommende Energie aufzunehmen, zu verarbeiten und einzuspeichern.

Das Lebendige begann vor ca. 4 Äonen mit sehr komplizierten Molekularstrukturen, die sich nur kurz halten konnten und immer wieder auseinanderbrachen. Einige davon haben es dann fertiggebracht, ihre Struktur immer neu aufzubauen, sich zu regenerieren. Die Not des kurzen Lebens wurde durch Wiederherstellung der Strukturen aufgehoben, und damit eröffnete sich eine einmalige Chance:

Mit der Fähigkeit, seine Vergänglichkeit durch Regeneration zu sublimieren, begann die von Generation zu Generation durch minimale Abweichung wachsende Verfeinerung der bestehenden Struktur mit dem generellen Motor der Arterhaltung und maximalen Verbreitung. Regenerationsfähigkeit und Energiegewinn sind

Grundlage der Evolution. Der Hang zum Überleben ist Grundlage der Selektion. „Wir alle sind Kinder von Siegern", hat Friedensforscher Karl-Friedrich von Weizsäcker einmal gesagt. Verlierer haben keine Nachkommen.
Die Entwicklung zu komplizierteren Formen, das Anwachsen unwahrscheinlicher Formen ist also keine Umkehrung des zweiten Hauptsatzes, denn das System ist offen und bekommt Energiezufuhr.
An dieser Stelle soll noch einmal an Richard Dawkins' These aus dem Vorwort von den menschgemachten Artefakten erinnert werden: Autos, Computer und auch Bauwerke sind komplizierte Gegenstände mit dem Charakter des Lebendigen, da sie von lebendigen Wesen gemacht wurden. Obwohl „nur" Materie, zählt er sie zum Lebendigen. An den vom Lebendigen geformten Gegenständen ist Ordnung entstanden.
Bauen ist Ordnen von Materie in einen unwahrscheinlicheren Zustand als vorher. Wir Baumenschen arbeiten der Entropie entgegen, und wir wissen nur zu gut, daß darin Arbeit und Energie stecken, aber auch Information und planende Vorstellungskraft, eine Energie also, die sich materiell nicht fassen läßt und die nicht jedem gegeben ist. Der Verfall unserer Werke im Laufe der Zeit macht den Gang des Materiellen deutlich, ist Entropie. Pflege und Erhaltung sind energieaufwendig. Sie reichen jedoch noch nicht zum Überleben des Bauwerks, da sie einen Zustand erhalten, der von der Entwicklung des Lebendigen überholt wird. Die Produkte unserer Kultur bedürfen ständiger Aktualisierung und die Entwicklung derselben.

Kreislauf

Wenn wir das Wort „Kreislauf" verwenden, bekommen wir verklärte Augen und sonnen uns in Harmonie und Wohlgefallen. Darum müssen wir noch einmal über diesen vielstrapazierten Begriff sprechen, denn wir müßten aufgrund der letzten Kapitel über Kreisprozesse in dem Sinne, daß sich die Schlange in den Schwanz beißt, recht verunsichert worden sein.
Wer also ein unsicheres Gefühl hat, hat recht damit.
In der Tat ist der Kreislauf die unwahrscheinlichste Situation zwischen der absteigenden Tendenz der Entropie und der aufsteigenden Tendenz des Lebendigen.
Entsteht im Materiellen ein Kreisprozeß, so landet er auf einer niederen Stufe der Ordnung. Rollen die Lottokugeln nach der Ziehung wieder in den Prüfkanal, haben sie ein hohes Maß an Unordnung. Wir können uns die Kreisläufe des Materiellen als abwärts fallende Spirale vorstellen, deren Maß des Fallens das Maß der Entropie ist. Wir haben die Entropiespirale des Verfalls der Materie abwärts zum thermodynamischen Gleichgewicht.

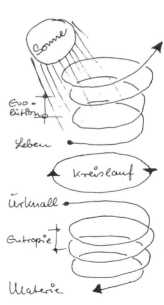

Das Lebendige empfängt und verarbeitet die Sonnenenergie. Regenerationsfähigkeit und Energiegewinn befähigen zur Strukturverbesserung; der Kreislauf des Lebendigen hat, kommt er am Ausgangspunkt an, ein Maß an Strukturverbesserung erhalten, das die Evolution darstellt. Die Steigung der Spirale des Lebendigen ist das Maß der Selektion. Wir haben die Evolutionsspirale der Entwicklung des Lebendigen aufwärts zu komplizierten überlebensfähigen Formen. Der geschlossene Kreislauf des Lebendigen entstünde, wenn die Energiezufuhr gerade die Entropie des Materiellen im Lebendigen aufheben würde. Der geschlossene Kreislauf des Materiellen entstünde, wenn die Energiezufuhr gerade den Zustand konservieren würde. Die konservative Tendenz der Denkmalpflege im Bauwesen ist ein gutes Beispiel für den geschlossenen Kreislauf, denn hier ist die möglichst originalgetreue Restauration das Ziel. Wie wir nur zu gut wissen, reicht das nicht aus, um ein Bauwerk mit Leben zu füllen, denn es fehlt die Steigerung „Evolution". Heutige Menschen wollen z.B. Bäder und Zentralheizung. Die Nutzbarmachung des Bestands ist immer mit einer evolutionären Steigerung verbunden.
Es steht auf einem anderen Blatt, ob die vorgenommene „Steigerung" eine im Sinne der Förderung des Lebendigen und der Nachhaltigkeit planerischen Denkens angemessene Maßnahme ist. Auch die Natur experimentiert nur mit Versuch und Irrtum. So stehen vermeintliche „Rück" – Besinnungen der These baulicher Evolution nicht entgegen, wenn die Erkenntnisse klare Verbesserungen darstellen und den vorherigen Zustand als Irrtum entlarven.

Feuer

Feuer in der Natur ist Katastrophe. Alles Bewegliche flüchtet. Alles Festgewachsene kommt um. Der über Jahre gespeicherte Energievorrat des Lebendigen vergeht in wenigen Stunden im exothermen Oxydationsprozeß. Die Energie dissipiiert in das Universum.
Kosmisch betrachtet, ist die Art Mensch mit der Zähmung des Feuers und der Verbrennung der über Äonen gespeicherten Energie des Lebendigen wie ein Feuersturm über die Erde gekommen, der in wenigen Jahrzehnten diesen Vorrat verglüht. Über die Folgen entstehen apokalyptische Bilder. Die Vorhersage des Weltuntergangs mag Zeichen unserer Selbstüberschätzung sein, der Artensuizid allerdings könnte möglich sein, wenn wir unseren Lebensraum zu einer flächendeckenden Deponie verwandeln, die so komplizierte Lebewesen, wie wir es sind, nicht mehr zuläßt. Immerhin sollten wir zur Kenntnis nehmen, daß die Erhaltung eines Klimas, das Leben ermöglicht, nach wie vor allein durch die Kleinlebewesen vorwiegend der Ozeane gesteuert wird. Sie bestimmen das globale Ökosystem. Großstrukturen wie wir sind abstoßbar, möglicherweise mit ein paar blauen Flecken für andere Lebewesen.

Unsere Fähigkeit, mit dem Feuer umzugehen, Energie gezielt und kontrolliert einzusetzen, hat in Verbindung mit dem linearen Wirtschaften, nur die Ressourcen, nicht aber den Abfall zu beachten, dem Feuer eine „reinigende" Wirkung zugeordnet. Unliebsame Denker, selbstbewußte Frauen wurden von den Kirchenfürsten festlich als Ketzer und Hexen verbrannt. Heute werden unliebsame Stoffe von den Herstellern heimlich oder von den Kommunen öffentlich verbrannt. Wie Müll, jene Melange vieler Materialien, Mangel an Phantasie ist, so ist Müllverbrennung blanker Unsinn und schieres Vergehen, denn sie bedeutet immense Entropiebeschleunigung, Minderung des energetischen Inhalts und Feinverteilung der Stoffe in Boden, Wasser und Luft.

Feuer in der von uns geschaffenen neuen Ordnung architektonischer Bauwerke ist Katastrophe im begrenzten Rahmen. Die Materialien oxydieren, verformen sich und reißen aufgrund von Spannungen, verändern ihren Aggregatzustand und wandeln sich chemisch um. Dabei reagieren sie im Flammeninferno untereinander, besonders auch mit dem Löschwasser zu unkontrollierbaren Verbindungen. Hitze, Gase, fehlender Luftsauerstoff machen das Überleben in brennenden Häusern schwer. Wir sind geneigt, Feuer als sehr unwahrscheinliches Ereignis zu verdrängen und die Brandschutzvorschriften als lästige Auflagen wichtigtuerischer Beamter der öffentlichen Hand abzutun. Jeder Architekt sollte deshalb ein Praktikum bei der Feuerwehr machen, um Gefahr und Auswirkung brennender Häuser zu begreifen und den Brandschutz als wichtigen Entwurfsfaktor zu verinnerlichen.

Es ist unsere Pflicht, architektonische Qualität auch unter den Aspekten des Brandschutzes herzustellen, die angemessenen Materialien zu wählen und für den einmaligen und meistens finalen Fall des Brandes die nötigen Rettungswege offenzuhalten.

II.II. Materie: Die Stoffe

Diese Kapitel beschreiben die Materie, die wir zum Bauen verwenden. Formeln, Tabellen und Berechnungen, das komplizierte Beiwerk um den Charakter der Stoffe, wurden zugunsten ihrer Schilderung herausgelassen. Dazu gibt es genügend „Baustoffkunden". Vielleicht bringt die Fibel dem geneigten Leser die Stoffe so nahe, daß er sich auch hemmungslos an die tabellenreichen Fachbücher wagt. Eigentlich sind Baustoffe leicht zu begreifen. Tun Sie das! Sie müssen sie nur anfassen. Selbst Farbabbildungen sind nur fürs Auge. Gehen Sie durch einen Baustoffhandel, begreifen Sie die Stoffe. Ergreifen Sie mit der Hand die Stoffe von Bauwerken, die Sie in der Seele ergreifen. Nutzen Sie die vielen Bauprodukt-Informationssysteme zur Auswahl Ihrer Bauelemente. Die Fibel will Ihnen ein paar prinzipielle Eigenschaften der Stoffe darlegen. Sie kann und will Ihnen nicht helfen, die Stoffe zu begreifen. Das müssen Sie selbst tun!

Als wir Menschen das Feuer zähmen lernten und mit Energie umgehen konnten, erschloß sich unserer Neugier der gesamte heute bekannte Kanon der Stoffe dieser Welt, wie sie im Periodensystem der Elemente zusammengestellt sind. Wir wissen viel über ihre Zusammensetzung bis zu den kleinsten Teilchen und können in dieser Kenntnis durch Zugabe oder Freisetzung von Energie nahezu beliebig neue Verbindungen oder Zustände herstellen.

Stoff ist greifbare, reale Materie. Die Vielfalt der stofflichen Möglichkeiten, ein Haus zu bauen, ist in den letzten Jahren ins schier Unendliche gestiegen, und die Bücher über Baustoffe schwellen in gleichem Maße an. Niemand kann sich all diese Materialien merken, und doch ist zum entwerferischen und spielerischen Konstruieren die intime Kenntnis der Materie, mit der gebaut werden soll, unbedingte Voraussetzung.

Bei eindrucksvollen Bauwerken finden wir oft einen begrenzten Kanon an Baustoffen, und viele empfinden diese Einheit als wohltuend. Manche berühmte Architekturbüros erkennt man in ihren Bauten wieder, da ihre Formen, ihre Baustoffe und Details eine ähnliche Sprache sprechen. „Less is more" von Ludwig Mies van der Rohe gilt sowohl für die Gestalt als auch für die Stoffwahl.

Es ist sicher klug, sich ein begrenztes, aber sehr detailliertes Repertoire an Baustoffkenntnis über Materialien anzueignen, mit denen sich die meisten Bauten angemessen realisieren lassen. Das ist keinesfalls ein Schritt in die Vergangenheit, als diese Begrenztheit – dem örtlichen Angebot entsprechend – die Regel war. Vielmehr ist es die Erkenntnis der eigenen Begrenztheit. Um mit Stoffen souverän und spielerisch konstruieren zu können, ohne in eine Anleitung schauen

Stoffe begreifen

zu müssen, muß man eins mit ihnen sein, und das geht bekanntlich nur mit wenigen Dingen, und auch nur mit Dingen, die einem lieb sind. Lassen auch Sie Ihre Sympathie mitspielen, wenn Sie sich Ihren bevorzugten Kanon an Baustoffen zusammenstellen, um daraus Ihren Bauherren Lösungen zur angemessenen Herstellung ihres Hauses vorzutragen.

Ein anderer Grund, sehr behutsam und klug mit einer Auswahl von Baustoffen zu planen, reicht weiter in die Zukunft hinein als je zuvor in der Bauplanung. Es gibt inzwischen Anlaß genug, das Ende des Bauwerks von Beginn an zu planen, zumindest zu berücksichtigen. Wehe dem Unglücklichen, der heutzutage ein Häusle mit Asbestdach und -fassadenschindeln außen, vielleicht noch innen mit Elektrospeicherheizung erbt! Wir wissen heute noch nicht, welche Baustoffe in Zukunft auf den Index kommen. Einige Hersteller kämpfen gerade gegen einen Vorab-Rufmord an ihren in Verdacht geratenen Baustoffen. Wir Deutschen sind Meister des vorauseilenden Gehorsams.

Auch wenn den Bauherrn die Möglichkeit zum abfallfreien Abbau seines Hauses verständlicherweise noch nicht interessieren mag, sind wir der Zukunft und den Erben – letztlich auch der Gesellschaft – als Planende verpflichtet, daran mitzuwirken, daß der eigene Lebensraum nicht in eine flächendeckende Mülldeponie verwandelt wird. „Müll ist Mangel an Phantasie!"

Muß es denn so viele und so vielfältige Baustoffe geben?

Ein Grund für die Materialexplosion im Bauwesen liegt sicher in der Industrialisierung der Stoffverarbeitung und in der Transporttechnik. Materialien, die plötzlich in großer Menge produzierbar werden, müssen zwangsweise Märkte finden. Der Baumarkt ist groß und bindet die Materialien fest ein. So versuchen Stoffhersteller, ein weitestmögliches Feld an Baustoffbedarf abzudecken, ungeachtet, ob nicht andere Materialien die gleiche Funktion besser abdecken könnten.

Kunststoffenster sind ein Beispiel dafür. Das Material ist wegen seiner Weichheit als Fensterrahmen völlig ungeeignet und muß krampfhaft mit Stahlkorsetts in Form gehalten werden. Nicht einmal gestalterisch bieten Kunststoffenster etwas Eigenes. Sie sind weder materialgerecht noch gestaltprägend.

Wir Architekten oder gar unsere Bauherren sind vielfach überfordert, das angemessene Bauteil oder Material zu finden. Erst ein Grundverständnis für die Materialien und ihre Eigenschaften, für die Physik, der sie gehorchen, und für die Aufgabe, die sie erfüllen müssen, sowie die Möglichkeit der Wieder- und Weiterverwendung der Stoffe oder Bauelemente gibt eine gewisse Sicherheit in der Materialauswahl und in der Fügung der Materialien zu einem angemessenen Bauwerk.

Hier sind die wichtigsten Baustoffe in ihren prinzipiellen Eigenschaften dargestellt, um einen einfachen Einstieg in die Materialwahl zu bieten. Keinesfalls werden die tabellenreichen und sehr differenzierten Bücher zur Baustoffkunde ersetzt, die bereits auf dem Markt sind, vielmehr wird Hilfe geboten, nach Vor-Auswahl gezielt in die großen Nachschlagewerke einsteigen zu können, ohne sich von der Informationsvielfalt erschlagen zu fühlen.

Schwere Stoffe

Schwere Stoffe symbolisieren für uns Festigkeit und Sicherheit. Sie strahlen Gediegenheit der Wohlhabenheit aus und sind der Sehnsuchtsbaustoff der Häuslebauer (selbst in ihrer auf Bitumenpappe gedruckten Variante). Wozu sind sie technisch gut?

In der Regel nehmen schwere Baustoffe Lasten von oben gut auf, sind also auf Druck belastbar und können in gewissem Maße Scherkräfte zur Ableitung von Windlasten übernehmen.

Für Zugbelastung und für Biegung (Biegezug) sind die meisten schweren Stoffe wenig geeignet. So sehen wir Bögen, Kuppeln oder Tonnen, wenn Räume mit schweren Materialien überspannt werden, da diese Formen vorwiegend Drucklasten in die Fundamente leiten. Je höher das Gewicht eines raumüberspannenden Bauteils ist, um so fester muß die Konstruktion schon allein durch die Eigenlast des Bauteils sein, die nach den Regeln der Gravitation zum Erdmittelpunkt strebt.

Schwere Masse ist grundsätzlich gut für Schallschutz. Schallenergie läuft sich in der dichten Struktur unter Wärmeentwicklung tot. Kommt Masse allerdings in Schwingung, kann sie je nach Struktur Schall intensiv und weit übertragen. Schwere Stoffe mit rauher oder strukturierter Oberfläche werden zum Schallschutz und in der Raumakustik eingesetzt.

Wärmespeicherung schwerer Bauteile ist durch die in der Regel hohe spezifische Wärme dichter Masse gut. Sie erwärmen sich mit der Geschwindigkeit der ihnen eigenen Wärmeleitung bei einer Umgebung höherer Temperatur und geben die gespeicherte Wärme vorwiegend als Strahlung bei Umgebungstemperatur niederen Niveaus mit ähnlicher Geschwindigkeit wieder ab, puffern also Wärme.

Wärmeleitung schwerer Stoffe ist je nach Dichte und Porigkeit gut bis weniger gut. Sie ist nie so langsam, daß diese Stoffe zum Wärmeschutz einsetzbar wären.

Wasserdampf und Wasser werden ebenfalls je nach Dichte und Porigkeit aufgenommen und können gepuffert werden, wenn zwischen den

Kristallen oder in Hohlräumen Platz dafür ist. Manche Stoffe allerdings sind wasser- und dampfdicht. Diese sollten nicht als unmittelbare Innenhaut von bewohnten Räumen genommen werden, denn sie wirken unbehaglich auf uns.
==Trägheit und hoher Schmelzpunkt== lassen schwere Stoffe generell feuerfest erscheinen, so daß sie vorzügliche Brandschutzeigenschaften besitzen.
Damit sind die allgemein geltenden guten Eigenschaften schon genannt. Aber: Wasseraufnahme, Härte, Druckfestigkeit, Witterungsbeständigkeit und besondere Empfindlichkeit gegen bestimmte Stoffe sind insbesondere bei Naturstein recht schwankend.
Hier nun eine Übersicht und kurze Charakterisierung der wichtigsten schweren Materialien.

Natursteine

Vorwiegend aus „Stein" ist die feste Erdkruste, unsere 33 km dicke Lithosphäre erstarrten Minerals, das auf der weichen Asthenosphäre geschmolzenen Magmas schwimmt. Fast zu 70% besteht diese Erdkruste aus Silizium. So sind Silikate, Mineralien mit SiO_2, die vorherrschende Gruppe der Gesteinsbildner. Das nächstwichtige Grundelement der Gesteinsbildung ist Calzium (Ca), das allen Kalksteinarten eigen ist. Stein entsteht durch Kristallisation mineralischer Flüssigkeiten des Magmas bei abnehmender Temperatur. Die Moleküle ordnen sich bei geringerer Bewegung zu bestimmten Kristallformen. Der Aggregatzustand hat gewechselt. ==Nur wenige Mineralien erstarren amorph, d.h. ohne Kristallgitter, wie z.B. Opal oder Glas==. Steine entstehen „sekundär" auch durch Druck, Temperatur und physische oder chemische Reaktionen der gesamten Steinmasse oder von Teilen der Substanz, die als Bindemittel wirken.
Natursteine sind im Laufe der Erdgeschichte in den großen Chemielabors unserer Erde entstanden und werden von uns „gefunden". Ihre Eigenschaften sind sehr unterschiedlich, selbst bei gleichlautender Benennung. Der Natursteinexperte muß Steinart und Fundort kennen, um bestimmte Eigenschaften zu nennen. Bekannt sind z.B. „Solnhofener Platten", ein Jurakalkstein, der durch seine Verpressung leicht spaltbar ist und gern für Platten, Fensterbänke und Stufen genommen wird, oder „Obernkirchener Sandstein" und reinweißer „Carrara-Marmor" aus Italien.
Da das natürliche Chemielabor nur selten eine genaue Skala von Zutaten zur Steinaufbereitung einhält, haben wir die schöne Vielfalt von natürlichen Steinen in unendlichen Farbnuancen (manchmal schon in einem Kiesel). Dem Entstehungsweg folgend unterscheiden wir folgende Natursteine:
• Magmagesteine • Sedimentgesteine • Metamorphe Gesteine.

Naturstein:
- *Steinmetzen*
- *Handel*
- *Friedhöfe*
- *Stadthäuser*
- *...*

schauen Sie dort nach!

_ Magmagesteine

Magmagesteine sind erkaltetes Magma, das auskristallisiert ist. Magma besteht aus den Oxiden von Silizium, Aluminium, Eisen, Magnesium, Kalzium, Natrium und Kalium in einer mit Gasen und Dämpfen (H_2O) gesättigten Schmelze unter Druck und bei ca. 1000 bis 1300 °C. Durch Aufbrüche in der Erdkruste kann diese Masse nach oben dringen, beim Emporsteigen erkalten (Tiefengestein), aus Vulkanen herausgeschleudert werden (Ergußgestein) oder auf dem Wege nach draußen erkalten (Ganggestein).

Tiefengestein kühlt langsam aus und bildet eine gleichmäßige richtungslose Kristallstruktur. Granit stellt die Hauptmasse an Tiefengestein (90 %), andere sind Syenit, Diorit, Gabbro. Hohe Druckfestigkeit, Härte und gute Witterungsbeständigkeit zeichnen diese Steine aus. Es tut sich eine wunderschöne, recht gleichmäßige Farbskala auf. Granit ist der Inbegriff des edlen Natursteins, die Eiche in der Steinwelt. Vorsicht ist bei der radioaktiven Strahlung von Tiefengestein angesagt. Eine Küchenarbeitsplatte aus schwarz-metallic schimmerndem Granit ist herrlich anzusehen, ihre Strahlung aber kann gerade in der Arbeitshöhe für spätere Geburten gefährlich werden. Für diese Zwecke sollten die Materialien vor Einbau auf Strahlenbelastung untersucht werden.

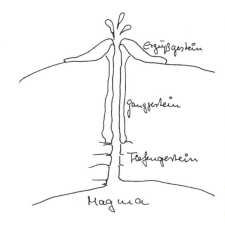

Ergußgesteine kühlen an der Erdoberfläche schnell ab und haben keine Zeit für Bildung größerer Kristalle. Sie sind feinkörnig, manchmal sogar glasig, wobei kristalline Einschlüsse aus weiter unten erkaltetem Material enthalten sein können. An der Struktur ist oft die Fließrichtung der Lava erkennbar. Diabas und Porphyr sowie Basalt und Basaltlava sind die wichtigsten Ergußgesteine. Aber auch Bims (leichter als Wasser) ist Ergußgestein, der erste Wärmedämmstein, der, wie seine künstlichen Brüder, durch Gase stark aufgebläht und dann schnell abgekühlt wurde.

Ganggesteine sind im Gang nach oben „steckengeblieben", in seitliche Gesteinsspalten gedrungen und dort abgekühlt. Sie können in ihrer Struktur wie Tiefengestein, aber auch wie Ergußgestein sein. In der Regel kühlen sie schneller aus, sind dadurch feinkörniger als Tiefengestein, nahe der Oberfläche auch porphyrisch, d.h. mit größeren Einsprenglingen bereits kristallierten Gesteins. Entsprechend heißen sie Granitporphyr, Pegmatit, Syenitporphyr, Diorit- und Gabbroporphyrit.

_ Sedimentgesteine

An der Erdoberfläche werden die dort befindlichen oder aus der Tiefe hochgeschleuderten Gesteine durch Sonne, Wasser, Wind, Frost und Organismen je nach Empfindlichkeit durch Erosion (Abtragung) und Zersetzung zerstört. Man unterscheidet physikalische und chemische Verwitterung. Die physikalisch zerstörten Steine behalten ihre Zusammensetzung und verlieren allein den Zusammenhalt durch mechanische Einflüsse. Die chemisch zerstörten Steine verändern ihre „Chemie",

wobei Wasser und evtl. darin gelöste Stoffe die Hauptveränderer sind. Heute kommen die Stoffe, die wir als Reste in Boden, Wasser und Luft deponieren, zur Verstärkung der Verwitterung auch an bestehenden Bauwerken aus Naturstein hinzu.
Die so entstehenden Verwitterungsprodukte, Geröll, Kies, Sand und Ton, werden zum Teil durch Wind, Eis und Wasser weit transportiert, ehe sie ablagern. Wir finden diese Formen in den Stromgebieten, insbesondere im Meer.
Dort, wo Schichten einander überlagerten, stieg der Druck, das Material wurde teilweise durch Kompression entwässert und bildete sich chemisch um. Diese Umkristallisation führte zu erneuter Verfestigung der Ablagerungen (Sedimente) und zur „Diagenese" der Sedimentgesteine, wie Kalkstein, Sandstein oder Schieferton. Der Entstehung nach teilt man ein in:
• Klastische Sedimente • Chemische • organische Sedimente.
Klastische Sedimente sind mechanisch gebrochene oder ausgewaschene Trümmergesteine von Blöcken, Geröll, Schotter, Kies zu Sand, Löß, Schluff, Lehm, Ton und Mergel. Die groben Körnungen können nach der Diagenese zu Brekzien oder zu Konglomeraten zusammenbacken. Sind Bindemittel zwischen dem ursprünglichen Lockergestein, entsprechen sie im Prinzip unserem Beton, dem künstlichen Konglomeratgestein.

— Verfestigung
Gestein aus eckigen Gesteinstrümmern

Sandstein entsteht aus durch Druck verfestigten Sanden und enthält tonige, kieselige oder kalkige Bindemittel. Herauszuheben ist die sehr alte und sehr feste „Grauwacke" als beliebter Pflasterstein. Der künstliche Kalksandstein entsteht auf fast die gleiche Weise wie manche natürlichen Sandsteine.
Die sehr feinen Körnungen Ton, Lehm, Mergel (kalkhaltiger Ton) können sich zu Schieferton und dem festeren Tonschiefer verfestigen.
Tuffgesteine sind aus direkt ausgeflogenen Magmatrümmern, die sich als Sedimente ablagern und wie Sedimentgestein ebenfalls durch Diagenese verfestigen.
Chemische und organische Sedimente entstehen durch Änderung der chemischen Umwelt (Temperatur, Übersättigung, Zufuhr anderer Stoffe usw.) und fallen als neue Produkte aus bzw. bleiben als Boden„satz" nach solarer Eindampfung von Gewässern. Kalksteine entstehen im Meer aus den Verwitterungslösungen des Festlands. Oft sind Skelette und Gehäuse von Organismen ein „Zwischenprodukt" des Kalksteins und treten, gemischt mit dem Ausfällungsgestein, als organische Einschlüsse in Erscheinung. Weniger bedeutend, weil rar, sind die Süßwasserkalke (Kalksinter), von denen der recht feste Travertin ein beliebtes Fassadenmaterial ist. Dolomit als besonderer Kalkstein enthält einen hohen Anteil Magnesiumcarbonat.
Kieselgesteine entstehen ähnlich wie Kalkstein, indem Kieselsäure im Meer als Quarz oder Chalzedon (mikrokristalliner Quarz) ausfallen, aber auch Zwischenstadien als Skelette von Organismen (Diatomeen, Radiolaren) bilden können. Kieselgur und Flint (Feuerstein) gehören dazu.

_ Metamorphe Gesteine

Wir wissen, daß unsere Erdkruste in dauernder Bewegung ist, auch wenn sie uns sehr ruhig erscheint. Vulkanausbrüche und Erdbeben sind äußerlich spürbare Zeichen, wie es im Erdinneren rumort. Die Auftürmung der großen jungen Gebirgsfalten, zu denen z.B. die Alpen gehören, waren sicher bewegte Ereignisse, die sich aber über Jahrtausende erstreckten. Wir beobachten heute gespannt die Wanderung der großen Kontinente auf der Magmaflüssigkeit. Bei diesem Durcheinander können Konditionen auftreten, die die Gesteinsmassen umwandeln. Die Umwandlung (Metamorphose) von Magmagestein wird Orthogestein, die von Sedimentgestein wird Paragestein. Dabei können sich Gefüge und/oder Mineralbestand verändern.

Kristalline Schiefer entstehen durch Umkristallisation unter Druck und hohen Temperaturen (Schieferung). Die verschiedenen Schieferarten der Magma- und Sedimentgesteine bilden sich unter mäßigen Druck- und Temperaturerhöhungen. Bei höheren Drücken wandeln sich die Ausgangsgesteine zu Gneisen, die jeweils den „Vornamen" ihres Ausgangsgesteins tragen. Aus Kalkstein wird Marmor.

Kontaktgesteine sind Veränderungen vorwiegend durch Temperaturerhöhung, wenn Magma zwischen festes Gestein fließt. Das feste Material kann wieder schmelzen, sintern, neu kristallisieren. Durch Aufnahme leicht flüchtiger Stoffe des Magmas können neue Steine wie Topas, Turmalin, Beryll an den Übergängen von Magma zum anstehenden Gestein auftreten.

Mischgesteine sind die durch völlige Neuschmelze und Neukristallisation gebildeten Mineralmischungen. Sie unterscheiden sich nicht von den bekannten Tiefengesteinen.

Da das globale Chemielabor nicht mit der strengen Ordnung eines Ziegel- oder Kalksandsteinwerks arbeitet, sind an der Erdkruste vorwiegend metamorphe Gesteine, insbesondere kristalline Schiefer zu finden.

_ Naturstein heute

Die Bedeutung von Naturstein als Baustoff für den Neubau von Häusern ist heute selbst in den Regionen mit reichlichem Vorkommen weit zurückgegangen. Die Steine sind aufgrund ihres Gewichtes schwer zu handhaben im Vergleich mit den industriell hergestellten Hohlblöcken, haben schlechte Wärmedämmeigenschaften und oft hohe Wasseraufnahme. Ihre Chemie ist empfindlich, so daß Schäden auftreten können. Das mag aber auch am Wandel der Herstellungskosten zum hohen Lohn- und geringem Materialanteil liegen, denn bei aller Mechanisierung ist die Gewinnung und Verarbeitung von Naturstein lohnintensiv und verlangt hohe handwerkliche Qualifikation. Schon das Bergen aus dem Steinbruch ist eine Kunst. Es müssen Schichtung, Wachstum und Steineigenschaften beachtet werden, ehe mit darauf abgestimmten Methoden die Blöcke gelöst werden. Auch wenn Fräsmaschinen Stufen und Fensterbänke und andere Profile „vom Band" liefern können, ist die steingerechte Verarbeitung z.B. eines Kaminsimses ohne kunststoffgeklebte Gehrungsfuge immer noch kunstvolle Steinmetzarbeit.

So werden Natursteine in Massen vorwiegend im Straßen- und Bahnbau verwendet, als mechanisch gebrochener Schotter, Pflasterstein oder Randstein. Auch Mauern oder Mauerabdeckungen sind wieder zu beobachten. Die Gestalter von Außenräumen im städtischen Bereich greifen wieder gern auf die Verwendung von Naturstein zurück, da dieser Werkstoff das Gefühl von Heimat und Bodenständigkeit vermittelt, selbst wenn das Material aus Oberitalien importiert wurde.

Die klassische Methode, paßgenaue Blöcke trocken zu setzen, kennen wir von Pyramiden und griechischen Tempeln. Es ist die steingerechteste Lösung. Dort, wo diese Lagerung nicht ausreicht, beim Architrav der griechischen Tempel z.B., klammerte man Blöcke mittels Bronzedübeln, die mit Blei vergossen wurden. Am Maßwerk des Kölner Doms stellte sich heraus, daß diese Technik allen Klebeversuchen der Steineelemente dieser filigranen Struktur mit modernen Klebern weit überlegen war und nach vielen Fehlversuchen wieder zur Anwendung kam: Der Bronzedübel in seinem Hohlraum zwischen den Steinelementen dehnt sich bei Erhitzung des durch den Gußkanal fließenden Bleis schnell aus. Der Stein reagiert träge und hat eine geringere Ausdehnung. Das Blei erstarrt bald, aber erst danach kühlt der Bronzestab so weit ab, daß er sich wieder zusammenziehen möchte, aber vom Bleiverguß gehindert wird. Es entsteht eine „Vorspannung", die die Kontaktflächen der Natursteinelemente gegeneinanderpreßt. Nur so hält das Maßwerk. Respekt vor jenen Baumeistern!

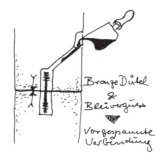

Bronze Dübel & Bleiverguß
Vorgespannte Verbindung

Die Natursteinfassade als Curtain-Wall, sichtbarstes Zeichen repräsentativer Natursteinanwendung, versetzt die Tafelelemente gleichfalls trocken und hängt sie in justierbare Edelstahlanker. Die Schichtenlage der Steintafeln sollte nicht parallel der Bewitterungsebene liegen, um das Abblättern bei Frostwechsel zu vermeiden.

Auch Natursteinmauerwerk sollte womöglich trocken versetzt werden, alle Steine „auf Lager", d.h. parallel zur natürlichen Schichtung, am besten, wie sie im Steinbruch gelegen haben, sonst können sie abscheren. Verwenden wir Mörtel, ist vorher die Verträglichkeit des Steins zu testen. Generell gilt, daß dichte, wenig Wasser aufnehmende Steine wie Granit oder Basalt mit Zementmörtel, weiche, wassersaugende Steine wie Kalk- oder Sandstein dagegen mit hydraulischem Kalk oder Traßkalk vermauert werden sollen.

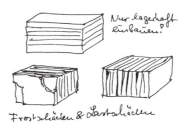

Nur lagehaft einbauen!
Frostschäden & Lastschäden

Polierte Oberflächen, je härter, um so länger, reinigen sich in der Regel selbst und halten ihren Glanz sehr lange. Rauhe und wassersaugende Flächen verschmutzen schneller. Bevor eine Reinigung anberaumt wird, sollte dem Bauherrn die Schönheit einer würdigen Patina, die sein Bauwerk auszeichnet, und die Gefahren des geplanten „Faceliftings" dargelegt werden: Sandstrahlen als mechanische Reinigung rauht die Oberfläche auf und läßt sie schneller altern. Bei sauren oder alkalischen Reinigungsmitteln, je nach Steinart, sind Proben zu machen. **In jedem Fall ist der Stein vor der Prozedur gründlich zu durchnässen, damit die Chemikalien an der Oberfläche bleiben** und nicht später in neuer Form ausblühen. Der Hochdruck-Dampfstrahl als mechanische Waschung erscheint in seinen Folgen die angemessenste Methode der Fassadenreinigung zu sein.

Die nachträgliche Schutzbehandlung wetterempfindlicher Natursteinbauteile ist, wenn überhaupt, mit großer Umsicht vorzunehmen. Sie sollte allenfalls wasserabweisend sein und nur wenig dichter als der Stein. Jede vielleicht sogar dampfdichte Versiegelung der Oberfläche läßt das durch Fugen und Risse eindringende Wasser nicht mehr heraus: Frost spaltet die Fassade ab. Die anfängliche Kunststoffeuphorie in der Steinsanierung hat sich mittlerweile wieder gelegt. Vielmehr geht man wieder zur klassischen Sanierung durch Ersatz über. Das ist auf lange Sicht die materialgerechteste Lösung.

Steinmaterialien, die sich durch ihre schräg zur ursprünglichen Lage verschobene Struktur gut in Platten spalten lassen, wurden auch zur Dacheindeckung genommen, und man sieht in den ländlichen und kleinstädtischen Natursteinregionen noch viele Natursteindächer. Die mit ca. 2 cm Dicke sehr schweren Sandsteinplattendächer z.B. des Solling sind jedoch heute Geschichte. Allein der Dachschiefer mit seinen festen dünnen Platten ist als Natursteindeckung noch bei Neubauten zu sehen. Der verwendbare Tonschiefer muß sehr alt und völlig umgewandelt und ohne Einschlüsse sein, er ist leicht wellig und glänzt matt. Seine Qualitätssicherung ist in Normen festgelegt.

Das Recycling von Naturstein, wurde er nicht mit Chemikalien „veredelt", ist klar erkennbar. Für den erdgeschichtlichen Prozeß ist der Steinbruch (wir können die Blöcke schließlich nicht in den Bruch zurückpflanzen) eine Art Verwitterung, also ein Schritt der Entropie. Wir geben den Steinen mit Energiezufuhr eine von uns gewollte Ordnung, von der aus der Stein wiederum dem natürlichen Gang der Entropie ausgesetzt ist. In der Zeit seiner Nutzung kann ein Block mehrfach eingesetzt werden. Die Weiter- und Wiederverwendung von Versatzstücken ehemaliger Natursteinbauten (Spolien) in anderem Zusammenhang hat Geschichte. Die Säulenhalle der großen Zisterne in Istanbul ist z.B. aus solchen Spolien gebaut worden. Naturstein hinterläßt keinen unverträglichen Müll.

Wer mit Naturstein bauen will, sollte ihn lieben. Die Kenntnis guter Natursteinverarbeiter – sie lieben alle ihren Beruf und ihr Material – ist hilfreich und notwendig. Die Bauherrschaft sollte an das Material herangeführt werden, die Auswahl treffen und über Eigenschaft und Art des ausgewählten Steins, auch seine Unregelmäßig-

Abgearbeitete Steinmassen können als „vorgehängte" Platten dienen.

keiten, informiert werden. Natursteinsanierung ohne den Rat von Fachleuten und erfahrenen Fachbetrieben ist nicht ratsam, wenn das Material im eigenen Baugeschehen ungewohnt ist.

Lehm

Lehm, magerer Ton mit Quarz und Glimmer, ist kein Stein, sondern ein sehr feinkörniges Sediment aus gesteinsbildenden Mineralen, welche keine Diagenese erfahren haben. Lehm gehört nicht in das Kapitel über Natursteine. Wo aber soll er hin? Er ist den Natursteinen nahe, weil er auf der Erdoberfläche „gefunden" wird.

Lehm ist sehr wassersaugend. Wird ihm das Wasser entzogen, wird das Material fest und ziemlich hart. Mit wachsender Feuchtigkeitsaufnahme wird Lehm weich, breiig, bis er schließlich wegfließen kann. Das macht ihn formbar und gestattet eine leichte und restlose Verarbeitung, mag aber auch dazu beigetragen haben, daß Lehm heute als tragender Baustoff bei uns verboten ist und eine alte Lehmbaunorm außer Kraft gesetzt wurde. Daß Lehmbauten seit langer Zeit stehen und daß anderswo Lehmbau erlaubt ist, spielte bei diesen Überlegungen offenbar keine Rolle. Wenn Lehm durch geschickte Baukonstruktion trocken bleibt, hat er über die ==guten Wärmespeichereigenschaften== seiner Masse hinaus durch seinen Hang, Wasser und Dampf aufzunehmen, wohl die ==besten Eigenschaften zur Feuchtepufferung.== Wärme- und Dampfspeicherung zusammen bilden die Grundlage für gutes Raumklima.

Lehm findet sich fast überall. ==Ist er zu mager (zu sandhaltig), sollte er mit Tonzugabe, ist er zu fett (zu tonig), mit Sandzugabe aufgemischt werden.== Früher wurde die Lehmaufbereitung mündlich weitergegeben. Heute gilt sie für manche als Wissenschaft. Hier sei die „Faust"regel genannt:
Man umschließe einen Klumpen Lehm fest in der Faust und öffne sie!
- Ist die Innenhand abgeformt, ist der Lehm gut.
- Zerfällt die Form bröselig, muß Ton zugemischt werden.
- Klebt der Stoff an der Hand, wird Sand beigemengt.

Die Verarbeitung von Lehm mit der Hand ist angenehm, die Hand wird glatt und weich, nicht rauh und spröde, wie bei Mörteln und Zement. Lehm ist aufgrund seiner Struktur gut zu handhaben. Vielleicht wird er auch deshalb gern zum Selbstbau verwendet und oft liebevoll geformt. Lehmbau ist handwerksorientiert und damit in unserer Zeit geeignet für Menschen mit viel Zeit und wenig Geld. Lehmbauten sind pflegebedürftig, gibt es doch immer wieder Risse, wenn das bei Trocknung stark schrumpfende Material einmal mehr Feuchtigkeit als üblich aufnimmt und danach wieder austrocknet. Bei uns war er seit jeher der Baustoff der Armen, anderswo werden Tempelschreine aus Lehm gebaut, deren Oberflächen wie lackierte Kunstwerke aussehen.

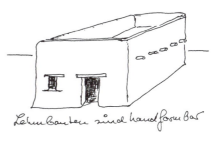
Lehmbauten sind handformbar

Tendenzen zur Industrialisierung und großtechnischen Nutzung von Lehm als maßgeblicher Faktor im Bauwesen, wie sie aus der gegenwärtigen Euphorie über diesen Naturbaustoff aufkommen, sind wohl nicht zeit- und materialgerecht, auch wenn möglicherweise Energie bei der Baustoffherstellung eingespart werden könnte.

Industrielle Steine

Mit der Fähigkeit, Energie zu handhaben, und der Erfahrung chemischer Reaktionen kamen wir Menschen in die Lage, künstlich – zunächst handwerklich, dann immer weiter industrialisiert – Baumaterial herstellen zu können, das unseren Anforderungen an das Bauen besser gerecht wurde als der mühsam zu bearbeitende Naturstein. Wir sind heute in der Lage, künstlich Temperatur, Druck und chemische Zusammensetzung der Steine so zu bestimmen, daß die verfüglichen Mineralien, die ebenfalls der Natur entnommen wurden, in gewünschter Form und mit gewünschten Eigenschaften vorliegen.

Industrielle Steine entstehen in künstlichen, von uns Menschen eingerichteten Chemielabors. Die Prozesse sind den natürlichen Prozessen sehr ähnlich, lassen wir einmal das Erstarren von Magma allein der Natur. Druck, Temperatur, chemische Reaktionen verschiedener Zutaten erhärten bislang weiche und in diesem Zustand vorgeformte Gesteinsmasse zu Stein. Künstliche Steine sind in der Regel wohldefiniert und in Normen gefaßt, so daß, bis auf manche Ziegelarten, der „Fundort" keine Rolle für die Benennung der Eigenschaften des Materials hat. Man könnte künstliche Steine als Sedimentgesteine charakterisieren, deren Diagenese in den chemischen Labors der Menschen ausgedacht und in Industrieanlagen durchgeführt wurde. Alle Rohstoffe sind Gestein oder Sedimente aus Mineralien, die auch Natursteine bilden.

Der große Vorteil einer dergestalt künstlichen Bearbeitung natürlicher Mineralien liegt in der leicht durchführbaren Formgebung zu Bauelementen in weichem Zustand ohne Materialverlust, bevor diese in künstlicher Diagenese erhärten. Darüber hinaus kann eine klare Definition der Ausgangsmaterialien die Gleichmäßigkeit der Bauelemente sichern. Wir unterscheiden bei den künstlich produzierten Steinen:

- keramische Baustoffe mit dem Hauptbestandteil Ton. Sie werden mittels hohen Temperaturen entwässert und bis zur Sinterung oder Schmelze verfestigt.
- mineralisch gebundene Baustoffe mit dem Hauptbestandteil Kalk in verschiedenen Verbindungen. Sie werden unter Druck und erhöhter Temperatur miteinander verbunden und verfestigt.

Handwritten margin note:

Industrielle Steine:
- Baustoffhandel
- Stadt & Land
- Werksbesichtigung
- Fachverbände
- Bauproduktinformation

Schauen & begreifen!

_ Keramisch gebundene Steine

Keramische Baustoffe sind Ziegel aller Formen und Arten, Fliesen, Sanitärrohre und -keramik (z.B. Waschtische und Toilettenbecken) bis zum feinsten Meißener Porzellan. Der wesentliche Rohstoff für keramische Bauelemente ist das aus Naturstein entstandene Sediment Ton, sehr feinkörniges Aluminiumsilikat mit Hydratwasser angereichert. Die feinen Kristalltäfelchen haften aufgrund ihrer großen Oberfläche sehr gut aneinander und können gleichzeitig in den Zwischenräumen viel Wasser aufnehmen. Dadurch erhalten wir die hervorragende plastische Formbarkeit des Materials, verbunden mit seiner hohen Standfestigkeit nach Formgebung in noch weichem Zustand. Diese Eigenschaft ist Grundbedingung für viele keramische Produkte.

Reiner Ton (Kaolin) ist nach dem Brennen weiß. Er ist Rohstoff für alle Porzellane von der Sanitärkeramik bis zum Tafelgeschirr oder den Meißener Kunstwerken. Die Farben der anderen Keramikprodukte beruhen auf Beimengungen von Eisen (rot oder blaugrau), Mangan (braun), Graphit (grau) und Eisen mit Kalk (gelb). Die Tonmasse wird naß oder trocken (nach Trocknung) aufbereitet, d.h., gut durchmischt und mit den gewünschten Zusätzen versehen. Dann wird sie zur gleichmäßigen Durchfeuchtung ein paar Tage eingesumpft. Die Formgebung für Mauerziegel geschieht heute in der Strangpresse, aus deren dem Rohziegelformat entsprechenden Mundstück mit der für die Ziegel gewünschten Lochung ein endloser Strang auf Förderbänder quillt, der mittels Drähten auf das Höhenformat geschnitten wird. Auch Hohlpfannen kommen aus der Strangpresse, während Falzpfannen und Fliesen einzeln in Stempelpressen geformt werden. Sanitärkeramik wird in Formen gegossen.

Ton & Wärme

In Trockenkammern werden die Formteile bei ca. 80 °C ein paar Tage getrocknet, ehe sie in den Tunnelofen mit Vorwärm-, Brenn- und Abkühlzone zum Brennen kommen. Brenndauer und Brenntemperatur hängen vom Material ab und von der gewünschten „Scherbendichte" des Produkts:
- Bis 120 °C wird das restliche Wasser im geformten Bauelement ausgetrieben
- bis ca. 500 °C wandelt sich das Tonmineral unter Abgabe des gebundenen Hydratwassers
- bei 800 °C verfestigen sich die Kristalle an ihren Grenzflächen, und
- zwischen 1000 °C – 1500 °C sintert das Material, und einzelne Zonen schmelzen und verdichten sich noch weiter.
- Generell kann 1200 °C als Schmelztemperatur angesehen werden.

Trocknen und Brennen verursachen durch den Wasserentzug eine Schrumpfung des Materials, die bei ungleichmäßiger Trocknung zu Rissen führt. Die Formgebung der Rohlinge ist deshalb größer als das Endmaß der Ziegel. Die Lochungen im Ziegel aus der Strangpresse haben mehrere Funktionen:

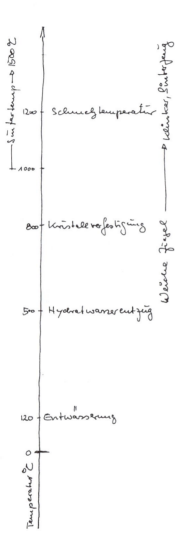

- Materialeinsparung
- Gewichtsersparnis, Handhabbarkeit
- bessere Wärmedämmung, Wärmebrückenumwege
- gleichmäßige dünne Wandungen zur schnellen Trocknung
- schnellerer Durchgang beim Brennen
- Vermeidung von Rißbildung bei Trocknung und Brennen.

Unterhalb der Sintergrenze bleibt die Kristallstruktur fest, ist aber porös durch das ausgetriebene Wasser. Der Scherben nimmt saugend Wasser auf und gibt es schnell wieder ab. Aus porösem Scherben werden folgende Produkte gefertigt:

- Mauerziegel (auch Vormauersteine)
- Dachziegel
- Deckenziegel
- Steingutfliesen und -geschirr.

Wir alle kennen den klassischen „Kühlschrank" des irdenen Wasserkrugs, der selbst bei Sommerhitze, im Schatten in den Wind gehängt, durch seine von innen fortwährend an die Oberfläche drängende Feuchtigkeit den Feldarbeitern frisches, durch Verdunstung gekühltes Wasser bereithielt. Für die Glasur vorgesehene Stücke sollen besonders saugfähig sein.

Gesinterte Keramiken sind glasig und nehmen kein Wasser mehr auf. Sie schrumpfen wegen der erhöhten Dichte noch stärker als das irdene Material. Die Festigkeit ist höher als die der porösen Keramiken. Die wichtigsten „Sinterzeuge" sind:

- Klinker
- Spaltplatten und Riemchen
- Fliesen
- Porzellan (auch Sanitärporzellan).

Der Übergang von „weichen" porösen zu „harten", wasserdicht wirkenden Steinen ist fließend vom Hintermauerstein über den Vormauerstein bis zum Klinker. DIN 105 regelt und klassifiziert die Mauersteine nach Rohdichte, Wasseraufnahme, Druckfestigkeit und Formaten. Aus Tradition hat sich im Ziegelbau das oktametrische Maß (8 Einheiten sind ein Meter) von 12,5 cm Baurichtmaß erhalten. Besondere Mauerziegel sind Schornsteinziegel (DIN 1057), Kanalklinker (DIN 4051), Wasserbau-, Tunnel-, Straßenbauklinker oder schallschluckende Ziegel mit Lochungen senkrecht zur Lastabtragung. Feuerfeste Steine sind hochgebrannt und dienen als Auskleidung von Öfen, Schmelzanlagen und Koks- und Hochöfen. Schamotte-, Magnesit- und Silikasteine sind bis ca. 1700 °C haltbar. Deckenziegel sind besondere Elemente zur Herstellung von Decken in Verbund mit Stahlbeton. Diese Mischbauweise ist nicht rückbaufähig und daher nicht empfehlenswert.

In Verbund mit Holzbalkendecken allerdings sind für kleinere Projekte Tonhohlplatten (Hourdis) interessant, die wieder abbaubar sind. DIN 278 beschreibt diese bis zu 1,10 m langen Elemente.

DIN 456 definiert die Qualität von Dachziegeln. Wie der Vormauerstein sollen sie frostbeständig und wasserabweisend sein und werden auch nicht härter als dieser gebrannt. Zur besseren Wasserabführung, aber auch zur Farbgebung können Dachziegel vor dem Brand mit einer „Engobe" beschichtet werden, einem Tonschlamm mit färbenden Metalloxyden, oder sie werden glasiert und liegen glänzend auf den Dächern (an Küsten historisch, um den heimkehrenden Seeleuten den Weg zu weisen). Dachziegel werden in der Strangpresse (Hohlpfanne, Biberschwanz, Strangfalzziegel) oder in der Stempelpresse (alle Falzpfannen, Mönch und Nonne) hergestellt. Zu den flächendeckenden Ziegeln kommen in der Regel besondere Formziegel für First und Kehle, Ortgang und Wandanschluß oder zur Lüftung, als Antennen- oder Dunstrohrdurchlaß usw. hinzu.

Die Europanormen DIN EN 87, 159, 176 regeln europaweit den wesentlichen Teil der Fliesen und Platten nach Herstellungsverfahren und Wasseraufnahme. Die Herstellung in der Strangpresse (Gruppe A) entspricht der des Mauersteins, die trockengepreßten Fliesen (Gruppe B) werden als feuchtes Pulver in Flachpressen zu Rohlingen geformt.

Fliesen und Platten mit einer Wasseraufnahme von >10% sind Steingut (STG, weiß) und Irdengutfliesen (IG, farbig). Sie werden unterhalb der Sintergrenze bis zu 1150 °C gebrannt, haben ein Porenvolumen von 20–30% und sind deshalb nicht frostbeständig. Sie haben eine dichte Glasur. Fliesen und Platten mit einer Wasseraufnahme von <3% sind Steinzeug (STZ), glasiert (GL) oder unglasiert (UGL). Der Rohstoff ist so zusammengesetzt, daß ein früher Schmelzpunkt die Kristalle zusammenschmelzen läßt und die Hohlräume ausgefüllt werden. Sie sind frostsicher und außen zu verwenden.

Mit wachsender Forderung nach Wärmeschutz wurden keramische Mauersteine entwickelt, die über ihre vorhandene Porosität des Scherben und die innere Lochung hinaus eine weitere Steigerung der Porosität durch künstliche Porenbildner besitzen. Dazu benutzen die Hersteller kleine Polystyrolkügelchen oder einfach Sägemehl. Beim Trocknen halten diese Stoffe Hohlraum bereit, der beim Brennen durch Verbrennung der Hohlraumbildner frei wird. Da verbranntes Styrol einen schlechten Ruf genießt, achte man bei der Ausschreibung auf die Herstellung mit Sägemehl. Diese Mischung aus Dämmung, Speicherung und Tragwerk mit den guten raumklimatischen Eigenschaften des Ziegels gibt nach der geltenden Wärmeschutzverordnung als einzige die Möglichkeit, einschalige Außenwände (49 cm) aus einem Material zu bauen. Hier liegt ein sinnvolles Forschungsfeld für feste hochdämmende Ziegelelemente mit ebenso dämmender Verbundtechnik.

Keramische Baustoffe werden in der Regel „weich" abgebaut und mechanisch geformt. Die dazu notwendige mechanische Arbeitsenergie ist nicht sehr hoch. Da das Material wesentlicher Bestandteil der Erdoberfläche ist, entstehen keine übermäßigen Transportaufwendungen. Der Brennvorgang zum Ziegel erfordert die meiste Energie. Das Material verfestigt sich durch Austreiben des aufgesogenen Wassers und des dem Rohstoff angelagerten Hydratwassers. Dazu ist Wärme erforderlich. Je nach Brenntemperatur und Brenndauer ist die Herstellungsenergie für keramische Ware unterschiedlich. Der weiche Ziegel bedarf geringerer Brenntemperatur und Brenndauer als der an der Schmelzgrenze verdichtete Klinker, die frostsichere Fliese oder die hochfeste Sanitärkeramik.

Bei der Herstellung keramischer Baustoffe entstehen keine belastenden Reststoffe in der Ziegelei. Monolithisches Ziegelmauerwerk ist wiederverwendbar, wenn der Mörtel ein wenig weicher als der Stein ist. Das ist auch aus Gründen der Feuchtigkeitsausbreitung empfehlenswert. Zementmörtel ist allein für Klinker geeignet. Ziegelsplitt als „Downcycling" ist zu Schottermaterial und sogar als Betonzuschlag brauchbar.

_ Mineralisch gebundene Steine

Zur Bindung der mineralischen industriellen Steine werden die Bindemittel eingesetzt, die erst im nachfolgenden Kapitel beschrieben werden. Da aber alle Stoffe so weit geläufig sind, daß ihre industriellen Steinprodukte schon jetzt dargestellt werden können, wurde diese Reihenfolge gewählt.

Gipssteine werden in handliche Formen gegossen und als leichte Innenwände im Dünnbett mit Fugengips versetzt. Sie sind schnell aufgebaut und bringen kaum Nässe in den Bau. Das weiche Material läßt Schlitze mit einfachem Werkzeug zu. Beim Abbau werden die Elemente zerstört, könnten aber als Gipsstein wieder zu Gips gebrannt werden. Gipskartonplatten aus beidseitig mit festem Karton beplanktem Gips (12,5 mm dick) sind das schnellste Ausbaumaterial im Bauwesen. Wiederverwendbare Ständerwerke aus Holz oder Stahlblechprofilen werden beplankt. Die Beplankung ist bei Umbau hinfällig und als Verbundwerkstoff nicht günstig recycelbar. Kalksandstein ist ein preiswerter Baustoff für Innenmauerwerk. Branntkalk und Sand (Silikat) werden mit etwas Wasser eingesumpft, wobei der Kalk zu Kalkhydraten ablöscht. Daraus werden die Rohlinge mit hohem Druck in Formen gepreßt. Unter Druck (16 bar), Wärme (160 bis 220 °C) und Wasserdampfsättigung härten die Rohlinge in Autoklaven, und es entstehen Reaktionen zwischen Sand und Kalk zu kristallinen Calciumhydrosilikaten. Der Stein ist nach diesem Prozeß endfest. DIN 106 beschreibt den Kalksandstein (DIN 398 den Hüttenstein mit granulierter Hochofenschlacke als Zuschlagstoff). Seine Maße entsprechen der oktametrischen Mauerwerkstradition. Der Stein speichert sehr gut Wärme und nimmt

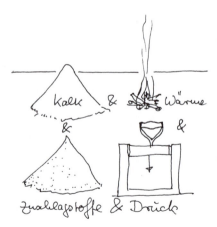

Feuchtigkeit zwischen seinen Kristallen auf. Masse und die sehr dichte und glatte Oberfläche lassen mangels Porosität allerdings nicht das milde Pufferklima für Feuchte spüren, das den Ziegeln eigen ist. Ein weicher Putz ist zu raten. Kalksandstein ist auch als Vormauer- und Verblendstein zugelassen. Kalk ist säureempfindlich, und KS-Sichtmauerwerk ist mit Umsicht vor Verschmutzung zu schützen. Gegen Schlagregen, Verschmutzung und Veralgung werden Imprägnierungen oder deckende Anstriche empfohlen. Die Anwendung von KS-Außenmauerwerk als materialgerechte Konstruktion ist aufgrund dieser Hilfsangebote in Frage zu stellen. Um den gültigen wärmetechnischen Anforderungen näherzukommen, werden Kalksandsteine in einem besonderen Verfahren porös hergestellt. Geringe Mengen (max 0,1%) Aluminiumstaub reagieren mit dem Kalk, und es spaltet sich Wasserstoffgas ab, das die Masse in ihren großen Formen auf das 5fache quellen läßt. Es entstehen 2–3 mm große Poren. Das verfestigte poröse Material wird anschließend mit Drähten auf Maß geschnitten und in Autoklaven bei Druck, Sattdampf und 180 °C gehärtet. Dieser poröse Kalksandstein hieß früher irreführend „Gasbeton" und wird in den Normen DIN 4165, 4166, 4223 beschrieben. Zumindest für Steine ist diese wenig imageträchtige Namensgebung schwer verständlich, ist es doch ein porierter Kalksandstein, der besser KS-Por heißen sollte. Mit dem auf diese Weise porierten Kalksandstein wurden ganze Bausysteme entwickelt, als man mit kunststoffbeschichteter Bewehrung biegezugfeste Deckenelemente und Stürze fertigen konnte. Inzwischen gibt es für nahezu alle Bauteile „Gasbeton" – oder „Porenbeton" – Elemente und dazu einen immensen Zubehörkatalog mit auf das Material abgestimmten Accessoirs.
Euphorisch am Markt erschienen und so geheimnisvoll wie leise wieder verschwunden ist ein Kalksand-Dämmstein „Sicabrick", der – mit Eiweißstoffen aufgeschäumt – sehr gute Wärmedämmung mit hoher Festigkeit verband. Dieser auf Nachfrage „nicht marktfähige" Stein signalisiert zumindest ein noch weites Forschungsfeld für feste mineralische Dämmsteine, die auch in monolithischer Bauweise hohen Wärmeschutz bieten, denn solche Bauweisen sind kostengünstig und recycelbar.
Betonsteine sind zementgebundene Bauelemente. Bausteine, Deckensteine und Wandplatten mit leichten Zuschlägen (Natur- und Hüttenbims, Lavaschlacke, Blähton) werden in Formen mit Hohlkammern gepreßt und erhärten oft unter Wärmezufuhr. Es gibt eine Vielzahl von Sorten und Zusammensetzungen, die hier fortgelassen werden. Selbst wenn eine Architekturmode jenen berühmten „BREDEROSTEIN" als rauhe Fassade verwendet und den Betonsteinen die Popularität des Karg-Formalen einer „coolen" Architektur verleiht, sollte dieses raumklimatisch nicht so vorteilhafte Material nur sparsam eingesetzt werden. Betondachsteine (DIN 1115) spielen im Häuslebau eine wichtige Rolle, sind sie doch preiswerter als Tonpfannen. Die Farbpigmente können in der Mischung sein oder werden vor der

Dampfhärtung auf den frischen Beton gegeben. Ihr hohes Gewicht verursacht Kosten in der aufwendigen Unterkonstruktion und die öde Gleichmäßigkeit in Form und Farbe weckt im Betrachter Langeweile, gemessen am feinen Farb- und Formenspiel einer Ziegelhohlpfanne.

Faserzement (einst Asbestzement) ist ein heute mit der Kunststoffaser Kuralon (bisher noch nicht auf dem Index) richtungsgebunden verfestigter Plattenbaustoff für Wellplatten, Schindeln und Tafeln. Für Brandschutzplatten werden Mineralfaserzuschläge (Fibersilikat) genommen.

Pflastersteine aus Beton sind jeder gegossenen Betonoberfläche vorzuziehen, da sie ohne Wertverlust umsetzbar und immer wieder verwendbar sind, während die gegossene Decke allenfalls per „Downcycling" als Schotter o.ä. eingesetzt werden kann.

Bindemittel

Die Grundlage mineralisch gebundener Baustoffe ist Kalk (Ca) in unterschiedlicher Verbindung. Die wichtigsten Arten unterschiedlicher Chemie und Festigkeit sind:
- Gipse als Kalzium-Schwefel-Verbindung (Gipsstein)
- Baukalke als Kalzium-Karbon-Verbindungen (Kalkstein)
- Zemente als Kalzium-Silikat- und Aluminat-Verbindungen und (nicht auf Kalkbasis) Magnesiabinder.

Anders als bei den keramischen Baustoffen, die in weicher Form und durch natürliche Vorgänge fein gemahlen abgebaut und dann durch Brennen (Entzug des Hydratwassers) verfestigt werden, finden sich mineralisch gebundene Stoffe in der Natur im Prinzip als hartes Steinmaterial, wie sie später wieder eingesetzt werden, und müssen zur Formbarkeit künstlich verändert werden. Dabei wird den Mineralien in einem Brennvorgang das Hydratwasser entzogen, und sie werden zu feinem Pulver gemahlen. Dieses erhalten wir in vielfältiger Form in Säcken. Mit Wasser „angemacht", wird es ein formbarer Brei, der nach bestimmter Verarbeitungszeit durch die wiedereinsetzende Hydratation erneut zu „Stein" erhärtet. Die Chemie dieser Vorgänge ist wesentlich komplizierter und komplexer, als hier zu beschreiben, und füllt ganze Bibliothekswände.

_ Baugips

Gips wird aus Gipsstein ($CaSO_4$ x 2 H_2O), einem Doppelhydrat, durch Brennen bei 120–1000 °C je nach Verwendung zu $CaSO_4$ x 1/2 H_2O (Halbhydrat) und $CaSO_4$ (Anhydrit) umgeformt. Das Wasser wird entzogen. Wird Gips mit Wasser „angemacht", setzt wieder der Erhärtungsprozeß zu dem kristallinen Doppelhydrat Gipsstein ($CaSO_4$ x 2 H_2O) ein. Je nach Verwendung werden Baugipse insbesondere in ihrer Verarbeitungszeit, aber auch in anderen Eigenschaften durch Zusätze verändert.

Hauptverwendung im Bauwesen:
- Innenputze (auch maschinell)
- großformatige Gipssteine und -platten und Bindemittel
- Gipskartonplatten und deren Ansetz- und Spachtelmassen.

Gips ist zwar nur schwer löslich, sollte aber vor dauernder Feuchtigkeit geschützt werden. Die Eigenschaft, bei Erhitzung das Kristallwasser abzugeben, erhöht die Wirkung des Materials als Brandschutzverkleidung.
Neben dem Naturgipsstein, der sich in der Erdkruste findet, ist Gips ein Restmaterial aus der Filterung schwefelhaltiger Abgase in der Industrie. Entschwefelungsanlagen mit Kalk haben Gips als Endprodukt. Dieser „Industriegips" hat unter Baubiologen einen schlechten Ruf, fürchtet man doch noch andere Stoffe im Filtergut der Industrie. Seine Qualität als Recyclingbaustoff durch die Nutzung der Reste anderer Industriezweige ist offensichtlich.

_ Baukalk

Ausgangsstoffe sind Kalkstein ($CaCO_3$) bzw. Dolomit ($CaCO_3 \times MgCO_3$) und Kalkmergel als tonhaltiger Kalk mit Kieselsäure (SiO_2), Tonerde (Al_2O_3) und Eisenoxid (Fe_2O_3). Durch Brennen zwischen 1000 °C und 1200 °C entstehen aus Kalkstein und Dolomit die Luftkalke, aus Kalkmergel die hydraulisch erhärtenden Kalke. Luftkalke können nur an der Luft erhärten, da sie dazu CO_2 benötigen. Kalkstein ($CaCO_3$) wird unter Freisetzung von CO_2 zu Branntkalk (CaO) gebrannt. Dieser wird mit Wasser „gelöscht" zu Kalkhydrat ($Ca(OH)_2$). Es wird Energie frei, und das Volumen vergrößert sich. Mit Mörtelwasser und dem CO_2 aus der Luft erhärtet der gelöschte Kalk unter Freisetzung von Wasser wieder zu Kalkstein ($CaCO_3$). Je geringer der Kontakt zur Außenluft ist, um so langsamer geht der Abbindeprozeß vonstatten, und die Baufeuchtigkeit bleibt bestehen. Weißkalk wird aus reinem Kalkstein gebrannt, Dolomitkalk hat Anteile von Magnesiumkarbonat (Graukalk bis Schwarzkalk).
Hydraulisch erhärtende Kalke bilden sich beim Brennen durch Verbindungen von Branntkalk (CaO) mit den „Hydraulefaktoren" des Tonanteils im Mergel von SiO_2, Al_2O_3 und Fe_2O_3. Es entstehen Strukturen, die mit Wasser reagieren und hydraulisch, d.h. unter Bindung von Wasser, erhärten. Je nach Verteilung von Branntkalk und hydraulischen Verbindungen unterscheidet man:
- Wasserkalk mit hohem Anteil an Löschkalk, der erst nach ca. 7 Tagen auch unter Wasser weiter erhärtet
- Hydraulischer Kalk mit höheren Anteilen an hydraulischen Verbindungen und 5 Tage Luftzufuhr vor der Erhärtung unter Wasser
- Hochhydraulischer Kalk mit nur geringem Anteil an freiem Kalk, der schon nach 1–3 Tagen unter Wasser abbindet.

Die hydraulischen Kalke sind Übergänge vom Luftkalk zum Zement. So nimmt auch die Festigkeit und die Dichtigkeit des Materials in der Reihenfolge
- Luftkalk
- Wasserkalk
- Hydraulischer Kalk
- Hochhydraulischer Kalk
- Zement

zu, und die Wasseraufnahme nimmt ab.
Alle Kalke können miteinander gemischt werden. Allein die hydraulischen Kalke, auch Zement, sind wegen des Schwefels nicht mit Gipsen zu mischen.

_ Zement

Zemente bestehen hauptsächlich aus Kalziumsilikaten ($CaO \times SiO_2$) und Kalziumaluminaten ($CaO \times Al_2O_3$), die mit Wasser auf unterschiedlichen Wegen hochfeste Hydrate bilden. Sie sind die festesten Bindemittel, haben durch ihre hohe Dichte kaum Wasseraufnahme und sind dampfbremsend.

Aus dem Kalkmergel werden durch Brennen bis zur Sintergrenze (ca. 1500 °C) diese „Zementklinker" hergestellt und sehr fein (<0,06 mm) gemahlen. Mit Wasser reagiert das Zementkorn zu einem anfangs plastischen Gel, das dann zu Zementstein von hoher Festigkeit übergeht. Durch eine Fülle von Zusätzen kann Zement in seinen Eigenschaften verändert und an verschiedene Aufgaben angepaßt werden. Diese in der Regel durch Wasserentzug und Feinmahlen formbaren und dann durch Wasserzugabe wieder erhärtenden Stoffe werden selten „pur" eingesetzt, sondern fast immer mit „Zuschlagstoffen" – wie Sand und Kies, Bims oder Lava und Tuffe als natürliche dichte oder porige Stoffe oder künstliche Zuschläge aus industriellen Restprodukten wie Hüttensand, Hochofenschlacke, Hüttenbims, Blähton oder Blähschiefer. Korngrößen und -mischung, Porigkeit, Festigkeit und Schüttdichte sind für die Verwendung ausschlaggebend.

Zusammen mit den Zuschlagstoffen werden die mineralischen Bindemittel eingesetzt für
- mineralische Steine (s.o.)
- Mörtel, Putze, Estriche
- Stahlbeton und Stahlbetonfertigteile.

Mörtel, Putze, Estriche

Mauermörtel bestehen aus den mineralischen Bindemitteln und in der Regel Sand in bestimmten Kornzusammensetzungen als Zuschlagstoff. Sie können für bestimmte Funktionen eine Reihe von Zusatzmitteln beigemischt bekommen. Die Mörtel bilden die zunächst weiche und anformbare Verbindung zwischen den

einzelnen vorgefertigten Bausteinen zur Wand als „Monolith". Die Mauerwerks-DIN 1053 teilt Mauermörtel in drei Gruppen ein:
- I : Kalkmörtel
- II : Kalkzementmörtel
- III: Zementmörtel.

Diese insbesondere nach der Endfestigkeit vorgenommene Gliederung sagt auch über das Feuchteverhalten der Mörtel aus, denn die Dichtigkeit des Materials nimmt mit der Festigkeit zu. Um das Monolithische einer gemauerten Wand zu erreichen, sollte der Mörtel den Steineigenschaften möglichst nahekommen. Ein weicher, saugfähiger Stein in Zementmörtel als Außenwand wird die Feuchtigkeit in seinem wasserdichten Mörtelgitter lange bewahren. Das gilt auch für nachträgliche Verfugung mit Zementmörtel. Umgekehrt bleibt das Mörtelnetz eines Kalkmörtels im Klinkermauerwerk dauernd naß.

Beachten wir den „Rückbau" einer gemauerten Wand mit dem Ziel, die Mauersteine wiederzuverwenden, so sollte die Mörtelfestigkeit immer ein wenig geringer sein als die der Mauersteine. Eindrucksvoll stellt sich diese Qualität in der Arbeit der „Trümmerfrauen" dar, deren Recycling von Bombenschutt zu Baustoff maßgeblich den schnellen Wiederaufbau nach 1945 ermöglichte. Dementgegen stehen die heute üblichen dünnwandigen mehrschaligen Wandaufbauten, die zu ihrer Standfestigkeit feste Mörtel voraussetzen. Für wärmedämmende Bausteine muß auch der Mörtel in möglichst gleicher Weise wärmedämmend sein. Das ist mit anorganischen Leichtzuschlägen wie Bims, Leca, Liapor, Perlite oder Poraver zu erreichen.

Putze bilden die „Haut" der Wände und Decken im Innen- und Außenbereich. Sie können glatt oder strukturiert sein. Die Zuschlagstoffe sind ähnlich denen der Mauermörtel, wobei gröbere Körnungen zur Herstellung besonderer Putzstrukturen genommen werden können. Putze sind in fünf Putzmörtelgruppen eingeteilt, von denen die ersten drei etwa der Einteilung der Mörtel entsprechen, die Gruppen IV und V die Gips- bzw. Anhydritmörtel als Innenputze beschreiben. Mit den Untergruppen allerdings sind 15 Putzmörtel dargestellt.

Innenputze sollten besonders gute Feuchtigkeitspuffer sein, also aus Luftkalkmörtel oder Gips erstellt werden. Dichte Anstriche oder Tapeten können deren Wirkung allerdings wieder zunichte machen.

Außenputze sollten, wie in der Werbung für GORE-TEX beschrieben, die Außenwitterung abhalten, die von innen kommende Feuchtigkeit jedoch herauslassen. In der Regel geschieht das in zwei Schichten. Sie müssen darüber hinaus frostbeständig sein und so elastisch, daß sie die Temperaturunterschiede der Witterung und direkte Sonneneinstrahlung abfedern können.

In Anbetracht des Recyclings von Bauelementen sind Putze von Nachteil, denn sie bilden einen Verbundwerkstoff, der schwer zu trennen ist. Sind Putze dem Mörtel ähnlich und weicher als der Stein, ist das hinzunehmen. Gipsputz kann wegen seines Feuchteverhaltens sogar das Downcycling von Mauerwerksschutt in seiner Materialqualität mindern.

Wir tun gut daran, unseren Bauherren kostengünstigere putzlose, lebendige Wandbilder zu empfehlen oder demontierbare Außen- oder Innenverkleidungen vorzuschlagen.

Estriche sind die Ausgleichsschicht zwischen Rohdecke und Fußboden. Deshalb sind weiche, sich anpassende Materialien, die in angepaßter und geglätteter Form erhärten, sehr gut zu diesem Zweck geeignet. Als Binder kommen alle von Gips bis Zement beschriebenen Arten zum Einsatz, Zuschlagstoffe sind Sande und Kiese, deren Körnung von der Estrichdicke bestimmt werden.
• Verbundestriche sind wie Fußbodenputze zu sehen.
• Estriche auf Trennschicht (Folien, Pappen usw.) liegen frei und beweglich auf dem Untergrund. Die Trennung kann auch aus chemischen Gründen notwendig sein, wie z.B. bei Gipsestrich auf Beton.
• Schwimmender Estrich hat ein weiche Zwischenlage und keine Verbindung zu angrenzenden Bauteilen. Er dient dem Schallschutz. Sie können, wie Stahlbeton, Bewehrung tragen.
• Anhydritestrich AE aus Gips und Magnesiaestrich ME sind wegen ihrer Empfindlichkeit dauernder Feuchtigkeit gegenüber nur begrenzt einsetzbar. Kalkestriche, wie sie bei manchen Baubiologen aus Zementphobie empfohlen werden, finden in der Baustofflehre keinen Eingang. Diese Estriche sind wegen Korrosionsgefahr nicht mit Baustahl zu bewehren.

Die heute üblichen Estriche sind:
• Zementestrich ZE
• Gußasphaltestrich GE

Für Zementestriche gelten nahezu die gleichen Regeln wie für Beton, und sie sind wie diese mit Baustahl bewehrbar. Sie werden in mehreren Festigkeitsklassen hergestellt, als Industriefußboden gibt es Hartstoffestriche mit besonderen Zuschlägen und hochfesten Zementen.

Gußasphaltestrich aus Bitumenwerkstoffen (das sind Restprodukte aus der Mineralölindustrie) ist kein mineralischer Binder und verfestigt sich durch Erstarren. Asphalt bleibt dabei thermoplastisch und wird bei Erwärmung wieder weich. Er wird mit 210 °C – 250 °C eingebaut und ist nach Erkalten sofort begehbar. Einbau zu jeder Jahreszeit, kurzer Stop des Bauvorgangs, fugenloses Verlegen des elastischen Materials, Einbau ohne erneute Baufeuchte und Unempfindlichkeit

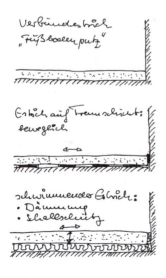

gegen Wasser und Feuchte sind die Hauptqualitäten von Asphalt. Durch Erwärmung ist das Material als einziger Fließestrich ohne Umstände wieder herausnehmbar.

In vielen Bereichen sind gegossene Estriche nicht unbedingt vonnöten und könnten durch andere ausgleichende Bauweisen in Montagetechnik ersetzt werden. Lagerhölzer auf Dämmstreifen oder schwimmend gelagerte Fertigplatten sind demontierbar und installationsfreundlich.

Beton

Beton ist ein uralter Baustoff. Der berühmte Kriegshafen von Phaselis (Südanatolien) wurde 300 v.Chr. in Betonfertigteilen mit Bronzedübeln und Bleiverguß gebaut und steht heute noch. In Side gar, östlich von Antalya, gibt es einen Hafen aus der gleichen Zeit in verlorener Schalung mit hochhydraulischem Zement unter Wasser gegossen.

Erst die Blumenkübel des französischen Gärtners Monier haben das Bauwesen revolutioniert. Der harmonische Verbund von Beton und Stahl als „Moniereisen" hat die große Diskrepanz aller mineralischen Bindemittel zwischen möglicher Druck- und Zugbelastung durch Verlagerung der Zuglastaufnahme in die Betonstahlbewehrung aufgehoben. Welche Bauten stünden in der Welt, hätten die Ägypter, die Griechen und die Römer diese Kombination versucht, denn sie kannten Beton und auch Eisen.

Heute ist Betontechnologie eines der umfassendsten Gebiete in der Baustoffentwicklung und ist in einer Fibel nur anzudeuten. Wer mit Beton entwerfen will, muß den Stoff beherrschen oder sollte besser mit guten Betontechnologen zusammenarbeiten.

Gärtner Monier mit Moniereisen & Monierzange
Erfinder des Stahlbetons

Beton ist ein künstliches Konglomeratgestein mit Zement und Wasser als Binder und Zuschlagstoffen aus Sand, Kies, Splitt, Hochofenschlacke oder Blähton, Bims u.a. für Leichtbetone. Alle Zufälligkeiten des Konglomeratgesteins aus dem natürlichen Chemielabor sind im Beton ausgeschaltet. Das Betonlabor unserer menschlichen Kultur hat fast unendlich viele Möglichkeiten, dieses Konglomerat auf unterschiedliche Nutzungen einzustellen.

Für jedes Problem gibt es einen Beton.

Es gibt Zusatzmittel wie Verflüssiger, Fließmittel, Luftporenbildner, Dichtungsmittel, Verzögerer, Beschleuniger, Einpreßhilfen oder Stabilisierer, die dem Beton über die aus dem Mischungsverhältnis von Zement, Wasser und Zuschlägen entstehenden unterschiedlichen Qualitäten hinaus besondere Eigenschaften verleihen.

Die Festigkeit von Beton wird in N/mm^2 angegeben und reicht von B 5 und B 10 (unbewehrt) bis B 15, B 25 (übliche Hausbaubetone) und B 35/45/55 für anspruchsvollen Stahlbeton im Ingenieurbau.

Unbewehrter Beton wird im Bauwesen nur noch selten eingesetzt. Neben Pflaster- oder Dachsteinen und Fertigteilen kleinerer Abmessung kann er in Fundamenten oder Sohlplatten zum Einsatz kommen. Da aber Baugrund selten so regelmäßig trägt, wie das Bodengutachten schreibt, werden auch diese Bauteile generell mit „Angsteisen" versehen. Das ist vorsorgend billiger als ein späterer Bauschaden an der Gründung. Ohne Stahlbewehrung ist Beton den natürlichen Konglomeratgesteinen sehr ähnlich. Nach Zuschlagstoffen können wärmedämmende Leichtbetone hergestellt werden, die unter 2,0 t/m³ wiegen. Styroporbeton kann bis zu 0,2 t/m³ wiegen und schwimmt. Seine Wärmedämmwirkung ist halb so gut wie „echte" Wärmedämmung.

Stahlbeton erst hat die Bautechnik erweitert. Mehrere Faktoren führen zu der genialen Verbundwirkung von Stahl und Beton:
- Beide Stoffe haben etwa gleiche Wärmeausdehnung.
- Übertragbarkeit der Kräfte durch Haftung, Reibung und Oberflächenverbund, verstärkt durch stark gerippte Stahlbewehrung.
- Fähigkeit des Betons, Druck- und insbesondere Schubkräfte zu übertragen, die zwischen Stahlbewehrung und Beton auftreten.
- Basisches Klima im Beton, das die Stahlbauteile nicht rosten läßt.

Wir müssen noch wissen, daß Beton schwinden und kriechen kann, d.h., sich im Laufe der Zeit gemäß der Spannung formt, so daß genügend Toleranzen und Bewegungsmöglichkeiten zu planen sind.

HP-Schale
8 cm dick
Spannweite bis 30 m

Um als Architekten mit Beton und Stahlbeton konstruktiv zu entwerfen, muß uns die Verarbeitung des Materials klar sein. Beton ist ein fließendes Material, das in eine Form gefüllt wird, um dann zu erhärten. Die Herstellung der Schalung (so heißt die Form im Betonbau) ist Gegenstand des technischen Entwurfs unserer Gestaltidee. Je anspruchsvoller wir mit Beton entwerfen, um so intimer muß unsere Kenntnis von Schaltechnik sein. Entwerfen wir Bauteile in Stahlbeton, kommt die Kenntnis von Bewehrungstechniken hinzu. Die Bauteile sollten angemessen mit Bewehrungsmatten oder Stabstahl, zu „Körben" geflochten, zu armieren sein. Die „innere Geometrie" von Stahlbetonelementen kann genauso kunstvoll entworfen sein, wie komplizierte Fachwerk- oder Stützenkonstruktionen. Auch hier ist die Zusammenarbeit mit kreativen Ingenieuren Grundlage intelligenter, materialgerechter Konstruktion.

Ein Beispiel genialer Stahlbetonkonstruktion ist die HP-Schale des Ingenieurs Silberkuhl. Wir kennen jene seltsame Form, die sich einstellt, wenn wir ein Bündel Mikadostäbchen leicht drehend auseinanderfallen lassen. Es entsteht eine zweisinnig gekrümmte Fläche aus der Stäbchenschar, ein „parabolischer Rotationshyperboloid" (wie ein Kühlturm). In dieser Geometrie entwarf Silberkuhl Dachschalen, die über 30 m spannen konnten. Sie waren nur 8 cm dick. Die kreuzweise als Geradenschar einliegende Stahlbewehrung konnte vorgespannt werden, so daß

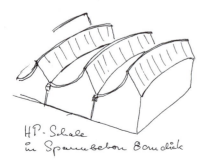

HP-Schale
in Spannbeton 8 cm dick

im Beton nur Druckspannungen auftraten. Die HP-Schalen sind mit ihrer doppelten Krümmung eine sehr elegante Vereinigung von Träger und Dachhaut und ein Beispiel für das Konstruktionsmotto „Struktur statt Masse".
Ganz nebenbei haben wir eben den Begriff Spannbeton erläutert bekommen. Bei der Verformung von Stahlbeton unter Spannung dehnt sich der Stahl elastisch. Beton beginnt spröde zu reißen. Risse schaden im Tragverhalten nicht, trägt doch der Stahlanteil des Elements alle Zuglasten. Jedoch kann die Stahleinlage durch die Risse korrodieren und damit ihre Tragfähigkeit verlieren. Um Risse zu vermeiden, spannt man in weittragenden Bauteilen die Stahlarmierung vor und läßt den Beton unter Zuglast im Stahl abbinden. Die Vorspannung erzeugt Druck im Beton, der bei Belastung zunächst bis zur Neutralität ohne Risse abgebaut wird. Diese im Brückenbau praktizierte Technik ist mit den Jahren zum Problemfall geworden, da mit Betonkriechen und Stahlalterung die Vorspannung nachläßt und die Probleme „schlaffer" Bewehrung entstehen (Brückensanierung = Autobahnbaustellen).
Entwerfen wir in eine Schalung für „Ortbeton", so kann der Beton an der Baustelle hergestellt und, je nach Zweck steif (erdfeucht), plastisch, weich oder fließfähig eingebaut werden. Fertig gemischter Transportbeton per LKW aus einem Betonwerk garantiert eine präzise Mischung. Muß er gepumpt werden, kann er nur flüssig eingebaut werden. Schrägen sind dann nicht zu gießen.
Stahlbetonfertigteile sind große Baukastenelemente, die am Bau montiert werden. Zu ihrem Entwurf benötigt man neben Tragwerk und Gestalt noch Aspekte der Herstellungs-, Transport-, Lager- und Hebetechnik sowie Maße und Gewichte für optimalen Transport (StVO) und Hebe- und Montagegrößen auf der Baustelle. Der Entwurf mit diesen Bauelementen ist einem Legospiel vergleichbar. Standardisierte Rastermaße sind ein wichtiges Entwurfskriterium, vielmehr aber sind es standardisierte Anschlüsse und Verbindungstechniken, die rationelles Bauen ausmachen, denn die meisten Schalungen im Betonwerk sind in den Maßen flexibel. Um Stahlbetonfertigteil-Bausysteme wirklich rationell anzuwenden, muß man sie völlig akzeptieren. Das fällt schwer, sind sie doch in der Regel von trauriger Gestalt. Es wäre eine lohnende Aufgabe von kreativen Teams, künstlerisch-technisch hervorragende Bausysteme zu entwerfen.
Heute können Entwurf und Ausführung nicht mehr das Ende der Überlegungen des Planers sein. Ein Bauwerk ist bis zu seiner Verschrottung zu durchdenken, wollen wir der Gesellschaft verantwortlich planend tätig sein. Demontage und Weiterverwendung bzw. Restverwertung sind zu überlegen. Montagebauteile sollten zur Wiederverwendung demontierbar sein.
Beton ist in schweren Brechern zu Schotter zu verarbeiten, eventuell auch als Betonzuschlag verwendbar. Stahlbetonbrecher spucken die Bewehrung als Spaghettibusch aus, der ins Stahlwerk zur Schrottaufbereitung kommt. Hochinstal-

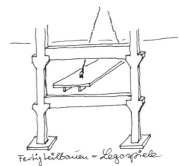

Fertigteilbauen = Legospiele

lierte Stahlbetonfertigteile wie Wandtafeln im Wohnungsbau sind schwer zu recyceln. Sie sollten vermieden werden. Als Straßenbelag ist Betonpflaster wegen seiner verlustlosen Wiederverwendbarkeit jeglicher Betongußfläche zu bevorzugen.
In Kreisen der Baubiologen und vermeintlichen Ökologen hat Beton einen schlechten Ruf. Das gute Wärmespeichervermögen wird wenig geachtet, denn das sehr dichte Material nimmt fast kein Wasser und kaum Wasserdampf auf. Die Härte macht es hallig, das Betongrau macht es gräuslig, und das Image als Bunker- und Industriebaumaterial macht es ungeliebt. Stahlbeton genießt darüber hinaus den Ruf, als „Faradayscher Käfig" alle elektromagnetische und kosmische Strahlung von uns abzuhalten. Betongroßtafelbau im „billigen" Wohnungsmilieu, gesteigert durch die DDR-Variante der „Platte", nagen an einem Material, das es nicht verdient hat, wenn man seine universelle Formbarkeit in Betracht zieht, die jeder künstlerischen Neigung folgen könnte, wenn man denn eine hätte.
Bauen mit Beton erfordert besonders hohe Materialkenntnis und Lust, mit den unendlichen Möglichkeiten spielen zu wollen. Natürlich ist Beton kein Stoff für Innenwände menschlicher Behausung, die puffernd für Dampf und Wärme, angenehm strahlend und freundlich wirken sollten. Die Wirkung Faradayscher Käfige auf den dauernden Aufenthalt von Menschen ist im Gerede. Als Jäger und Sammler auf der freien Wildbahn hatten wir den Kosmos über uns. Wieviel sich seither in unserer Physis verändert hat, ist ungewiß. Die Verdrahtung unserer Kultur, die elektromagnetische Drucklast von Hochspannung, Radio, Funk und Fernsehen macht vielleicht elektrische Käfige, wie sie Stahlbeton und Alu-Dampfsperren bieten, überlebenswichtig. Hier sucht die Forschung noch nicht ernsthaft genug.
Beton und Stahlbeton sind vielfach Sündenböcke für nicht geklärte Phänomene des gesunden Bauens und werden deshalb verteufelt. Wäre Beton nicht Brandschutzklasse A1, er stünde auf dem Scheiterhaufen – als Märtyrer.

Leichte Stoffe

Leichte Stoffe gibt es eigentlich nicht. Stoffe, die im Bauwesen mit „leicht" bezeichnet werden, haben selbst eine relativ hohe Wichte. Es ist der Anteil an Luft in den Stoffen, die ihn, bezogen auf sein Volumen, leicht machen. Luftporen, -kanäle und -räume machen Stoffe leicht.
Alle Stoffe sind leicht, wenn wir die Struktur der Stoffe mit den Augen der Mikro- und Makrophysik sehen. Selbst die schwersten Stoffe sind voller Hohlräume zwischen ihren Atomkernen und Elektronen, für Neu-

trinos allenfalls „verdickte Luft". Sie sind für uns undurchsichtig, weil die Bewegung in den Teilchen den Durchblick verhindert. Obsiegt die Gravitation großer Sterne über der energetischen Expansion der Massen, stürzen sie zusammen. Je nach Masse werden sie zu „weißen Zwergen" mit einer Massedichte von 100 t/cm^3, zu „Neutronensternen" mit mehreren hundert Mio t/cm^3 oder zu „Schwarzen Löchern" mit unendlicher Dichte und einer Gravitation, deren Kraft nicht einmal Licht herausläßt. Stellen wir uns die Erde in Murmelgröße vor!

Luft- oder Gasporen in Baustoffen verleihen diesen besondere Eigenschaften in bezug auf Wärmedämmung und Brandschutz sowie Schalldämmung. Gase leiten aufgrund ihrer geringen Teilchendichte sehr schlecht Wärme und Schall, da beide Energien durch mechanische Teilchenbewegung übertragen werden. Dazu kommt die Elastizität der Gase und die Federkraft der dünnwandigen Stoffe.

Faserdämmstoffe

Bei Faserdämmstoffen liegen die luftgefüllten Hohlräume des Stoffvolumens nicht in den Stoffen selbst, sondern um diese herum. Längliche feste Fasern einer Materie werden dergestalt zueinander geordnet, daß zwischen ihnen Luftpolster entstehen und erhalten bleiben.

Die schönste Faserstruktur ist beim Fell- und Federkleid von Tieren zu beobachten. Jede Faser ist an der Haut in einer Wurzel verankert, die sie versorgt, festhält und steuert. Das Luftpolster zwischen den Fasern ist durch die Verstellbarkeit der Haare oder Federn an der Wurzel dem Klima entsprechend zu variieren. Bei Kälte plustern sich Fell oder Federkleid auf, das Luftpolster wird dicker und der Wärmeverlust für das Tier geringer. Die wunderbare Ordnung von Haar und Federn läßt darüber hinaus Wind und Regen abgleiten. Dämmung und wetterabweisende Außenhaut sind eins. Öffnet sich der schützende Verbund durch „Sträuben", kann überschüssige Wärme abgeführt werden. Sommer- und Winterkleid regeln generell den Wärmehaushalt.

So intelligent können wir unsere Faserdämmstoffe nicht gestalten. In der Regel werden Baustrukturen nicht mehr jahreszeitlich verändert und ein Dämmstoff unwiederbringlich und unverstellbar eingebaut.

_ Organische Faserdämmstoffe
Organische Fasern aus Pflanzen hatten in ihrem Leben logistische Aufgaben der Versorgung von der Wurzel bis zur Blattspitze oder auch Wetterschutzfunktion – wie das Fell. Deshalb sind sie längsorientiert.

warm kalt

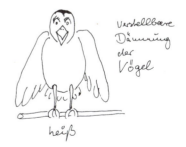
Verstellbare Dämmung der Vögel

heiß

Luftkammern der leeren Versorgungsleitungen von Pflanzen

Verfilzung der Fasern

Stroh & Gräser

Luftkammern der Röhrenstruktur des Halmtragwerkes

Kokos- und Sisalfasern, Baumwolle, Torf- und Holzfasern werden zu kokonähnlichen Strukturen verfilzt und entweder miteinander versteppt oder vernadelt, oder mit Bindemitteln bzw., wenn vorhanden, in den stoffeigenen Harzen zu rollbaren Filzen, Matten oder zu festen Platten gebacken.
Verfilzung geschieht durch ungerichtetes Verknäulen der Fasern, die sich gegenseitig luftraumbildend verklammern sollen. Eine wetterabweisende Struktur ist mit Filzen nicht zu erreichen.
Neuerdings wird auch Schafwolle als Wärmedämmung angeboten, die wie Pflanzenfasern in Rollmatten und Platten eingesetzt werden soll. Das wasserabweisende Fett der Schafwolle nützt in der verfilzten Form wenig gegen Wetter. Erst der gestrickte Pullover (Island, Norwegen) oder der berühmte Strichloden, dessen äußere Fasern des Lodenfilzes in eine Richtung gestrichen wurden, lassen Regen ablaufen, halten warm und sind dampfdurchlässig.
Stroh und Gräser haben Hohlräume aus ihrer röhrenförmigen Tragstruktur. Sie werden, in Matten gerichtet, gebündelt und versteppt oder als Häcksel ungerichtet zusammengepreßt.
Papier als organischer Faserdämmstoff ist Recyclingmaterial aus dem schnellebigen Printmedienmarkt, das eine sinnvolle und langfristige Verwendung von Alt-Zeitungspapier darstellt. Die Fasern werden ziemlich umständlich lose in Hohlräume, deren Bau aufwendig ist, eingeblasen. Mittlerweile werden auch Platten aus Restpapier angeboten.

Organische Stoffe unterliegen natürlicher Zersetzung in der Nahrungskette. Werden sie trocken und dunkel eingebaut, sind sie sicher. Sobald aber Wärme, Feuchtigkeit, vielleicht sogar Licht an organische Materialien gelangen, beginnt darin das Leben neu. Pilze, Bakterien und andere Reduzenten werden die organische Masse zu mineralisieren suchen. Dieser Fall kann insbesondere in Außenwänden auftreten, wo im Dampfdruck- und Temperaturgefälle Tauwasser auftritt, das fast immer die Dämmung durchfeuchtet. In Außenwänden sollten organische Faserstoffe nicht ohne eine sichere Dampfsperre verwendet werden.
Organische Stoffe sind Kohlenstoffverbindungen, die nur zu gern wieder oxidieren würden. Sie sind also brennbar. Alle Versuche, mit Chemikalien diese Stoffe weniger anfällig für Feuer zu machen, lassen sie in die Kategorie „Sondermüll" beim Abbau gleiten. Wo Brandschutz gefordert werden muß, sind organische Stoffe zu vermeiden.
Recycling organischer Faserstoffe ohne Zusätze ist einfach, da, wenn der Stoff nicht wiederverwendet werden soll oder kann, die Zersetzung in Kompostanlagen, in der Natur oder im Feuer möglich sind.

_ Mineralische Faserdämmstoffe

Sehen wir von der Asbestfaser ab, bietet die uns bekannte Natur keine mineralischen Faserstoffe. Sie müssen künstlich hergestellt werden. Dazu werden Glas-, Gesteins- oder Schlackenschmelzen unter hohem Druck durch feine Mundstücksiebe gepreßt, aus denen sie fadenförmig herausschießen und sofort erkalten. Der Energieaufwand für Schmelze und Druck ist erheblich, amortisiert sich aber in wenigen Monaten „Dienst" des Baustoffs in der Energiebilanz des Bauwerks. Mineralische Faserstoffe werden wie die organischen verfilzt und, je nach Festigkeit teils mit Bindemitteln verklebt als Rollen oder Platten geliefert. Sie sind feuerfest und verrotten nicht. Wie organische Stoffe sind auch mineralische trotz ihrer Kratzigkeit nicht sicher gegen Bewohner aus der Tierwelt, die ein warmes Plätzchen suchen. In Bereichen, wo die Dämmung naß werden kann, sollten Qualitäten eingebaut werden, die genügend Rückstellkräfte für ein lockeres Polster haben, nachdem das durch Kapillarkräfte zusammenziehende Wasser wieder verdampft ist. Natürlich sollte eine Dämmschicht nie durchfeuchten, da ihre Aufgabe dann nicht mehr erfüllt wird.

Mineralfasern

Mineralfasern haben im Zuge der Indizierung von Asbest in vorauseilendem Gehorsam ein paar Seitenhiebe abbekommen, die die Stoffe für gesundheitlich bedenklich erklärten. Zur Zeit ist es still um diese Behauptungen. Aufwand, Herstellung und Materialqualität lassen Mineralfaserstoffe zu den besten Dämmstoffen zählen. Abbau und Recycling allerdings gestalten sich mühsam. Das Trennen der Stoffe aus dem Verbund, Verpackung und Transport des voluminösen leichten Materials sowie eine Aufarbeitung sind in großem Stil nicht wirtschaftlich, zumal Ausgangsmaterial in Fülle vorhanden ist. Für Bastler ist Recycling allenfalls beim Umbau interessant. Mineralische Faserstoffe sind, obwohl mineralisch, nicht einmal „Bauschutt" zur Deponieaufwertung, sondern Müll.

_ Transparente Wärmedämmung

Von den bereits geschilderten Tierfellen ist das Eisbärfell als noch raffiniertere Hightech-Fassade zu sehen. Das helle Fell läßt längs der Haare Licht auf die dunkle Bärenhaut scheinen, und diese wärmt auf. Die Dämmwirkung der Faserstruktur mindert den Wärmeverlust nach außen und läßt die Sonnenwärme dem Bärenkörper zugute kommen. Diese Einbahnstraße des Wärmeflusses bauen wir künstlich mit der „transparenten Wärmedämmung". Ein durchsichtiges Röhrchensystem (Trinkhalme) läßt Sonnenlicht auf schwarze Körper strahlen. Die kleinen Lufträume in und zwischen den Halmen dämmen die Wärme nach außen ab, so daß sie in der Falle sitzt und nur nach innen wandern kann. Das Prinzip ist physikalisch genial, aber noch sehr teuer in der Anwendung. Außer mit Trinkhalmen werden noch andere transparente Medien eingesetzt.

schwarze Haut
Solarfalle der Eisbären
= transparente Dämmung

Betrachten wir die Außenhaut eines Bauwerks als potentielle Energiegewinnungsfläche oder als Biotop, so könnte transparente Dämmung eine Oberfläche der Zukunft für Energiegewinnung sein.

Schaumstoffe

Schaumstoffe sind – im Gegensatz zu Faserstoffen mit Luftzwischenräumen – in der eigenen Struktur porig. Sie bestehen wie Bienenwaben aus hohlraumbildenden Wänden um mehr oder weniger große Luft- oder Gasräume. Die Hohlkammern können mechanisch durch Vermischung von Luft und Flüssigkeit eingebracht werden, wie bei Schlagsahne, oder sich durch gasbildende Treibmittel von innen heraus aufblähen. Die Verfestigung der Stoffe geschieht möglichst im Höhepunkt der Hohlraumbildung. Auch hier ist das wärmedämmende Medium Luft oder ein anderes Gasgemisch, nicht das die Blasen umhüllende Trägermaterial, nach dem der Baustoff benannt ist.

Die schlechte Wärmeleitung in Gasen und der durch die Bläschenstruktur verursachte lange Umweg der Wärmeleitung durch das Trägermaterial machen die Wärmedämmfähigkeit des Stoffes aus. Die Bläschengröße im Baustoff sollte das Maß nicht überschreiten, bei dem Konvektion durch Reibung unterbleibt, und so angeordnet sein, daß der Weg der Wärmeleitung durch das Material so lang wie möglich ist. Ideal wäre eine Trägerstruktur, die letztlich das umhüllte Gas in seiner verfestigten Haut bindet und nur noch Vakuumräume umgibt.

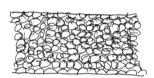

Schaumstoffe:
Struktur von Blasen
im Materie-Netz

_ Kunststoffschäume

Kunststoffschäume entstammen den Labors der organischen Chemie um das Erdöl. Sie sind organisches Material. Ihre Ausformung ist unendlich in den möglichen Eigenschaften. Auch die Dämmeigenschaften werden von keinem anderen Material erreicht, denn Kunststoffschäume können die niedrigsten Wärmeleitwerte haben.

Polystyrol (PS) ist ein Grundstoff für Dämmschäume. Als Partikelschaum kann es in Schüttungen verwandt oder anderen Stoffen wie Leichtbeton oder Dämmziegeln beigemischt werden. Auch einfache Dämmplatten aus verklebten PS-Partikeln werden eingesetzt, z.B. da, wo gleichzeitig Drainage erforderlich ist. Als Extruderschaum werden Blöcke hergestellt und zu Platten geschnitten oder Formen gefüllt. Wir alle kennen die weißen Schaumteile, wenn wir ein empfindliches Gerät gekauft haben und die Verpackungsreste loswerden wollen. Je nach Gewicht und Festigkeit sind diese Schäume als Dach-, Wand- oder Fußbodendämmung einzusetzen. Polystyrol-Hartschaum hat sehr gute Dämmeigenschaft, ist geschlossenporig, wasserabweisend und sehr fest. Er ist meist hellblau oder lindgrün. Dieses recht teure Material wird an besonders feuchtegefährdeten Stellen eingesetzt.

Polyurethan (PUR) ist insbesondere als Ortschaum aus der Pistole zum Ausschäumen vom Hohlräumen zwischen Bauteilen wie Fenster und Wand in Gebrauch. Es gibt aber auch Platten und Formteile, wie bei Polystyrolen. Die Dämmeigenschaften von PUR-Schäumen sind in der Regel ein wenig besser als die von PS-Schäumen.

Kunststoffschäume sind energieaufwendig in der Herstellung und nagen an den bald ausgehenden Erdölvorräten, die allerdings hier besser verwendet werden als in der primitiven Verbrennung. Wiederverwertung bei Schüttungen ist einfach, zugeschnittene Platten sind kaum neu einsetzbar, und Fugenschaum ist Müll. Die Beharrlichkeit der Schäume in der Welt hat ihnen einen Rückweg in die Wiederaufbereitung bereitet, der in Zukunft sicher stringent ausgearbeitet werden wird. Als organische Materialien sind sie nicht feuerfest und verbrennen oft zu gefährlichen Stoffen. PUR z.B. setzt Cyan frei, das in Verbindung mit Kali bei Agatha Christie von Bedeutung ist.

_ Mineralische Schäume

Lava und Bims sind natürliche mineralische Schäume, die im Chemielabor der Natur hergestellt wurden. Ihre Dämmeigenschaften sind wegen der zufälligen Hohlraumbildung generell um eine Zehnerpotenz schlechter als die der „richtigen" Dämmstoffe.

Blähton, -perlit, -schiefer und andere künstlich geblähte Mineralien sind immer noch halb soviel dämmend und schlechter als Faser- und Schaumkunststoffdämmung.

Schaumglas allerdings erreicht gute Dämmwerte und ist damit das einzige mineralische Dämmaterial, das anorganisch und damit feuchteunempfindlich und feuerfest ist. Es wird aus einer Glasschmelze hergestellt, der Spuren von Aluminiumpulver als Treibmittel zugesetzt werden. Schaumglas ist sehr hart.

Ein besonderes Schaumglas ist Poraver, das aus Resten von nicht recycelbarem Altglas geschäumt und zu Schüttungen unterschiedlicher Korngröße verarbeitet wird. Als Recyclingmaterial aus der Glasindustrie ist es ein Vorbild für spartenübergreifende Kreislaufwirtschaft. Darüber hinaus ist das anorganische Material zu 100 % wiederverwendbar, nach Gebrauch beim Abbau in Säcke abzufüllen und anderswo neu einzubauen. Leider ist die Dämmwirkung bisher nur halb so gut wie die der Faserstoffe.

_ Organische „Schäume"

Auch in der Natur wachsen schaumähnliche Strukturen, die durchaus als Dämmung einsetzbar sind, wenn nicht die Gefährdung durch Feuchtigkeit den Verrottungsprozeß einleitet. Balsaholz und Kork sind die bekanntesten leichten Stoffe, wobei Kork

als Dämmstoff, zumal wenn er künstlich noch weiter gebläht wurde, sagenumwoben als natürlicher und gesunder Baustoff ist. Selten wird erwähnt, welche Anbauflächen als Monokultur nötig wären, alle Bauten der Erde mit Kork zu dämmen. Kork bleibt Ausnahmematerial betuchter Baubiologen, und er sollte besser in Boden- und Wandbelägen Verwendung finden, wo er den Menschen näher ist.
Ähnlich dem Holunder hat das schnellwachsende Elefantengras Miscantus eine innere Schaumstruktur, die dämmend wirkt und dieses Material über faserige Halme stellt. Auch hier stellt sich die Frage nach Anbauflächen und Nutzung, selbst wenn das Gras als Zwischenfrucht gepflanzt wird. Sinnvoller als spezielle Baustofflandwirtschaft scheint die Baustoffgewinnung aus Restprodukten der Landwirtschaft wie Stroh zu sein. Hier kann noch genügend geforscht werden.

_ **Andere Stoffe**

Holzwolleleichtbauplatten sind aus organischen Holzspänen mit mineralischem Magnesia-, Gips- oder Zementbinder. Sie wurden einst als selbsttragende Innenausbauplatten und Innendämmung auch im Dachausbau sowie als Putzträger eingesetzt und genießen unter Ökos trotz ihrer Probleme der Putzrisse gesunden Ruf. Heute haben Gipskarton und Dämmung den Stoff verdrängt.
Sandwich-Schichtungen von Dämmstoff und Trägerschichten wie Holzwolleleichtbauplatten, Gipskarton u.ä. oder mit Dampfbremsen oder -sperren erleichtern zunächst die Montage, bis es an die Anschlüsse an andere Bauteile geht. Beim Abbau allerdings ist der Anteil nichttrennbarer Materie als Sondermüll sehr hoch, und das kann in ein paar Jahrzehnten deftige Kosten verursachen.

Glas ?
unsichtbarer Baustoff

Glas

Wenn wir Bauwerke mit Innenraumklima herstellen, das sich von dem Außenklima unterscheidet, sei es wärmer oder kälter, trockener oder feuchter, eines wollen wir auch im Innenraum haben: Tageslicht. Wir brauchen Tageslicht schon aus gesundheitlichen Gründen, wie Forschungen im Bereich der Großraumbüros, aber auch Kerkererfahrungen belegen: Ohne Tageslicht welkt nicht nur die Pflanze dahin, sondern offenbar alles Lebendige.
Ohne Glas kein Licht im Raum. Tierhäute, Bleiglanz, feiner Alabaster waren die Vorgänger des Glases, die wenigstens Licht einließen. Durchsichtiges Glas brachte völlig neue Kultur in die Bauwerke der Menschen.

Es ist durch fast keinen anderen Baustoff zu ersetzen, ist also grundsätzlich Bestandteil von Gebäuden. Deshalb muß jeder Architekt mit Glas bauen und sollte diesen Baustoff gut kennen.

Glas ist selten in der Natur. Es ist ein aus unserem Chemielabor kommender anorganischer Stoff aus Quarzsand, Soda und Kalkstein mit Feldspat und ein paar Zuschlägen. Es kristallisiert nicht aus, sondern erhärtet amorph als spröde, harte, chemisch sehr widerstandsfähige „Flüssigkeit" mit hoher Druck- und geringer Zugfestigkeit (Glück und Glas, wie leicht bricht das!). Glas ist mit 2,5 t/m³ so schwer wie Beton und hat durch seine dichte amorphe Struktur gute Wärmeleiteigenschaften (0,8 W/m k).

Die Lichtdurchlässigkeit ist mit 90% (6 mm Dicke) für den von uns sichtbaren Bereich von Violett bis Rot sehr gut. Kurzwelliges UV-Licht wird nicht durchgelassen, je kürzer die Welle ist. Nur reines Quarzglas läßt auch UV-Licht durch. Langwelliges Infrarotlicht wird zu 80% durchgelassen. Die noch längerwellige Ultrarotstrahlung von erwärmten Gegenständen geht nicht mehr durch Glas hindurch, wie wir bereits im Kapitel über den Treibhauseffekt erfahren haben.

Zu Beginn der Glasverarbeitung wurden Glasscheiben geblasen, zu Zylindern geformt, aufgetrennt und ausgerollt. Die Formate waren entsprechend klein. Geschleudert, unter Nutzung der Zentrifugalkraft, entstanden runde Scheiben mit zentrischen Schlieren: Butzenscheiben. Fenster waren klein wegen der erreichbaren Glasmaße und mangelnder Rahmenfestigkeit und Dichtungstechnik.

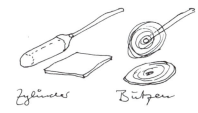

Zylinder Butzen

Glas wird heute aus einer Schmelze endlos durch eine Düse „gezogen" oder auf eine Zinnschmelze „gefloatet", auf der es erhärtet und – auf ein Rollenlager fließend – in Längen bis zu 9,00 m abgelängt wird. Die Breiten sind um 3,00 m. Davon werden die benötigten Glasabmessungen geschnitten. Wärmedehnung und Windlast halten Glasmaße in der Fassade in Grenzen. Sehr große Scheibenabmessungen haben durch die dazu erforderliche Scheibendicke hohes Eigengewicht und müssen mit schweren Randprofilen gehalten werden. Selbst im Schaufensterbereich, der riesige Scheiben erfordert, wären kleinere Abmessungen einfacher, preiswerter, architektonisch interessanter und menschlicher, können wir doch nur ein kleines Feld überschauen. Auch neigen wir dazu, große Glasflächen durchschreiten zu wollen, was immer abrupt endet. Statt der peinlichen Markierungen des Sicherheitsbeauftragten für Menschen, Hunde und Vögel sollte dem planenden Architekten eine künstlerische Lösung zu Sicherheitsfragen einfallen.

Wie empfindlich Glas ist, sehen wir in der Tagesschau, wenn in sensationslüsterner Leidenspornografie aus Kriegsgebieten berichtet wird und uns aus dem Hintergrund die hohläugigen Fenster zerbombter Häuser anstarren.

Die einfachste Glasqualität ist Gartenblankglas (3–4 mm), das mit Schlieren, Streifen und Blasen abenteuerliche Verzerrungen der Außenwelt bietet. Für Gewächshäuser ist die Lichtbrechung dieser Oberflächenstruktur gewünscht.

Fensterglas (3–19 mm) wird nur noch selten eingesetzt. Wer im Altbau hinter alten Kastenfenstern wohnt, kann bei aufmerksamer Beobachtung das feine Formenspiel der Unregelmäßigkeit von Fensterglas entdecken.

Spiegelglas (3–19 mm) ist ohne Nacharbeiten durch seine Herstellung verzerrungsfrei und planparallel. Es wird im Float-Verfahren hergestellt. Die Glasmasse kühlt langsam aus, so daß keine inneren Spannungen bei der Erhärtung auftreten. Dadurch ist Spiegelglas gut zu bohren, schneiden, schleifen und polieren. Fast alle Verglasungen am Bau werden heute mit Spiegelglas durchgeführt.

Gußglas wird aus einer Wanne auf ein Walzenpaar gegossen, das glatt oder profiliert sein kann. Ornamentgläser dienen als Schmuck oder zur Lichtstreuung, wenn zwar Licht, aber keine Durchsicht erwünscht ist.

Drahtglas (7–9 mm) ist ein besonderes Gußglas, dem während des Gußverfahrens ein punktgeschweißtes, verzinktes oder heute auch farbig lackiertes Drahtnetz eingelegt wurde. Lange Zeit war Drahtglas das einzige Sicherheits- und Feuerschutzglas. Als Welldrahtglas, wie Welldachplatten, konnte es freitragend als transparente Dachdeckung eingesetzt werden. Drahtspiegelglas ist trotz des Namens auch Gußglas, das nach Herstellung planparallel geschliffen und poliert wird.

Sicherheit

Glas bricht. Fenster sind die „dünnste" Stelle am Haus und jeder kennt Einstiegstricks zumindest aus der Kriminalbildungseinrichtung Fernsehen. Einbruchsicherheit aber ist nur ein Teil der Sicherheitsanforderungen an Glas. Besondere Tragfähigkeit wird verlangt, Splitterschutz bei Bruch wegen der hohen Zerstörungskraft schwerer, spitzer und scharfkantiger Glassplitter, z.B. wenn Brüstungen oder Glasdächer bersten, ebenso Schußfestigkeit und Hitzeschutz. All das sind Dinge, die Glas eigentlich nicht kann und die nur mit besonderen Techniken und nur mühsam zu erreichen sind. Normalerweise würde der konstruierende Architekt auf andere, besser geeignete und wirtschaftlicher einsetzbare Stoffe kommen, wenn es sie gäbe. Unter der funktionalen, künstlerischen und techni-

schen Voraussetzung der Lichtdurchlässigkeit oder der Durchsichtigkeit ist Glas der alleinige Baustoff. So müssen wir uns mit technischen Purzelbäumen, die Glastechnik betreffend, mangels alternativer Stoffe zähneknirschend begnügen. ==Einscheibensicherheitsglas (ESG)== ist ==ein thermisch vorgespanntes Glas.== Die fertig zugeschnittene und evtl. gebohrte Glastafel wird bis zur Erweichung (600°C) erwärmt und an der Oberfläche beidseitig mit Kaltluft „abgeschreckt". Die äußeren Zonen erkalten schnell und ziehen sich auf der weichen Innenschicht zusammen. Beim Erkalten der Innenschicht baut diese mit ihrer thermischen Kontraktion Druck in den Außenschichten auf, die Innenschicht zieht daran. Das Glas ist vorgespannt. Bei Biegung muß sich der vorhandene Druck an der Unterseite zunächst abbauen, ehe das Glas auf Zug gefordert wird. ==ESG ist schlagfest, biegesteif und temperaturfest.== Ein spitzer Gegenstand aber, der die Oberfläche ritzt, läßt es in tausend kleine Krümel ohne scharfe Kanten zerplatzen. Wir kennen diese Krümel als Häufchen auf der Straße und im Auto nach Abhandenkommen des Radios. Die Gefahr schwerer Verletzungen ist dabei gering. Natürlich kann vorgespanntes Glas dann auch nicht mehr geschnitten, gebohrt oder sonstwie bearbeitet werden. Alles muß vor der thermischen Behandlung fertig sein. Da die Scheiben immer völlig zerstört werden, reicht als Alarmanlage eine Drahtschleife an der Ecke, die nach Zerstörung Alarm durch Stromunterbrechung auslöst.
==Verbundsicherheitsglas (VSG)== besteht aus zwei oder mehr Scheiben, die mittels hochelastischer und -transparenter Kunststoffschichten verklebt sind. Diese „Sperrholz"bauweise macht die Glastafeln sehr steif und sicher gegen Durchdringung. ==Die Sicherheit steigert sich von== durchwurf- (Fußball) über ==durchbruch- (Einbrecher) zu durchschuß- (Bankschalter)== und sprengwirkungshemmender (Bundeskanzler, Papst) Verglasung, durch die man aus nächster Nähe unbeschadet eine Handgranate oder noch mehr explodieren sehen kann. Das Glas bricht bei Zerstörung, bleibt aber an der Innenschicht kleben, so daß keine verletzenden Splitter fliegen. ==Die Frontscheibe der Automobile ist VSG.== Die VSG-Technik läßt viele andere Nutzungen zu. So können Drähte eingelegt und an einen Stromkreis angeschlossen werden, der bei Bruch Alarm auslöst. Ähnliche Drähte können Scheiben elektrisch beheizen. Auch Autoantennen werden eingelegt. Die Folien können bei Licht ihre Helligkeit verändern oder farbig sein. ==Die Einlage von photovoltaischen Elementen unterschiedlicher Dichte in Verbundglas macht es zur Energiegewinnungsanlage.== VSG hat Drahtglas, an dessen Gewebe das zerstörte Glas ebenfalls hängenblieb, fast völlig abgelöst. ==Überkopfverglasung ist z.B. nur noch mit VSG zulässig.==

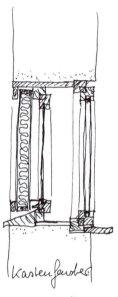

Kastenfenster

flexibelste Lösung
für Dämmung
& Solargewinn

Wärmeschutz

Glas ist nicht nur aus Sicherheitsaspekten die dünnste Stelle im Haus, sondern auch aus Sicht des Wärmeschutzes. Wir wissen, daß die Dichte der Moleküle und ihre Packung für die mechanische Übertragung des Zitterns ausschlaggebend sind, das wir als Wärme wahrnehmen. Glas ist dicht, ohne Kristallgitter und hart. Wärme breitet sich so schnell aus wie in Vollziegeln. Bei dünnen Scheiben ist die Wärmedämmung minimal.

Der Wärmeverlust des Hauses durch die fortschrittlichen Lichtquellen machte erfinderisch. Kleine Fenster, wie sie anfangs aus technischen Gründen nur möglich waren, halfen sparen. Fensterläden minderten den Verlust der Wärme des Nachts. Mit der Zentralheizung wurden wärmende Heizkörper unter die auskühlenden Fensterflächen gestellt, was zwar Wärmeverluste beschleunigte, uns aber nicht köperlich spüren ließ, sondern „nur" als Kosten.

Mit der Verglasung großer Fassadenflächen insbesondere im Bürobau kam in den 30ern aus USA das Dämmglas „Thermopane" (deshalb der „falsche" Name „Isolier"glas: „Dämmung" = in USA „insulation"). Zwei Glasscheiben wurden an den Rändern mit einem Abstandssteg zusammengelötet und der Zwischenraum so luftleer und dampffrei wie möglich gepumpt.

Das ideale Science-Fiction-Isolierglas bestünde aus zwei materieundurchlässigen Strahlungsfeldern mit absolutem Vakuum dazwischen. Je nach Außen- und Raumklima könnte sich das System öffnen oder schließen, um ein optimales Innenklima zu halten.

Heute werden Dämmgläser auch geklebt oder verschweißt. Im Zwischenraum können wärmeträge Gase sein. Drei, ja vier Scheibenschichten werden gebaut. Diese Glaselemente sind schwer und teuer, insbesondere bei Glasbruch, und deshalb nicht zu raten. Selbstverständlich sind Isolierscheiben auch mit Sicherheitsglas zu bauen.

Die Dämmeigenschaften moderner Isolierverglasung haben sich erheblich verbessert, sind aber, verglichen mit einer gut gedämmten Wand, immer noch schlecht. Der nachts geschlossene, gedämmte und einigermaßen dichte Fensterladen hilft besser, Energie zu sparen, als aufwendige Verglasungstechnik.

Das klassische Kastenfenster (Doppelfenster) mit einer Einscheiben- und einer Zweischeibenverglasung sowie gedämmten Läden ist die zur Klimaanpassung wohl flexibelste Art, Fenster zu bauen.

Sonnenschutz

Wie wir schon mit dem Treibhauseffekt gelernt haben, geht an den Fenstern nicht nur Energie durch Wärmeleitung und Konvektion verloren. Sonnenstrahlung bringt Energiegewinn, der neuerdings sogar in die Rechnungen zum Wärmehaushalt eines Hauses eingerechnet wird. Leider kommt dieser Gewinn am stärksten in das Gebäude, wenn es sowieso warm ist. Deshalb ist für große Glasflächen Sonnenschutz nötig.

Medizinische Forschungen für Kunstlicht im Großraumbüro haben die gesundheitliche Bedeutung des Tageslichtspektrums für die hormonelle Steuerung unseres Lebensvollzugs erkannt. Mühsam komponieren die Kunstlichttechniker dieses Spektrum in ihre Lichtanlagen.

In der Verglasungstechnik werden unbekümmert zum Zwecke des Wärme- und Sonnenschutzes Gläser gold, blau, braun, grau oder grün eingefärbt und verändern das Tageslicht erheblich. Der energetische Zweck, durch Reflexion der langwelligen Wärmestrahlung einen wirksameren Wärmeschutz zu erreichen, wird mit bedenklichen Risiken für die hinter dem Glas lebenden Menschen erreicht. Sonnen- und Wärmeschutzglas sollte nie das Lichtspektrum verändern!

Insbesondere farblich bedampfte Schutzgläser mindern darüber hinaus die Lichtdurchlässigkeit der Verglasung von 70% (gutes Dämmglas) auf bis zu 33%. Bei gleichgroßer Lichtausbeute müßte ein bedampftes Fenster also mehr als doppelt so groß sein wie ein normales und hätte höhere Wärmeverluste, rechnet man für die halbe Fläche eine gut gedämmte Wand. Nur riesige Glasflächen in nicht dauernd genutzten Räumen sind so zu verglasen.

Sonnenschutz ist kein Problem, das mit Glas zu lösen ist, sondern mit der Fassade insgesamt. Es gibt genügend Sonnen- und Wärmeschutzmaßnahmen, die nicht das Tageslichtspektrum verändern. Diese Angebote der Glasindustrie sind mit anderen Maßnahmen zu erreichen.

Sonnenschutz

Winterstrahlung

Energiegewinnung

Über den Gewinn von Sonnenstrahlung durch Glas durch Fenster und Wärmekollektoren mit dem Treibhauseffekt hinaus werden heute mit Verbundglastechnik Glasscheiben hergestellt, die in unterschiedlicher Dichte Photovoltaik-Elemente (PV) einschließen, die elektrischen Strom erzeugen können. Diese Gläser können völlig undurchsichtig sein, aber auch um die PV-Einheiten durchsichtige Ränder unterschiedlicher Breite haben, die Licht einlassen. So entsteht der lichtfilternde Effekt einer Baumkrone.

Jede Sonnenschutzmaßnahme könnte auf diese Weise über ihrer Aufgabe hinaus hochwertige Energie gewinnen und müßte nach dem Stand der Technik so eingerichtet sein, daß das geschieht. Die wetterfeste Außenhaut einer Südfassade könnte auf gleiche Weise Energiequelle für Strom sein. Darüber hinaus könnte hier mit Luftkollektor oder gar transparenter Wärmedämmung auch Sonnenwärme gewonnen werden.

Potentieller Energiegewinn

Schallschutz

Trotz des günstig hohen spezifischen Gewichts von Glas ist das Material wegen der geringen Materialstärke, seiner Härte und glatten Oberfläche schalltechnisch problematisch. Fenster zu belebten Straßen sind wieder einmal die dünnste Stelle von Gebäuden. Sie sind noch dünner, wenn sie zum Lüften geöffnet sein müssen. Den Baustoff Glas betreffend, werden dicke Scheiben zur Erhöhung des Schallschutzes eingesetzt. Bei Doppelverglasung werden unterschiedliche Glasdicken oder Scheibengeometrien gewählt, um Schallübertragung durch Eigenresonanz zu vermeiden. Alle anderen Maßnahmen beziehen sich auf die Rahmenkonstruktion. Kastenfenster sind schalltechnisch die besten Konstruktionen.
Körperschallübertragung ist durch weiche Lagerung der getrennten Rahmenteile zu vermeiden.
Luftschallübertragung ist durch Umwege in den Rahmenfugen und mehrere Dichtungsebenen in allen Fugenbereichen einzudämmen. Dauerlüftungen an Lärmzonen werden wie ein Fahrzeugauspuff konstruiert, in dem sich der Schall totläuft. Die in ein Kastenfenster eindringenden Schallwellen können durch Schrägstellung der harten, glatten Glasebenen zueinander durch Reflexion in die schallabsorbierende rauhe Laibung des Fensters geleitet und vernichtet werden. Tonstudios weisen diese Technik auf.

Brandschutz

Brandabschnitte sollen oft aus gestalterischen Gründen nicht als solche wahrgenommen werden, oder Sicherheitsaspekte machen die Transparenz von Feuerschutzeinrichtungen notwendig.
Glas ist als Baustoff der Brandschutzklasse A1 feuerfest im Sinne der Norm. Als Bauteil im Sinne der Feuerwiderstandsdauer (F 90 heißt: 90 Minuten dem Feuer widerstehen) reicht normales Glas wegen seines niedrigen Schmelzpunkts von ca. 600 °C nicht. Auch die Verletzungsgefahr durch Splitter beim Bersten ist zu vermeiden. Eigentlich ist Glas deshalb nicht als Baustoff zum Brandschutz geeignet. Dicke Drahtgläser in feuerfesten Rahmen waren früher die einzige Lösung des Brandschutzproblems. Heute werden in Verbundglastechnik bei Hitze aufschäumende Mittel zwischen die Scheiben geschichtet, die die feuerabgewandte Seite lange Zeit schützen und so bei geeigneter Rahmenkonstruktion lange Feuerwiderstandszeiten erfüllen.

Preß- und Profilglas

Glasbausteine werden in Formen gepreßt und – als Hohlkörper – aus zwei Formen zusammengesetzt. Sie sind durchscheinend und können gefärbt werden. Glassteine werden wie Ziegel vermauert. Mit Stahleinlagen in den Fugen sind

große Glaswände möglich, wie z.B. in den Sporthallen der 60er Jahre. Nach einem kläglichen Dasein als trabbifarbene Streulichter in bebraistischen Hauseingängen hat der Glasbaustein wieder Eingang in die Architektur gefunden, erfüllt er doch gute Schall- und Brandschutzaufgaben.
Andere Preßelemente sind gläserne Dachziegel, die in der Dachdeckung für Lichtpunkte sorgen. Profilbauglas als U-Profil mit selbsttragender Wirkung ist durchscheinendes Gußglas zur Herstellung von Glaswänden und -dächern.

Undurchsichtiges Glas

Durchscheinendes Glas (Opalglas) verteilt das Licht milde im Raum, gibt Helligkeit ohne Durchsicht und erfüllt somit manche Nutzungen, die nur mit Glas erreichbar sind.
Undurchsichtiges Glas (Opakglas) ist ein Paradox. Wir könnten jeden anderen Baustoff nehmen. Hier werden die chemische Resistenz, die Glätte und der Glanz von Glas genutzt, ohne die Haupteigenschaft, die Transparenz, zu wollen. Fassaden sind mit opakem Glas dauerhaft stets sauber und glatt, spiegeln das Sonnenlicht und wirken aprilfrisch. Innenwände z.B. im Klinikbereich sind hygienisch rein und sogar gegen Reinigungsmittel resistent. Mit der Eigenschaft klinisch reiner Frische ist Opakglas ein Stoff der coolen Innenausstattung.

Holz

Der Baustoff Holz war vorher Baum und ist ein Produkt der Sonne, das jederzeit nachwächst. Es lohnt sich, zum Verständnis des Materials seine ursprüngliche Aufgabe und die dazu entwickelte Struktur zu betrachten. Bäume sind schon Jahrmilliarden auf der Erde. Ihre Lebensorganisation hatte sehr viel Zeit, sich zum heutigen Stand der Technik zu entwickeln. Wir täten gut daran, die erkannten Eigenschaften klug in unsere konstruktiven Entwürfe zu integrieren. Holz, als Baustoff gut verwendet, erfüllt seine Funktion länger, als die Sonne neues Holz wachsen läßt.
Das Holz des Baumes hat logistische Funktion als Transport- und Speichermedium für die Stoffe zwischen Wurzelraum und Blattkrone des Baums. Durch das längsorientierte faserige Röhrensystem fließt Saft von der Wurzel in die Krone. Kapillare Hebung, Unterdruck durch Verdunstung an der Spitze und andere Mechaniken sorgen für die Anhe-

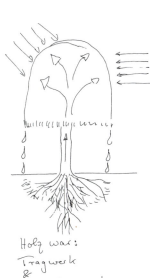

Holz war:
Tragwerk
&
Versorgungssystem

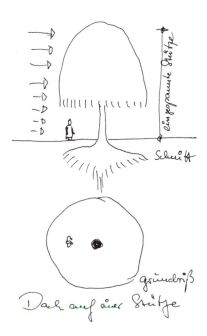

bung der Flüssigkeit. Die Kräfte sind so fein, daß der Transport schon durch den Stand des Mondes beeinflußt wird, der die Gravitation verändert, die es zu überwinden gilt. Diese Röhrenstruktur ist flexibel, ähnlich einem Feuerwehrschlauch. Steht der Baum voll im Saft, ist er dicker als im Winter ohne Blattwerk unter minimaler Versorgung.

Jährlich wächst der Baum und nimmt an Biomasse zu. Sind die Jahre gleich, ist die Zunahme gleich. Je dicker der Baum wird, um so dünner wird die sich um den Baum als „Jahresring" legende neue Schicht. Jahresringe werden nach außen immer enger, die Holzfestigkeit dadurch immer höher. Historiker nutzen das Bild der Jahresringe im Zeitenverlauf, um anhand von datierten Mustern mit dem Fälldatum des Holzes das Alter von Bauwerken zu bestimmen. Geigenbauer nutzen diese Eigenschaft, indem sie die Fichten-Kernholzbohle (durch den Kern geschnitten mit stehenden Jahresringen) für die Decke in der Mitte teilen und umgekehrt zusammenleimen, daß die enge, feste Jahresringlage den Saitendruck unter dem Steg aufnimmt und die weiten Jahresringe an den Rändern schwingen und einen schönen Ton bilden können. Nur die Fichtenholzstruktur macht diesen Ton, andere Materialien sind nicht geeignet.

Die zweite Hauptaufgabe von Holz ist statischer Art. ==Der Baum ist ein Dach oder eine Halle auf einer eingespannten Stütze==. Idealerweise wächst er senkrecht der Gravitation entgegen aus dem Boden und wird sein Blattdach ausgewogen als Last in den Stamm einleiten. In windreichen Gegenden allerdings formt der Wind den Baum schräg nach Lee. Windlasten, die quer auf die eingespannte Stütze wirken, werden durch Biegung aufgenommen und in Wärme umgesetzt. Wind ist hinter einem Baum durch seine Biegearbeit ähnlich geschwächt wie hinter Windkraftanlagen. Wie für eingespannte Stützen richtig, ist der Baum am Fuß beim maximalen Biegemoment dicker als im Zopf, wo das Biegemoment dank des geringeren Biegearms geringer ist. Sind Zopf und Fuß gleich alt, ist auch die Zahl der Jahresringe gleich, am Zopf aber entsprechend enger.

Bäume tragen also quer zur röhrigen Faser Druck und sind gut auf Biegung zu belasten. ==Je größer ein Baum ist, um so dicker ist sein Stamm und um so enger liegen in den bei Biegung beanspruchten äußeren Fasern die Jahresringe beisammen.==

Je nach Baumart und Standort sind die Eigenschaften in Festigkeit und Struktur unterschiedlich. Nadelbäume sind anders als Laubbäume, jede Baumart hat eigene Eigenschaften in Festigkeit, Haltbarkeit, Form und

Farbe, und wir müssen sie kennen, um das optimale Holz für den angestrebten Zweck zu wählen. Das ist die Gestalt der Ausgangsstruktur, aus der wir den Baustoff Holz in seiner heute vielfältigen Form gewinnen.

Gewachsenes Holz

Holz ist ein organischer Baustoff, der, des Lebens beraubt, durch biologische Reduzenten zersetzt wird und dem Zerfall durch Entropie anheimfällt. Die Rohdichte schwankt von 0,5 t/m^3 allgemein unter 1,0 t/m^3 (schwimmt) bis darüber (geht im Wasser unter), ist also ein mittelschwerer Baustoff mit mittlerer Wärmeleitung und mittleren Schallschutzeigenschaften. Trockenes Holz hat gute Dampfdiffusionseigenschaften, die mit wachsender Feuchte abnehmen. Auch die Wärmespeicherung hängt von der Feuchte ab und ist bei 15 % Feuchte etwa ein Drittel von Wasser (0,36 W h/(kg K)).

Holz ist mit ca 50 % Kohlenstoffgehalt (C) gut brennbar. Allerdings bildet sich mit der Verkohlung eines Holzbalkens eine Feuerschutzschicht, die den Rest des Materials vor Verbrennung schützt. Diese Eigenschaft mag den Bäumen das Überleben nach Waldbränden gesichert haben, und wir staunen, wenn aus schwarzen Stämmen bald wieder junge Triebe sprießen. So können statisch überdimensionierte Kanthölzer durchaus eine Abnahme als Feuerschutzkonstruktion F 90 erhalten.

Der Zersetzung durch Umwelteinflüsse wie z.B. Regen, Wind, UV-Strahlung und der biologische Abbau durch nahrungsuchende Arten oder Reduzenten müssen Schutzmaßnahmen entgegengesetzt werden. Diese sollten vorwiegend holzeigen und baukonstruktiv sein. Giftgaben in das Material sind die letztmögliche Maßnahme eines konstruierenden Architekten oder Ingenieurs.

Feuchtigkeit ist ein vielgestaltiger Aspekt bei der Verarbeitung von Holz. Die Leitungs- und Speicherstruktur des Stammes birgt eine Menge Flüssigkeit. Nach dem Fällen trocknet der Stamm aus. Die Fasergefäße schrumpfen dabei zusammen. Da die äußeren Schichten eher trocknen und schwinden als die inneren, spannen sie sich um die noch vollen Teile und reißen schließlich. Wer Waldspaziergänge macht, sieht, daß trocknende Baumstämme deshalb mit Wasser besprengt werden. Das Flößen von Holz dient nicht nur dem Transport, sondern vermeidet die schnelle Austrocknung der Außenfläche. Stradivari in Cremona hat seine schönen Geigen nur mit Fichtenholz machen können, das sein Großvater als Stamm 20 Jahre geflößt und als Bohlen 50 Jahre im durchlüfteten Schuppen getrocknet hat. Flößen soll auch den Saft des Baumes durch Osmose herausholen und das Holz damit uninteressant für Schädlinge machen. Ohnehin soll Holz der Tradition nach laubfrei im Januar bei niedrigstem Speicherinhalt und -stand (Neumond) geschlagen werden, um gegen Befall resistent zu sein. Tropenholz ist immer im Saft.

Frisches Bauholz hat über 30 % (Masseprozent) Feuchtegehalt. Trockenes Bauholz soll auf maximal 20 % getrocknet sein. In geheizten Räumen wird die mittlere Holzfeuchte bei 6–12 % (Gleichgewichtsfeuchte) liegen. Risse längs zur Faser sind so unvermeidlich, aber nicht gefährlich. Holzdielen schwinden mit der Trocknung und bilden Fugen, trockene Dielen werfen sich bei Feuchteeinfall auf, wenn sie dicht gelegt sind. Tischlerholz hat 8–12 % Feuchte und bewegt sich im normalen Raumklima nur gering. Quellen und Schwinden von Holz bewirken klemmende Türen und Fenster bei Feuchte oder Durchzug bei starker Austrocknung. Holz arbeitet, sagt der Volksmund. Wir müssen so konstruieren, daß es arbeiten kann, ohne die angestrebte Funktion zu stören.

Gewachsenes Holz wird selten in seiner ursprünglichen Struktur am Bau verwendet. Selbst Telegrafenmasten sieht man nicht mehr Fuß und Zopf des Baumes an, obwohl hier die Aufgaben gleich sind. Bäume werden nach 60–200 Jahren Lebensdauer (je nach Art) durch Sägegatter geschickt und zu Kantholz und Brettern verschiedener Schnittklassen in unterschiedlicher Lage zum Kern und zu den Jahresringen geschnitten. Risse, Äste, Krümmungen des Stammes, Drehwuchs oder Befall bestimmen weiter die Qualität des Schnittholzes.

Auch wenn die Jahresringeigenschaften des Holzes nicht mehr in gleicher Weise zum Tragen kommen, ist Schnittholz sehr gut für Stützen und Biegebauteile geeignet und kann mit wirtschaftlicher Dimensionierung von Kantholz etwa 4,5 m überspannen. Dielen überspannen ca. 1,0 m. Holzbalkendecken in Altbauten biegen sich oft abenteuerlich durch und schwingen dabei stark. Die schlaffe Spannung bietet einen für die Konstruktion erstaunlichen Schallschutz. Heute werden Holzbalkendecken entgegen den Materialeigenschaften des Baustoffs mit der zulässigen Durchbiegung von Betondecken berechnet. Diese strammen Decken vibrieren stark und müssen mit zusätzlichem Gewicht versehen werden, wodurch die Hölzer noch kräftiger dimensioniert werden. Eine Fehlvorschrift, denn Holz ist von Natur aus sehr schwingfest, hat aber eine Dauerstandfestigkeit von nur 0,6 der Kurzzeitfestigkeit.

Schnitthölzer sind Stabtragwerke. Auch Dielen sind zu Flächen gereihte Stabtragwerke, die erst durch besondere Maßnahmen zu Scheiben verbunden werden können. Es ist ratsam, die Tragwerkshierarchie der Holzstäbe vom Binder über Pfetten und Nebenträger bis zur Rauhspundschalung in Ebenen übereinanderzuschichten und sie nicht kompliziert in einer Ebene anzuordnen, da die Anschlüsse einfacher sind. Im klassischen Holzbau waren selbst die Verbindungsmittel aus Holz. Heute sind Stahlverbinder die Regel.

Das Bauen mit Schnittholz, insbesondere wenn es, zimmermannsmäßig abgebunden, im Raum sichtbar ist, muß mit den Bauherren besprochen werden. Risse, Drehen, klaffende Fugen und Unregelmäßigkeiten sind dem Baustoff eigen und bestimmen den Charakter des Raums. Das sollten die Bauherren gesehen haben und mögen. Feiner ist das sogenannte „Konstruktionsvollholz", das, unter strengen Auflagen ausgewählt, für besonders gute Qualitäten im sichtbaren und etwas geringere im unsichtbaren Bereich angeboten wird. Es darf mit Keilzinken stumpf aneinandergeleimt werden, was die Holzausnutzung vergrößert. Das Gefühl, „echtes" Holz zu besitzen, ist hier noch gegeben, wenn nicht eine Keilzinkung, die möglichst nicht im Bereich des maximalen Biegemoments liegen sollte, im Wohnzimmer den Beginn der verleimten Hölzer ankündigt.

Verleimtes Holz

Die Zufälligkeiten und Mißlichkeiten gewachsenen Holzes als Halbzeug z.B vom Rohstoff Stamm zum Bauteil Deckenbalken, erfordern eine Auslese der Holzernte und führen zu erhöhtem Abfall. Dieser wird bei einem industriellen Verarbeitungsschritt vom Stamm zum Balken reduziert. So wird Stammholz zu kleinen Einheiten geschnitten, sortiert und wieder zu größeren zusammengeleimt. In der Regel ist die Holzausbeute dabei größer. Die kleinen Einheiten werden industriell in Kammern fast rißfrei getrocknet und trocken verleimt. Verformungen sind nur noch minimal, Risse sehr klein, Quellen und Schwinden aufgrund von Feuchtewechsel wird bei geschickter Verleimung durch innere Spannungen aufgenommen. Je höher der Anteil an Kunstharzleimen im Holz ist, um so schwieriger wird sich das Recycling der Bauteile gestalten. Sie sollten so lange wie möglich weiterverwendet werden, wie es für Holzbauteile üblich ist. Mechanisches Spänen oder Shreddern kann auch harzhaltiges Holz als Zuschlagstoff für Faserplatten geeignet erscheinen lassen.

_ Stabelemente

Brettschichtholz (BS) als stabförmiges Halbzeug für Balken, Träger und Stützen wird aus 20–40 mm dicken gehobelten Brettern übereinandergestapelt und unter Druck mit Kunstharzleimen verleimt. Binderbreiten über 200 mm werden mit mehreren Brettern nebeneinander und versetzten Stößen hergestellt. Die Längsverbindungen der Bretter sind gezinkt, manchmal geschäftet, in der Mitte auch versetzt stumpf gestoßen. Brettschichtholz ist sehr maßhaltig und kann mit höheren Festigkeitswerten als Schnittholz angesetzt werden. Die Maße für BS-Holz sind theoretisch unbegrenzt. Sie hängen mehr von den räumlichen Möglichkeiten der Herstellung, der Preßeinrichtung, vom Transport und vom Hebezeug zur Montage ab. Längen von 35 m und Bauhöhen über 2 m sind möglich. Bögen, steife Ecken und andere Formen sind als BS-Binder in Zusammenarbeit mit den Herstellern und nach deren Möglichkeiten zu entwerfen, und wir bewundern riesige Hallenbauten aus BS-Holzbindern. Alle Abmessungen im „normalen" Kantholzbereich sind als

formstabiles Brettschichtholz

Standardmaße zu haben. Ein Holzhaus aus BS-Holz ist „cooler" und ingenieurhafter als ein zimmermannsmäßiges Holzhaus. Die Anschlüsse sind meist mit Stahlverbindern, und es ist glatter. Das Raumklima ist trotz des Kunstharzanteils im Holz gut, wenn die Bauteile offenporig behandelt werden. Die guten Eigenschaften des Holzes sind noch spürbar.
Furnierschichtholz (FSH) als stabförmiges Halbzeug wird aus 3 mm dickem Fichtenschälfurnier senkrecht mit Kunstharzleim zusammengesetzt und als schmale Balken bis zu 89 mm Breite und 23 m Länge angeboten. Der Anwendungsbereich liegt zwischen BS-Holz und Konstruktionsvollholz. Für leichte Fachwerkbinder, in der Bohlenbauweise, insbesondere zur Sanierung von Holzbalkendecken ist diese Variante gut geeignet. Stand- und Formfestigkeit sind sehr hoch. Die klassische Behauptung, daß Holz arbeitet, ist auf diesen Stoff nicht mehr anzuwenden. Er sieht nur noch nach Holz aus. Der hohe Anteil Kunstharz zwischen den dünnen Schälfurnierschichten läßt allerdings auch die an sich guten raumklimatischen Holzeigenschaften des Halbzeugs verblassen.
Aus Vollholz, speziell mit BS-Holz und FSH, lassen sich Tragprofile zusammensetzen, die insbesondere bei Biegung, aber auch bei Knickgefahr dort tragende Querschnitte anbieten, wo die großen Lasten liegen. „Struktur statt Masse" als Rationalisierungsmaxime ist nicht nur dem natürlichen Baum eigen, sondern auch der Ingenieurkunst.
Die Mode, brettschichtähnliche Gebilde durch dichtgesetztes Aufeinandernageln von Brettern herzustellen und dies auch noch „ökologisch" zu nennen, sei hier nur am Rande erwähnt. Solch eisenhaltiges Holz ist weder zu recyceln noch zu verbrennen, nicht zu sägen oder zu bohren. Das Nagelnetz über uns schirmt ab wie eine Stahlbetondecke.

BSH-Balken nach der Momentenlinie $Q \frac{l^2}{8}$

_ Platten

Alle verleimten Platten haben in ihrer äußeren Erscheinung noch eine intakte Holzstruktur. Schichtplatten weisen wie Bretter die Jahresringe auf, Schälfurniere, die ja im Gegensatz zum Messerfurnier vom rotierenden Stamm in Richtung der Jahresringe geschnitten werden, haben eine flächige, lebendige Ansicht, die an Isobaren der Wetterkarte erinnert und durchaus „holzig" wirkt.
Furnierschichtholz (FSH) in horizontaler Schichtlage ist hochfeste und formstabile Plattenware, die zur Aussteifung oder als tragender Boden verwendet wird. Weniger aufwendig ist das Bau-Furniersperrholz (BFU) bis 25 mm dick. BFU-Tafeln werden als mittragende Aussteifungsplatten im Holzhausbau verwendet.
Bau-Stabsperrholz (BST) und Bau-Stäbchensperrholz (BSTAE – einst Tischlerplatte) bestehen aus Holzleisten bzw. -stäbchen im Kern, die beidseitig mit Deckfurnieren verleimt werden. Sie finden im Möbelbau Verwendung.

3- und 5- Schichtplatten aus Nadelholz bestehen aus kreuzweise verleimten Brettlagen von 16 mm bis zu 75 mm Dicke. Sie sind als Aussteifungsplatten einsetzbar, manche sind wie BFU zu verwenden.

Holz als Zuschlagstoff

„Späne und Spucke" ist ein Volksausdruck für Spanplatten. Das völlige „Entleiben" von Holz und sein Zusammenbacken zu Platten ist dem Bauherrn fremd, und Spanplatte als Ansicht wird abgedrehten Architekten oder ganz Armen vorbehalten bleiben.

Holz als Zuschlagstoff zur Herstellung von Platten nutzt fast die gesamte Ernte. Allein der günstige Transport zum Werk bestimmt das Maß der Holzausnutzung. Prinzipiell wäre die Spänung und deren Verarbeitung die geeignete Senke für Holzabfälle, wären diese nicht mit Nägeln unf Lacken, Giften und Leimen in einen fragwürdigen Zustand gekommen, dessen wirtschaftliche Aufarbeitung noch in der Zukunft liegt. Je feiner die Späne oder das Sägemehl, um so weniger erkennen wir Holz im Halbzeugprodukt. Die Eigenschaften verändern sich zu immer neutralerem Verhalten. Das Bindemittel aus Kunstharz wie Melamin oder Resorzin gewinnt zunehmend die Oberhand, Diffusion nimmt ab, die Oberflächen werden dicht. Allein an den Schnittkanten, wo Holzfasern offenliegen, wird die Holzeigenschaft der Feuchteaufnahme wirksam, und die Feuchte kann tief in die Platte eindringen. Die Ränder quellen auf, die Platte wird dicker, weicht auf und bröselt. Der klassische Küchen- und Badmöbelschaden ist da. Auch Holzspäne arbeiten.

typischer Spanplattenrand am Küchenmöbel

_ Stabelemente

Wie können Späne zu Balken werden? Wenn sie lang genug sind. Furnierstreifenholz: Parallam (PSL - Parallel Strand Lumber) wird aus ca. 16 mm breiten 3-mm-Furnierstreifen (Douglas Fir oder Southern Yellow Pine) hergestellt, die parallel zur Balkenlängsachse gerichtet sind und mit Phenolharz verleimt werden. Es kann wie Brettschichtholz als Kantholz verwendet werden. Das Produktionsmaß 483 x 280 mm (in der Länge bis 20 m) gibt die rationell verwendbaren Querschnitte vor. Das Material hat zwei flächige und zwei streifige Ansichten und eine interessante Hirnholzstruktur.

_ Kunstharzgebundene Platten

Spanstreifenholz: Intrallam (LSL- Laminated Strand Lumber) ist die Plattenform von PSL. Etwa 0,8 x 25 x 300 mm Pappel-Spanstreifen werden mit Polyurethankleber richtungslos oder gerichtet verleimt, so daß das Material eine Tragrichtung haben kann, die an der gerichteten Oberfläche ablesbar ist. LSL kann wie BFS verwendet werden.

Flachpreßplatten (OSB - Oriented Strand Boards) sind aus Langspänen (0,6 x 35 x 75 mm) mit Phenolharz verleimt und haben ebenfalls eine Vorzugsrichtung. Sie sind in der Dicke von 6 bis 30 mm lieferbar. Ihr Anwendungsgebiet entspricht dem von Spanplatten. Die lebhafte Oberfläche macht diese Platte als Sichtfläche interessant, mancher nimmt sie gar als Fußboden.

Spanplatten: Flachpreßplatten (FP) werden aus kleinen Spänen mit Harnstoff (V_{20}) oder Melamin- und Phenolharzen verleimt. Sie haben eine amorphe Oberfläche und tragen allseitig gleich. Spanplatten werden in Dicken von 4 bis 38 mm als Aussteifungs oder Bodenplatten im Holzbau verwendet. Die im Strangpreßverfahren hergestellte Röhrenspanplatte mit runden Hohlräumen innen sollte ganze Innenwände bis zu 100 mm Dicke ersetzen. Zum Schallschutz konnten die Röhren mit Sand verfüllt werden.

Harte Holzfaserplatten (HFH) haben eine glatte und eine gewaffelte Oberfläche. Holzfasern werden naß ohne zusätzlichen Leim verpreßt und halten durch eigene Harze und Verfilzung. Sie können als Beplankung mittragen, sind aber mit 3 bis 8 mm Dicke statisch nicht sehr belastbar.

Mittelharte Holzfaserplatten (HFM) sind bis 15 mm dick. Sie werden wie HFH gefertigt und sind ähnlich einzusetzen.

Mitteldichte Holzfaserplatten (MDF) werden aus verholzten Fasern im Trockenverfahren mit Harnstoff- oder Phenolharzklebern verleimt. Diese Platte findet auch im Möbelbau durch ihre sehr feine und gleichmäßige Struktur von innen nach außen Anwendung, da das „Hirnholz" sich nicht von der Oberfläche unterscheidet und Umleimer mit all ihren Problemen entfallen können.

Weiche Holzfaserplatten werden aus Holz-Cellulosefasern hergestellt, die im Naßverfahren verfilzen und im eigenen Saft verkleben (Poröse Holzfaserplatten: HFD). Mit Bitumen als Zuschlag (10–15 %) verbessert sich die Feuchtebeständigkeit (Bituminierte Holzfaserplatten: BPH). Sie dienen zur Wärmedämmung und werden als Trittschallschutz unter schwimmende Fußböden gebaut.

_ Mineralisch gebundene Platten

Auch mineralische Bindemittel werden mit Holzspänen zu Platten verarbeitet. Sie haben mit der Formaldehyd-Welle an Bedeutung gewonnen und wurden mit formaldehydfreien Klebern wieder zurückgedrängt. Diese Platten nehmen mehr und mehr die Stoffeigenschaften ihrer Bindemittel an.

Zementgebundene Spanplatten aus Nadelholzspänen und Portlandzement können wie Holzwerkstoffplatten tragend und aussteifend verwendet werden und sind bei Wetterbeständigkeit auch an der Fassade als Außenhaut einsetzbar. Die Späne wirken als Bewehrung. Die Platten sind von 8 bis 40 mm dick.

Gipsgebundene Spanplatten haben kalzinierten Gips als Bindemittel und Nadelholzspäne als Armierung. Sie sind nicht so fest, wie zementgebundene Platten und dürfen eingeschränkt mittragend und aussteifend für Holzhäuser verwendet werden. Dicke: 10 bis 18 mm.

Gipsfaserplatten bestehen aus Gips und Papier als Zuschlag, also auch einem Holzwerkstoff. Sie sind ähnlich wie Gipsspanplatten einzusetzen und haben Dicken von 10 bis 18 mm.

Gipskartonplatten sind der universelle Baustoff für den Trockenbau. Ein Gipskern wird von sehr festem Karton ummantelt und hat eine malerfertige Oberfläche, wenn die Stöße gut gespachtelt sind. Imprägniert (grün) sind sie in Feuchtebereichen einsetzbar und können als Feuerschutzplatte ausgelegt werden. Plattendicken 9,5 bis 25 mm, üblich sind 12,5 mm, und besser mit doppelter Beplankung und versetzten Stößen.

Holzwolleleichtbauplatten stehen bei den Dämmstoffen.

Andere Verwendungen

Es ist nur ein kleiner Ausschnitt der Holznutzung, der in dieser Fibel vorgestellt wird.

Holz ist der wohl universellste Baustoff auf der Erde, der vielfältigste und für viele Menschen auch der schönste, verbindet man mit ihm doch die ehrwürdigen Bäume, den Wald und alles Gute der Natur. Fast für jeden Zweck gibt es ein passendes Holz. Schiffsbau ist ohne Holz nicht denkbar gewesen. Eine schöne Segeljolle aus Holz ist heute noch haltbarer als Kunststoffrümpfe, von dem Flair einmal abgesehen. Fußböden von der Bretterdiele zu edlem Parkett, Wandbekleidungen, Türen- und Fensterbau und das weite Gebiet der Möbel werden von Holz geprägt. Erstaunlicherweise ist der Holzhausbau davon ausgenommen. Der Häuslebauer will solide „Klinker" ums Haus: „My Home is my Castle." Dabei könnten Holzhäuser zwischen speichernden Schall- und Brandschutzwänden mit ihrer Skelettstruktur das Bauen und vor allem das Umbauen erleichtern und preiswert gestalten. Wir sollten sie unseren Bauherrschaften empfehlen.

Das ingeniuese Potential im Holzbau jenseits der Zimmermannstechniken und des Ingenieurholzbaus durch computergesteuerte Maschinentechnik ist noch nicht annähernd ausgeschöpft. Geniale Verbindungen, auch wenn sie hochkompliziert erscheinen, sind damit in Lego-Präzision preiswert zu erstellen. Denken wir darüber nach!

Metalle

Von den ca. 110 Elementen des Periodensystems sind 75 Metalle. Sie haben generell eine hohe Festigkeit bei guter Dehnbarkeit, sind gute Wärmeleiter und leiten Elektrizität. Metalle sind undurchsichtig und glänzen „metallisch".

Für das Bauwesen sind nach Mengen Eisen (Fe) und Aluminium (Al) von besonderer Bedeutung. Kupfer (Cu), Zink (Zn) und Blei (Pb) werden in geringerem Maße verwendet. Zinn zum Löten und zur Weißblechherstellung, Chrom, Vanadium, Titan, Magnesium, Kobalt, Nickel, Molybdän, Wolfram, Platin und noch ein paar mehr Metalle werden zur Legierung von Metallen mit besonderen Eigenschaften herangezogen.

Metalle unterscheiden sich von anderen Elementen durch ihre atomare Bindung. Wir wissen noch aus dem Chemieunterricht, daß – zumindest modellhaft – um den Atomkern (+) Elektronen (–) in „Schalen" kreisen, deren Schichten K bis Q heißen. Nach der K-Schale mit maximal 2 Elektronen versuchen alle äußeren Schalen, zu ihrer Stabilisierung eine Idealzahl von 8 Elektronen zu erreichen. In der „Atombindung" nutzen zwei Atome die fehlenden Elektronen gemeinsam (Sauerstoff O mit 6 Elektronen auf der L-Schale benutzt ein Elektronenpaar gemeinsam zu O_2 mit jeweils 6 eigenen und zwei Leihelektronen oder leiht sich die zwei Wasserstoffelektronen der K-Schale des Wasserstoffs H zu H_2O). In der „Ionenbindung" gibt ein Atom dem anderen Elektronen ab (Natrium Na hat auf der M-Schale ein Elektron, Chlor Cl auf der M-Schale sieben. Na gibt das eine ab, und die Verbindung NaCl Kochsalz entsteht. Da die Atomkerne ihre positive Ladung behalten, besteht die Verbindung aus einem positiv geladenen Na-Ion und einem negativ geladenem Cl-Ion).

Metalle geben die überschüssigen Elektronen der Außenschale ab und bilden ein positiv geladenes Rumpfatom, das in einer negativ geladenen Elektronenwolke schwimmt („metallische Atombindung"). Die entgegengesetzten Ladungen halten den Verband zusammen (Festigkeit), die freien und mobilen Elektronen bewirken die gute Leitung von Wärme und Elektrizität und erzeugen den metallischen Glanz. Aus dieser Bindungsart resultieren auch die gute Legierbarkeit von Metallen zu Stoffen unterschiedlicher Eigenschaft und die gute plastische Verformbarkeit.

In fester Form, wie die meisten Metalle in unserem Lebensklima vorkommen, sind Metalle kristallin. Ein kleiner Abstand der Ionen voneinander bewirkt hohe Festigkeit, mit größerem Abstand wächst die Bildsamkeit (z.B. bei Erwärmung). Legierungen verändern die Kristallstruktur und damit die Eigenschaften. Feinkörniges Gefüge durch rasches Erkalten

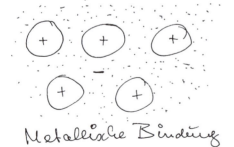

Metallische Bindung

mit vielen Kristallkeimen hat hohe Festigkeit. Langsames Erkalten läßt weniger Kristalle zu großen Körnern wachsen. Diese Strukturen sind hitzebeständig und spröde. Im Laufe der Zeit springen Atome auf größere Kristalle über. Die Versprödung durch Grobkornbildung heißt Altern und führt zum „Sprödbruch", einer der häufigsten Schadensursache im Maschinen- und Metallbau.

Andere Elemente, „Metalloide" wie Sauerstoff und Schwefel oder Halogene wie Chlor, bedienen sich gern aus der freien Elektronenwolke der Metalle zur Auffüllung ihrer äußeren Schale. Die Metalle korrodieren unter Freisetzung von Energie. Korrosion ist ein elektrolytischer Vorgang. Die Bereitschaft dazu hängt von der „Potentialspannung" der Metalle ab, die in der „Spannungsreihe" vom unedlen zum edlen Metall aufgelistet sind. Wasserstoff als gesetzte Null-Spannung unterscheidet die unedlen Metalle mit negativer Spannung zu Wasserstoff von den edlen Metallen (Cu, Ag, Pt, Au) mit positiver Spannung zu Wasserstoff. Diese kommen in der Natur z.T. auch gediegen vor. Alle anderen Metalle müssen energieaufwendig aus ihren Verbindungen, meist den Oxyden, gewonnen werden. Werden unterschiedliche Metalle am Bau direkt miteinander verbunden, wird sich das unedlere kathodische (–) unter Wasserstoffabgabe lösen. Ein Aluminiumdach mit angeschraubter Kupferrinne würde eine Batterie von ca. 2 Volt bilden. Die Aludeckung würde sich auflösen. Unterschiedliche Metalle sind elektrisch zu trennen. Auch Feuchtebrücken sind elektrische Verbinder.

[Handschriftliche Notiz: Volt / 1,5 + gold / 0,34 + Kupfer / 0 Wasserstoff / 0,44 – Eisen / 0,76 – Zink / –1,66 – Aluminium / Spannungsreihe]

Physikalische Eigenschaften

Dichte ist das Verhältnis von Masse zu Volumen (g/cm^3). Metalle haben eine hohe Dichte. Leichtmetalle wie Aluminium wiegen 2,7 g/cm^3, Schwermetalle wie Eisen 7,6 g/cm^3 und Blei 13,5 g/cm^3. Es ist vielleicht interessant zu wissen, daß unsere Materie in Wirklichkeit aus Hohlraum besteht und daß die Atomkerne von 1000 m^3 Eisen in 1 cm^3 passen würden, der 8000 t wöge, und auch da wäre noch Freiraum. Wäre unsere Erde ein „Schwarzes Loch" – die in der Astrophysik angenommene höchste Dichte der Materie, deren Gravitationskraft nicht einmal Licht entweichen läßt –, hätte sie bei gleichem Gewicht einen Durchmesser von 1,8 cm. Dichte ist kein Maßstab für Festigkeit.

Der Schmelzpunkt, und schon der Erweichungspunkt von Metallen sind für den Baustoff Metall von Bedeutung. Bei der Formgebung zu Halbzeugen oder Bauelementen in der Produktion, bei der Wärmebehandlung zur Festlegung bestimmter Eigenschaften und schließlich für die Standfestigkeit und den Brandschutz spielen sie eine Rolle.

Wärmedehnung geschieht räumlich nach allen Seiten gleichmäßig. Bei Stabtragwerken ist die Volumenvergrößerung des Profils gegen die Längenausdehnung des Stabs in der Konstruktion zu vernachlässigen. Immerhin dehnt sich ein 100 m langer Stahlträger bei 30 °C Temperaturerhöhung um 36 mm aus. Entsprechend sind Toleranzen einzubauen, bewegliche Auflager zu konstruieren oder die auftretende Zwängung auf andere Weise zu berücksichtigen. Gußteile müssen in ihrer Formgebung das Endmaß nach Erkalten berücksichtigen.

Metalle sind sehr gute Wärmeleiter. Aluminium wird als Kühlrippenmaterial in der Elektronik verwendet, in besonderen Fällen nimmt man gar Kupfer. Aluminium leitet Wärme mit 204 W/(m k), Kupfer sogar mit 385 W/(m k) während ein guter PU-Dämmstoff 0.025 W/(mk) weiterleitet. Das hat Konsequenzen in der Baukonstruktion und schafft klare Verhältnisse: Metalle sind Wärmebrücken und schaffen Probleme, wenn sie z.B. durch die Fassade stoßen.

Gold, Silber und Kupfer sind hervorragende elektrische Leiter erster Ordnung mit geringem spezifischem elektrischem Widerstand. Alle Metalle leiten Elektrizität. Für das Konstruieren ist diese Eigenschaft in Verbindung mit der Spannungsreihe und möglicher Korrosion zu beachten.

Chemische Eigenschaften

Korrosion als Problem der Metalle wurde schon erwähnt. Die der Spannungsreihe folgende elektrochemische Korrosion durch Elektrolyse wird ergänzt durch die chemische Korrosion in sauerstoffreichen Flüssigkeiten (Säuren, Laugen), durch die Salze und Metalloxyde entstehen können. Korrosionsschutz durch Legierung oder Beschichtung ist eine wesentliche Aufgabe im Metallbau.

Die Brennbarkeit von Metallen ist im Sinne lodernder Flamme nicht gegeben. Sie gelten als „nicht brennbar" im Sinne der Brandschutzklasse A1, erfüllen aber nicht ohne Zusatzmaßnahmen die Feuerbeständigkeitsklassen F 30 bis F 90 für Bauteile, da sie in der Feuersbrunst weich werden und das Bauwerk zusammenstürzen lassen. Da aber jeder Oxydationsvorgang eine Art Verbrennung ist – Energie wird freigesetzt –, verbrennt Metall langsam. Fein pulverisiertes Aluminium, Magnesium oder Titan „verbrennen" an der Luft unter heller Flamme (früher Blitzlicht) und unter großer Hitzeentwicklung (Thermitschweißen) zu ihren Oxyden.

Metalle können für uns gefährlich sein. Blei und andere Schwermetalle verursachen Krankheit, Zwischenprodukte, wie Rotschlamm in der Aluminiumherstellung, sind für uns unverträglich.

Technologische Eigenschaften

Festigkeit, die größte Belastung bezogen auf einen Querschnitt, beschreibt den inneren Widerstand gegen Verformung (Kohäsion). Sie ist durch Legieren, Kalt- und Warmbehandlung des Materials veränderbar. Hohe Druck-, Zug- und Biegelasten sind möglich, Abscheren, Knicken und Torsion können gut übernommen werden. Insbesondere Eisen und Stahl erreichen die höchsten Festigkeiten aller üblichen Baustoffe und können entsprechend schlanke und elegante Bauelemente sein.

Härte, der Widerstand gegen Eindringen eines Fremdkörpers, hat nur bedingt mit Festigkeit zu tun. Gußeisen ist spröde und hart, Stahl generell weich und zäh.

Elastizität (Rückstellung) und Plastizität (Verformung) spielen in der Halbzeugherstellung eine Rolle bei der Knetverformung. Nach Formgebung kann das Metall so behandelt werden, daß es nur noch elastisch ist (Federstahl). Plastische Verformung durch Recken verändert die Kristalle von amorpher zu gerichtet länglicher Struktur und erhöht die Zugfestigkeit in der gereckten Richtung (vorgespannter Stahl). Bei Überlast bricht dann gespannter Stahl nach kurzer Einschnürung ohne weitere Verformung. Zähigkeit ist die Eigenschaft, den Zusammenhang trotz großer Formänderung beizubehalten, wie ein Kaugummi. Sprödigkeit bezeichnet den Verlust des Zusammenhangs schon bei geringer Formveränderung (Glasbruch).

Warmfestigkeit ist eine wichtige Eigenschaft im Metallbau und beschreibt die Beibehaltung der Festigkeit bei Temperaturerhöhung, insbesondere auch die Rückeinstellung der alten Festigkeit bei Erkalten. Gerade warmbehandelte oder gespannte Stähle können ihre Eigenschaften durch Erwärmung verlieren.

Ermüdung ist ein natürlicher Vorgang bei Metallen, besonders bei behandelten Stoffen, die wieder ihren alten Zustand anstreben. Grobkornbildung (Altern), lokale Korrosion, Folgen von Warmbehandlung und Rückbildung der gereckten Kristalle zur amorphen Struktur sind Ursache der Ermüdung. 90% aller Schäden rühren daher, 10% entstehen durch Gewalt und Überlast.

Fertigungstechnische Eigenschaften

Gießbarkeit ist durch die dünnflüssige Schmelze gut. Um keine Schäden durch Risse, Blasen oder Lunkern zu bekommen, sind Gußteile formtechnisch von Fachleuten zu optimieren.

Schmieden ist knetende Formgebung durch Wärme und Kraft. Haben sich die Kristalle beim Kneten durch Streckung verfestigt, können sie wieder weichgeglüht und dann weiterverformt werden.

Kaltumformung geschieht allein mit Kraft und hat Verfestigung durch Kristallstreckung zur Folge.

Härten kann man Metalle durch Erwärmen und rasches Abschrecken, bei dem die Außenschale schneller erkaltet als das Innere. Dieses verdichtet beim Erkalten durch Kontraktion die schon feste Außenschicht, preßt die Atome hart gegeneinander, was sie widerstandsfähig gegen Eindringen macht. Bei Überlast brechen gehärtete Materialien spröde aus (siehe Einscheibensicherheitsglas ESG). Schweißen heißt, mehrere Teile an ihren Rändern zu schmelzen und so ineinanderfließen zu lassen, daß eine homogene Verbindung entsteht. Dazu sind Metalle besonders geeignet. Umgekehrt kann der Schneidbrenner wieder Teile verlustarm voneinander trennen.

Spanabhebende Verformung, Sägen, Bohren, Schleifen usw. ist mit Metallen je nach Härte möglich und gibt Gelegenheit für hochpräzise Formgebung weit über die Bedürfnisse des Bauwesens hinaus.

Recycling

Die Wiederverwertung von Metallen ist so alt, wie Metalle verwendet werden. Die Mühsal der Gewinnung, der Energieaufwand der Verhüttung und ihre Rarität waren wohl Anstoß zum Selbstverständnis der Metallschrottverwertung. Fast allen anderen Materialien in Zweitverwendung haftet der Makel von Müll an. Dabei ist Eisen nach Sauerstoff und Silizium das vierthäufigste, Aluminium das dritthäufigste Element der festen Erdkruste.

Nach der Reduktion der Metalle aus ihren Oxyden oder aus anderen Verbindungen, die viel Energie benötigt und nicht immer gut verwendbare Randprodukte mit sich bringt, ist die Wiederaufarbeitung von Metallen energiesparend und reststoffarm.

Im Bauwesen werden Metalle fast vollständig wiederverwertet.

Eisenmetalle

Das Bauen mit Eisen und Stahl hat während der Weltkriege in Deutschland wegen anderweitiger, „kriegswichtiger" Verwendung der Materie nach anfänglicher Euphorie einen Einbruch erlitten und erholte sich nur mühsam davon, weil die Kontinuität der Erfahrung fehlte. Inzwischen hat der Stahlbau wieder den ihm angemessenen Platz im Baugeschehen gefunden, wenn es um große Spannweiten und feine Strukturen geht.

Eisen (Fe = ferrum) wird aus Eisenerz unterschiedlicher Verbindungen im Hochofen gewonnen. Alle Verbindungen sind exotherm (Energie abgebend) entstanden, so daß die Reduktion zur Eisenherstellung endotherm (Energie verbrauchend) abläuft. Im komplizierten Hochofenprozeß, in dem Kohlenstoff (Koks) eine wichtige energieliefernde und sauerstoffzehrende Rolle spielt, kommen unten Schlacke und Roheisen heraus.

Die Schlacke wird heißflüssig zu Baustoffen verarbeitet. Hüttenwolle oder Schlackenwolle sind mineralische Dämmstoffe, Schlackenpflasterstein, Hüttenstein, Hüttenbims, Hüttensand und -zement sind Nebenprodukte der Eisenherstellung aus den mineralischen Bestandteilen des Eisenerzes, die aus der Schmelze in unterschiedlichen Formen verarbeitet werden.

Das Roheisen enthält 3 bis 4% Kohlenstoff und andere Begleitstoffe aus Erz und Koks, die es als Werkstoff nicht verwendbar machen. Roheisen muß metallurgisch aufgearbeitet werden. Dazu werden zwei Wege eingeschlagen: Zur Stahlherstellung wird es flüssig in Pfannenwagen zum Stahlwerk transportiert. Zur Gußeisenverarbeitung wird es zunächst in Masseln (Barren) gegossen.

_ Gußeisen

Gußeisen wird im Kupolofen aus den Masseln, eventuell mit Schrottzugabe, erneut geschmolzen. Es hat einen Kohlenstoffgehalt über 2,5%. Seine Eigenschaften werden insbesondere durch den Kohlenstoff, dessen Gestalt im erstarrten Guß, sowie andere Begleiter wie etwa Silizium geprägt. Es ist in der Regel wegen der durch den Kohlenstoff verursachten Sprödigkeit weder warm noch kalt verformbar.

Graues Gußeisen entsteht bei langsamer Auskühlung der Masseln und enthält reinen Kohlenstoff als Graphit. Mit Lamellengraphit (GG) hat es einen Kohlenstoffgehalt von 2,7 bis 4,2% und einen Anteil Silizium. Es ist spröde, aber spanabhebend bearbeitbar. Rohre, Kanalroste und Heizkörper sind Grauguß. Mit Kugelgraphit (GGG) enthält es etwa 3,7% C mit durch die Kugelform verbesserten Eigenschaften, guter Bearbeitbarkeit und ist zäh sowie schweißbar. Maschinengehäuse sind aus GGG. Weißes Gußeisen enthält kein Graphit. Der Kohlenstoff ist als Zementit (Fe_2C) im Eisen gebunden. Es entsteht durch schnelles Abkühlen des Roheisens in Masselgießmaschinen. Weißes Gußeisen ist hart und spröde. Es läßt sich nicht bearbeiten. Nachträgliche Glühbehandlung (Tempern) kann zu bearbeitbaren Stoffen ähnlich dem Stahlguß führen. Fittings und Beschläge sind Tempergußprodukte.

Gußbauteile waren zu Beginn des industriellen Bauens mit Eisen sehr verbreitet. Verschnörkelte Säulen, Konsolen und Binder sehen wir noch in den Hallen des beginnenden 20. Jahrhunderts. Die Korrosionsfestigkeit von Gußbauteilen machten diese besonders in Bahnhöfen mit den aggressiven Abgasen der Loks beliebt. Mangelnde Biegezugfestigkeit bei hoher Druckfestigkeit brachten dem Eisenbau Probleme. Schließlich wurde die sehr handwerkliche Gußtechnik durch die automatischen Walzstraßen der Stahlherstellung verdrängt.

Inzwischen haben Gußbauteile wieder einen Platz im Stahlbaugeschehen erobert, insbesondere als komplizierte und kunstvolle Knotenpunkte in Stahlkonstruktionen, die in serieller Gußtechnik wirtschaftlich zu formen und zu produzieren sind.

Beim Entwerfen von Gußbauteilen ist neben Form und Funktion auch die Gußgerechtigkeit zu beachten, und es ist gut, diese mit Fachleuten zu entwickeln, um ein kunstvoll geformtes, material- und verarbeitungsgerechtes funktionales Detail zu erhalten.

_ Stahl

Stahl ist ein warm und kalt formbarer (schmiedbarer) Eisenwerkstoff mit einem Kohlenstoffgehalt unter 1,9 %. Er wird aus Roheisen durch unterschiedliche Verfahren gewonnen, in denen ungewünschte „Eisenbegleiter" und zuviel Kohlenstoff durch „Frischen" mit Sauerstoff entfernt werden, um dann gewünschte Stoffe zur Charakterisierung seiner Eigenschaften in den Stahl zu legieren. Beim Frischen wird mit dem Roheisen Stahlschrott wiederaufbereitet. Beim Gießen des Stahls in Kokillen oder kontinuierlich als Stranggß unterscheidet man unberuhigten (U), beruhigten (R) und besonders beruhigten (RR) Stahl, die sich durch Unterschiede in der Lunkerbildung (Gasblasen im Blockkopf und im Kern) und Seigerung (Ansammlung von Begleitstoffen im Gußkern) unterscheiden. Teils werden diese Partien entfernt, teils schweißen sich Lunkerbläschen beim Walzen zusammen. Stahlprofile werden heute in der Qualitätskontrolle auf Seigerungs- und Lunkerstellen durchleuchtet.

Stähle werden nach ihrer Zusammensetzung eingeteilt in:
- unlegierte Stähle
- legierte Stähle
- niedrig legierte Baustähle
- nichtrostende Stähle mit 12 % oder mehr Chrom (Cr)

Nach Gebrauchseigenschaften:
- Grundstähle (ohne besondere Festlegung)
- Qualitätsstähle (gute Oberfläche, geringer Sprödbruch)
- Edelstähle (gleichmäßig bei Wärmebehandlung, hohe Reinheit)

Die üblichen Bezeichnungen für Baustähle haben die Zugfestigkeit als Hauptmerkmal:

St 37-2 trägt 370 N/mm^2
USt 37-2 ist aus unberuhigtem Stahl mit Seigerungen u.a.
RSt 37-2 ist beruhigter Stahl
St 37-3 ist besonders beruhigter Stahl
St 52-3 trägt 520 N/mm^2
WSt 52-3 ist wetterfester Stahl
St E 460 und
St E 690 sind hochfeste Stähle, die kaum eingesetzt werden.
Die Blöcke oder Brammen aus den Kokillen oder Einheiten aus dem Stranggß

kommen noch warm in das Walzwerk, wo sie unter Druck zu Halbzeugen geknetet werden, die wir als konstruierende Architekten und Ingenieure konstruktiv zu Bauelementen gestalten.

_ **Stabförmige Profile**

Stahlwalzprofile haben eine völlig eigenständige Form, die sich einerseits aus der Walztechnik erklärt, zum anderen aber in ihrer filigranen Ausformung die Festigkeit des Materials demonstriert. Die Profile werden in einer Richtung gewalzt und erfahren eine Streckung ihrer Kristallstruktur, die mit zunehmender Erkaltung eine Hauptfestigkeit in Walzrichtung bewirkt. Quer zur Walzrichtung ist die Festigkeit geringer. Der klassische I oder Doppel-T-Träger hat in der Druck- und Zugzone des Biegeträgers kräftige Ober- und Untergurte, die durch einen schmalen Steg zum Tragwerk verbunden werden. Das asymmetrische U-Profil entfaltet als Zwilling die gleichen Eigenschaften.

Hohlprofile, rechteckig, quadratisch oder rund, die aus Walzstahl hergestellt werden, haben nicht dieses stahlspezifische Aussehen und unterscheiden sich allein durch ihre Schlankheit z.B. von Holzbauteilen. Sie sind vor innerer Korrosion (Lochfraß) zu schützen.

Breitflachstahl wird allseitig und in einer Richtung gewalzt und ist mind. 150 mm breit und 4 mm dick. Er eignet sich für zusammengesetzte Profile, wird aber auch kaltverformt zu Bandstahl-Leichtprofilen verarbeitet.

Von allen Profilen gibt es Standardgrößen, mit denen man sein Bauwerk entwerfen sollte. Sie sind in Normen und den Tabellen der Fachbücher zu finden.

Stabförmige Profile sind im Skelettbau als Biegeträger zu verwenden, zusammengesetzte Träger (Fachwerk) werden damit entworfen und Stützen konstruiert. Dünne, meist runde Stahlstangen und Stahldrähte, gebündelt zu Litzen, werden als Zugglieder für Hängebrücken, Seilnetzkonstruktionen und Abspannungen eingesetzt.

Profile, Rohre als Stützen und Seile sind die stahltypischen Bauglieder. Verbindungsglieder aus Gußmaterial kommen dazu.

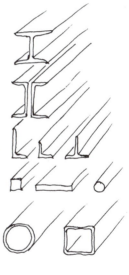

_ **Bleche**

Bleche werden in zwei Richtungen gewalzt und tragen in beide Richtungen. Sie sind deshalb als Knotenbleche geeignet.

- Grobblech ist dicker als 3 mm
- Feinblech ist von 3 mm bis 0,5 mm dick
- Feinstblech ist unter 0,5 mm dick.

Das glatte Blech der aufgerollten Blechkollis ist so kaum zu verarbeiten, denn es neigt zur Beulung durch innere Spannungen und unter Last. Glatte Bleche kleben meist auf einer Trägerschicht oder sind innerseitig verstärkt. Erst eine Faltung

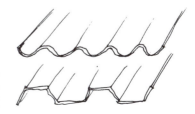

macht Bleche steif in Faltrichtung. Sicken im Karosseriebau versteifen das Auto. Wellblech trägt in eine Richtung, in die andere ist es rollbar. Stahltrapezbleche können bis zu 8600 mm Spannweite tragen. Well- und Trapezbleche sind die flächige Form der Stahlverwendung am Bau. Selten werden dicke glatte Bleche schiffsbauähnlich im Fassadenbau verwendet.

_ Verbindungen

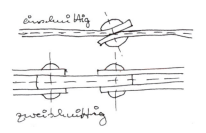

Wir alle kennen an unserem Fahrrad die Schraubverbindung und wissen um die Stabilität derselben und um die Lösbarkeit, wenn wir einen Platten haben. Der alte Märklin-Metallbaukasten ist ein Paradebeispiel des Recyclings, der Umbaubarkeit und schier endlosen Nutzung von schraubbaren Bauteilen inclusive ihrer Verbindungsmittel. Ein aus Stahlbauteilen zusammengeschraubtes Bauwerk hat die Qualität eines gezimmerten Holzfachwerks: Es ist aus einem Material, und es ist komplett zu demontieren und neu zu errichten, ohne Materialverlust. Neben dem einfach durchgesteckten Bolzen sind Paßschrauben und hochfeste vorgespannte Schrauben möglich, die über eine Lastübertragung durch Abscheren der Bolzen bzw. Verformung der Lochleibung hinaus Lasten über Reibung der zu verbindenden Flächen aufnehmen. Um eine Kraft symmetrisch zur Kraftachse zu übertragen, ist es ratsam, sie „zweischnittig" über zwei Knotenbleche beidseits zu leiten. Da die gesamten Kräfte aus dem Tragglied durch Lochleibung (SL), selten über Reibung (GVP), weil teuer, übertragen werden, sind Knotenpunkte großflächig und müssen nach Kraftlinien und zulässigem Schraubenabstand entworfen werden. Das sollte gemeinsam mit dem Tragwerksberechner geschehen. Niete tragen wie Paßschrauben und beanspruchen eine ähnlich große Verbindungsfläche, um Kräfte zu übertragen. Im Bauwesen haben sie an Bedeutung verloren, da sie handwerksaufwendig sind. Der rotwarme Niet wird in das vorbereitete Verbindungsloch geschoben und gestaucht, bis er das Loch satt ausfüllt. Nach Erkalten entsteht eine gewisse Vorspannung zwischen den zu verbindenden Materialien. Dieser Halt durch Reibung wird nicht in die Berechnung einbezogen. Niete werden bei der Demontage zerstört und verschrottet.

Schweißen erlöst den Entwerfer keinesfalls von der kreativen und technisch guten Lösung der Anschlußpunkte. Was im nachhinein leicht und einfach aussieht, ist ebenso wohlbedacht wie Schraub- und Nietverbindungen. Beim im Bauwesen vorwiegenden Schmelzschweißen werden die Werkstücke bis zur Schmelze erwärmt und fließen unter Zugabe von Schweißmaterial ineinander. Nach Erkalten entsteht eine kraftschlüssige Verbindung. Das geschieht „autogen" mit Gas oder – heute am Bau fast ausschließlich – elektrisch mit Lichtbogen zwischen Schweißstück und Elektrode. Die Art der Schweißnähte, I – V – Y – X – U – HV usw., bestimmt der Techniker. Wir müssen aber unsere Detailpunkte werkgerecht gestalten. Schweißnähte müssen herstellbar sein, Bolzen, Schrauben und Niete einführbar, schraub- oder nietbar, Bauteile montierbar entworfen werden. Jeder Entwurfsschritt muß im Geiste montiert werden. Ein wenig Baustellenerfahrung ist hilfreich. Schweißen mindert die Festigkeit des Materials. Es tritt eine Art „Normalglühen" auf, das die Kristallstruktur verändert und z.B. kaltgereckte feste Stähle an dieser Stelle zu normalen, weicheren Stählen macht. Das ist in der Dimensionierung der Verbindungspunkte zu berücksichtigen.

Klebeversuche im Stahlbau sind angesichts der genialen Schweißtechnik wenig überzeugend, wird doch ein neues Material eingeführt, das die besonderen Eigenschaften der Metalle ignoriert.

Man zählt im Stahlbau Schraubtechnik zu den lösbaren Verbindungen, Niet- und Schweißtechnik zu den unlösbaren. Das stimmt im Sinne des Stabilbaukastens. In den Intervallen des Bauwesens sind alle Metallverbindungen lösbar, auch, wenn ein paar Niete verschrottet werden oder der Schneidbrenner die Schweißnähte sauber trennt.

_ Betonstahl

Als Bewehrung in Stahlbeton werden warmgewalzte und kaltgereckte Stabrundstähle (S) verwendet, die meist gerippt oder profiliert sind, um eine innige Haftung mit dem Beton zu erreichen. Stahlbetonmatten werden werksmäßig aus Betonrundstahl zusammengeschweißt. Es gibt sie in beide Richtungen tragend (Q-Matten) oder einsinnig tragende (R- und K-Matten). Zum Schutze des Stahls vor Korrosion über den Schutz des Zements hinaus ist genügend Betonüberdeckung (mind. 3 cm) zum Außenklima erforderlich, da durch die feinen Haarrisse in der Zugzone des Bauteils Feuchtigkeit an den Stahl kommen kann.

Spannbeton wird durch Vorspannung der Stahleinlagen in einem Kanal hergestellt, der unter Vorspannung vergossen wird. So wird die Zugzone des Bauteils unter Druck gesetzt und öffnet sich erst nach Überschreiten dieses Drucks und Übergang in Zuglast. Ein Problem des Spannbetons, das uns viele Baustellen an Autobahnbrücken beschert, ist das Altern des Stahls unter Rückbildung der gestreckten Kristalle zu normaler Körnung.

_ Beschichtungen

Eisen und Stahl neigen dazu, wieder in ihre natürliche Verbindung als Oxyd zu gehen. Sauerstoff ist ein aggressives Element, die Oxydation setzt Energie frei. Gußeisen ist mit seinem Kohlenstoffgehalt relativ stabil gegen Rosten. Edelstähle (z.B. V2A und V4A) werden durch Legierung so gestaltet, daß sie nicht mehr rosten. Ihr Gefüge ist mit Chrom, Nickel, Titan und anderen Metallen so entworfen, daß Sauerstoff keine Verbindungsmöglichkeit mehr hat. Edelstähle sind teuer. Ihr Einsatz lohnt sich an bewitterten oder feuchten Stellen, die später unzugänglich sind. Drahtanker zwischen Mauerschalen, Fassadenaufhängungen und ähnliche Bauteile im Dampfdruckgefälle der Außenwand sind heute aus Edelstahl. Sichtbare Fassadenteile insbesondere der filigranen seilverspannten Glaswände werden aus ästhetischen wie praktischen Aspekten in Edelstahl konzipiert.

Der sich durch eigene Rostschicht schützende „Cortenstahl" hat sich als Legierung nicht bewährt. Man sieht bläulichbraune Kunstwerke mit roter Rostfahne darunter vor öffentlichen Gebäuden stehen.

Vernickeln und Verchromen, Verzinnen und Verzinken sind Metallbeschichtungen, die sich innig mit der Außenhaut des Stahlbauteils verbinden und wirksam gegen Korrosion schützen. Steht das schützende Metall in der Spannungsreihe hinter Eisen, schützt es sogar nach Störung der Schicht selbstheilend weiter (Lokalelemente). Verzinken ist im Bauwesen für Außenbauteile üblich. ==Feuerverzinken – Tauchen in flüssiges Zink – bewirkt den besten Schutz==, Spritzverzinken aus der heißen Pistole ist dem ähnlich und kann nachträglich z.B. nach Schweißen oder Schneiden und Bohren aufgetragen werden. Andere Verfahren wie ==Zinkstaubanstriche schützen weniger.==

Rostschutzfarben wie das orangefarbene Bleimennige verbinden sich noch teilweise mit dem Eisen, Lacke und Kunststoffbeschichtungen schirmen das Metall gegen Sauerstoff ab. Hier führt jede Beschädigung der Schicht zur Hinterrostung. Farbbeschichtungen sind dauernd zu beobachten und rechtzeitig zu warten oder zu erneuern. Jeder Autobesitzer weiß das. Sehr große Bauwerke können nur ständig „gemalt" werden, und man sieht dauernd Maler auf Brücken. Die typische Handbewegung eines Matrosen ist das „Malen", denn in der aggressiven Seeluft rostet Stahl besonders schnell.

Unsere Aufgabe bei der Entwicklung von Stahlbaudetails ist neben den vielen schon genannten Dingen auch die Wartungs- und Pflegefreundlichkeit. Unzugängliche Hohlräume und nichterreichbare Stellen sind gefährlich. Wir müssen immer daran denken, daß Eisen nicht den Zustand beibehalten will, in den wir es mit Kunst und Energie gebracht haben.

All diese zu beachtenden Materialeigenschaften sollten uns nicht abhalten, mit dem wunderbar festen Baustoff Eisen und Stahl atemberaubende Bauwerke zu entwerfen, die umnutzbar, abbaubar und wiederverwertbar sind und somit einen Beitrag zu Kreislaufwirtschaft leisten.

Aluminium

Aluminium (Al) ist ein Leichtmetall. Nach Sauerstoff mit 47% und Silizium mit 28% ist es mit 8% das dritthäufigste Element in der festen Erdkruste, hat sich aber durch seine schwer lösbare Bindung lange verborgen gehalten. Der erste Aluminiumblock war 1855 auf der Weltausstellung in Paris eine Sensation. Heute sind ca.

20 Mio. t Alu im globalen Umlauf. Das ist nach Stahl die zweite Stelle der Metallnutzung und mehr als doppelt soviel, wie alle anderen Nichteisenmetalle zusammen. Aluminium nimmt die Stelle 13 im Periodensystem ein und hat drei freie Elektronen auf der M-Schale. Die Dichte mit 2,69 g/cm³ ist niedrig, das Material weich, der Elastizitätsmodul ein Drittel von Stahl. Schmelztemperatur liegt bei 660 °C. In der Spannungsreihe liegt es mit −1,69 V zur H$_2$-Elektrode an fünfletzter Stelle, ist also ziemlich unedel und korrodiert schnell. Die Wärmeleitung mit 209 W/(m K) ist sehr hoch (PU-Schaum hat 0,0025 W/(m K)) und nur Edelmetalle leiten besser Wärme. Deshalb werden in der Elektronik Kühlrippen aus Aluminium hergestellt. Auch die elektrische Leitung ist hervorragend. Starkstrom-Erdkabel sind aus Alu, ebenfalls einst Rundfunkchassis.

Erst 1886 fanden Heroult (F) und Hall (US) ein geeignetes Verhüttungsverfahren zur wirtschaftlichen Aluminiumherstellung. Aus Bauxit (im tropischen Gürtel) wird mit Natronlauge, Druck und Wärme Tonerde (Al$_2$O$_3$) gewonnen. Der restliche „Rotschlamm" war einst Belag für Wege, Spiel- und Tennisplätze, bis man merkte, daß die im unmittelbaren Bereich erworbenen Wunden nicht heilten. Seither ist es lästiges Deponiematerial. Forschungen zur Eisengewinnung (bis zu 45 % Fe$_2$O$_3$) und zur Baustoffherstellung laufen. Aluminium aus Tonerde wird unter Zusatz von Flußmitteln in der Elektrolyse gewonnen und setzt sich an der Kathode ab. Der Verbrauch an Elektrizität als edelste aller Energieformen ist sehr hoch (13,5 kWh/kg Al). Die Wiederaufbereitung von Aluminiumschrott benötigt 5 % davon (ca. 0,67 kWh/kg Al). Rotschlamm und Energiebilanz haben den hervorragenden Baustoff Aluminium (ca. 20 % der Produktion) unter den „Ökos" in Verruf gebracht, und in manchen öffentlichen Satzungen ist in grünlicher Unschuld Aluminium als Baustoff verboten worden. Den Rotschlamm betreffend, ist die Forschung zur wirtschaftlichen Weiterverwendung dieser Massen (aus 4 t Bauxit kommen 1 t Alu) im Sinne der Kreislaufwirtschaft dringend geboten. Das ist aber noch kein Argument, Aluminium zu verteufeln. Die Energiebilanz nach Gewicht ist unsinnig. Eine Bilanz nach Bauelement zeigt die Qualität des Stoffes:

1 m² halbsteinige Vormauerziegelschale wiegt 230 kg und hat als Rohstoff bei 0,55 kWh/kg 126,5 kWh/m² verbraucht. Bei Kalksandstein mit 0,25 kWh/kg wären es 57,5 kWh/m². 1 m² Wellaluminium von 0,5 mm Stärke wiegt 2 kg und hat 26,4 kWh/m² Rohstoffenergie inne; aus Recyclingmaterial, „Sekundäraluminium", und das sind 35 % in Deutschland, gar nur 1,32 kWh/m². Die Stoffeinsparung durch Gewichtsminderung lassen wir hier fort. Im Bauwesen wird Aluminium zu fast 85 % wiederverwendet. Aluminium ist im Sinne des energiebewußten und ökologischen Bauens an viel mehr Stellen sinnvoller eingesetzt als manches „Ökomaterial" mit hoher Reputation von selbsternannten Päpsten. Folgen Sie in Ihren Entwürfen den Stoffeigenschaften und der Angemessenheit des Einsatzes von Baustoffen.

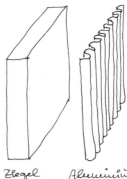

Ziegel Aluminium
126,5 kWh 26,4 kWh
KS Recycling
57,5 kWh 1,32 kWh
Primärenergievergleich
1 qm Bauteil

Reinst- (Al 99,9 R) und Reinaluminium (Al 99,8 H – Hüttenalu) werden wegen der geringen Festigkeit bis zu 200 N/mm² am Bau selten verwendet, Legierungen können Festigkeiten bis 650 N/mm² erreichen. Wichtige Legierungspartner sind Mangan (Mn), Magnesium (Mg), Silizium (Si), Zink (Zn) und Kupfer (Cu), auch in Kombinationen. Aluminium ist gießbar und knetbar.

_ Stabförmige Profile

Wie bei Stahl können aus den Masseln, Blöcken oder Stangen des Hüttenaluminiums nach Legierung Bauteile gewalzt werden, die eine durch den Walzvorgang gerichtete Struktur haben. I, T und U-Profile sind erhältlich. Im Bauwesen spielen sie kaum eine Rolle. Vielmehr wird die Eigenschaft des weichen Aluminiums zum Strangpressen ausgenutzt. Damit können hochkomplizierte und sehr präzise Profile hergestellt werden, sogar nahtlose Hohlprofile mit allerlei Stegen und Lippen daran. Wir kennen sie als Fensterprofile.

Als Tragglieder sind Alu-Bauteile eine Rarität. Im Ausbau, im Messe- und Ladenbau ist Aluminium insbesondere für Bausysteme gut geeignet. Fenster und Teile für sehr beanspruchte Fassaden sind in Alu zu bauen, da die Präzision und die Standhaftigkeit des Materials hohe Dichtigkeit und technische Raffinesse bieten. Weniger beanspruchte Fassaden kommen mit Holzfenstern aus. Leider haben heutige Aluminiumfenster keine eigene, materialspezifische Gestalt und äffen daher Holzfenster nach. Lackiert, kann man sie kaum unterscheiden. „Aluminige" Fensterformen, denen man ihr Material ansieht wie klassischen Stahlfenstern, gibt es nicht. Man müßte sie aus geeigneten Profilen zusammenstellen.

Hohe Präzision für optimale Dichtigkeit und Dauerhaftigkeit von Aluminiumbauteilen können einen Nachteil nicht verhehlen: Die hohe Wärmeleitfähigkeit macht das Material für Fassaden ungeeignet, denn die Wärme würde den Raum auf diesem Wege schnellstens verlassen, Kondensat flösse herab oder setzte sich als Eis am Rahmen fest. So sind heute Alu-Fassaden ein Kompositum aus zwei Schalen mit innerem Dämmkern, der die Schalen in der Ebene der Verglasung „thermisch trennt". Strangpreßtechnik macht das möglich. Ein Recycling dieser Elemente ist noch nicht geklärt. Bisher werden nur Ganzalufenster wiederverwertet.

_ Bleche

Aluminium ist zu feinen Blechen bis zu Folien walzbar. Da Metalle dampfdiffusionsdicht sind, ist Alu-Folie als Dampfsperre auf der warmen Seite einer feuchteempfindlichen Dämmschicht als sicheres Mittel zur Tauwasserverhinderung einzusetzen. Wellaluminium oder andere profilierte Bleche werden als Dachdeckung und Fassaden-Außenhaut eingesetzt. Die gewalzten Bleche und Bänder sind in ihrer Festigkeit gerichtet. Im Tiefziehverfahren können auch Kassettenelemente

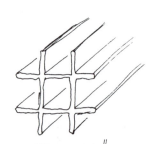

Alu-Profile können fast unbegrenzt geformt werden: Strangpresse

jeglichen Dekors hergestellt werden. Glatte Alu-Bleche werden zu Sandwichplatten mit z.B. PUR-Kern verwendet, einem hochdämmenden Fassadenelement für Hallenbauten.

_ Verbindungen

Alu-Verbindungen sind wie Stahlverbindungen durch Nieten, Schrauben, Löten und Schweißen möglich. Letztere müssen im Schutzgas erfolgen, um das schnelle Oxydieren zu vermeiden. Verkleben ist bei Aluminium auch zu finden. Bördelverbindungen in der Dach- und Fassadendeckung ergänzen das Spektrum.

_ Beschichtungen

Aluminium korrodiert sofort an der Oberfläche zu einer mattgrauen schützenden und wetterfesten Schicht, die selbstheilend alle Verletzungen wieder schließt. In aggressiver Luft, sauer oder basisch, reicht diese Oberfläche nicht aus, und Alu zerfällt zu Tonerdestaub. Verschiedene Verfahren, die Schutzschicht zu verstärken, haben die Verwendung von Aluminium erweitert. Erst die anodische Oxydation, das elektrische Oxydieren „Eloxieren", hat Alu als Fassaden- und Dachmaterial verwendbar gemacht. Die Farbgebung von Natursilber über Bronze bis Schwarz ist mit Metallsalzlösungen zu erreichen.
In der Galvanisierung kann Aluminium vernickelt, verchromt oder auch vergoldet werden.
Beschichtungen mit Lacken und Kunststoffen sind nach Vorbehandlung (Chromatisieren) möglich. Spritzverfahren oder Bandbeschichtung mit Folien sind die üblichen Techniken. Alle Farben und Dekore sind möglich, selbst Holzimitat.
Aluminium wird auch als Korrosionsschutz für Stahl eingesetzt. Alu-Bronze „Arbeiterchrom" kennt jeder als Spritz- oder Streichbeschichtung. Alitieren heißt die Diffusion von Alu in die Eisenoberfläche bei 600 bis 800 °C, Aluminieren ein Tauchbad ähnlich dem Feuerverzinken, um ein paar Methoden zu nennen.

_ Gußaluminium

Aluminium läßt sich sehr gut gießen und ist gut weiterzuverarbeiten, wobei jede spanabhebende Bearbeitung wegen des weichen Materials langsam abläuft. Knotenpunkte, Beschläge, Roste, Bauelemente wie Treppenstufen können Aluguß sein. Zierplatten als Wandbehang oder Kunstwerke sind in Aluguß möglich.
Aluminium sollte überall dort eingesetzt werden, wo Dauerhaftigkeit und Präzision bei wenig Gewicht und hoher Festigkeit verlangt werden.

Zink

Zink (Zn) ist mit 0,007 % der Erdkruste rar. Es wird aus Zinkblende (ZnS) oder Zinkspat (ZnCO$_3$) durch Rösten und Reduktion in zwei Destillationsschritten (Siedepunkt 906 °C) gewonnen. Die Dichte beträgt 7,13 g/cm^3, die Wärmeleitung 113 W/(m K), der Schmelzpunkt ist bei 419,5 °C. Die Zugfestigkeit von 30 N/mm^2 kann durch Walzen auf 300 N/mm^2 gesteigert werden. Zink neigt zum Kriechen, so daß keine tragenden Teile aus Zink gebaut werden, sondern vorwiegend umhüllende, selbsttragend oder auf Trägerschicht.

Das Material ist spröde, zwischen 100–150 °C gut walzbar und versprödet wieder über 200 °C. Mit –0,76 V zu Wasserstoff ist es recht unedel. Eine Zinkoxyd-, Karbonat- oder im Wasser Hydroxydschicht macht Zink dennoch sehr korrosionsfest. Als Legierung mit Kupfer kennen wir Messing. Mit Aluminium ist es ein hervorragendes Material für Gleitlager. Mit Titan hat es den Bausektor erschlossen, denn es wurde fester, beständiger, und die Kriechneigung minderte sich. Titanzinkdächer und -fassaden mit Stehfalztechnik (Jeansnaht) verlegt, sind leicht und durch die vom Bläulichgrausilbrig zum Dunkelgrau werdende Farbe schön. Alle Formen sind möglich, auch die skurrilen eines F. O. Geary.

Dachrinnen und Fallrohre sind traditionell aus Zink und sollten es auch sein, allenfalls aus Kunststoff.

Zink als Korrosionsschutz ist bereits erwähnt.

Kupfer

Kupfer ist das erste edle Metall mit positiver Spannung (+0,35 V) zur H$_2$-Elektrode. Es ist mit 0,006 % in der Erdkruste ein seltenes Element, ähnlich rar wie Zink, und sollte sparsam am Bau eingesetzt werden. Dachdeckung, Fassade und Rinnen sollten besonderen Bauten vorbehalten sein. Kupferrohre für Wasser und Heizkreislauf sind heute gut durch Kunststoffe zu ersetzen. Im Elektrogewerk ist Kupfer wegen der hohen Leitfähigkeit der wichtigste Baustoff. Allein Silber ist ein besserer elektrischer Leiter.

Kupfer ist weich. Die Zugkraft von 200 N/mm^2 kann durch Legierung auf 360 N/mm^2 erhöht werden. Die Wichte mit 8,9 g/cm^3 ist höher als Eisen. Die Wärmeleitung reicht von 293 bis 364 W/(m K) und ist besser, als Aluminium. Es ist gut formbar und für alle charakteristischen Verbindungstechniken der Metalle geeignet. Auch Strangpreßprofile werden angeboten.

Kupfer ist das älteste Metall in der Kulturgeschichte, weil es auch gediegen vorkommt. Kupfererze (Kupferkies CuFeS$_2$ und Kupferglanz Cu$_2$S) werden in der Regel im Tagebau abgetragen und nach Abtrennung tauben Gesteins durch Schmelzen im Konverter zu Schwefeleisen und Rohkupfer (97–99 %) getrennt. In zweistufiger Raffination erst im Konverter und dann elektrisch wird an der Kathode hochreines Kupfer gewonnen. Recycling-Kupfer wird in der elektrischen Stufe hinzugegeben.

Kupfer ist nahezu 100% im Materiekreislauf. 40% des Kupferbedarfs sind aus dem Recycling. Es hat 80–92% Energieeinsparung zu Primärkupfer.

Die Legierung mit Zinn heißt Bronze, mit Zink ist es Messing, mit Aluminium gibt es Aluminiumbronze, mit Nickel und Zink Neusilber. Die Eigenschaften ändern sich erheblich. Messing kann z.B. spröde werden. Alle Legierungen werden je nach Eignung in technischen Teilen oder im Ausbau verwendet.

Kupferhalbzeuge für den Bau sind Bleche, die als Fassade oder Dach in Falzdeckung verlegt oder zu Rinnen und Klempnerarbeiten eingesetzt werden. Nahtlose Rohre in Stangen oder weich in Rollen sind für den Installationsbereich lieferbar.

Blei

Blei (Pb) wird im wesentlichen aus Bleiglanz (PbS) durch Rösten und Reduktion gewonnen. Werkblei hat 95–98%, Feinblei 99,99 und Hüttenblei 99,9% Reinheit. Es hat eine hohe Dichte von 11,3 g/cm^3 und schmilzt bei 327°C. Die Festigkeit ist gering (10–20 N/mm^2), und das Material neigt zum Kriechen. Blei ist giftig und hat als Trinkwasserleitung unerkannt viele Menschen krank gemacht. Heute beschäftigt uns das in der Sanierung.

Bleibleche, heute das etwas festere Kupferblei, sind kalt sehr gut formbar. Sie werden als Anschlüsse insbesondere an Dachpfannen oder in komplizierte Ecken eingeformt. Ganze Bleiblech-Dachdeckungen, wie die blaue Moschee in Istanbul, sind Ausnahme.

Bleimennige als orangefarbene Grundierung von Stahlbauten ist wegen der Giftigkeit nur noch unter Auflagen verwendbar.

Als Lot in unterschiedlichen Legierungen ist es noch in Gebrauch.

Zinn

Zinn (Sn) wiegt 7,3 g/cm^2 und schmilzt bei 232°C. Es ist weich wie Blei, und seine Kristalle „schreien" beim Biegen. Als reines und eigenständiges Material ist Zinn am Bau selten, es sei denn als Trinkgefäß. Zinnrohr findet für Bier- und Mineralwasserleitung Verwendung, sonst ist es Lot-Material und Korrosionsschutz. Weißblech z.B. ist verzinntes Stahlblech für Konservendosen. Verzinnte Autokarosserien rosten nur sehr langsam.

Kunststoffe

Kunststoff ist der Begriff für Ersatzstoffe anstelle von nichtimportierbaren Rohstoffen in einstigen Kriegszeiten, wie Kunsthonig Ersatz für echten Bienenhonig war. Den Makel des Ersatzstoffes haben sie längst verlassen, aber die Suche nach anderen Benennungen schlug fehl. Der Name sitzt. So ist es einfacher, ihn neu zu deuten, z.B. darin die Kunst der Chemiker und Techniker zu ehren, diese unermeßliche Vielfalt an Stoffen mit ähnlicher Grundstruktur zu entwerfen. Im Wesentlichen sind die Elemente C, H und O in den Kunststoffen. Als vernetzte Kohlenwasserstoffe sind sie Kinder der organischen Chemie. Einige Materialien haben dazu Cl (PVC), N (Polyamide), S (Polysulfide), Si (Silikone) oder andere. Gemeinsam ist ihnen eine Wichte von 1–2 g/cm^3, geringe Wärmeleitung von 0,15–0,40 W/(m K), hohe Wärmedehnung und hohen elektrischen Widerstand, also schlechte Leitung. Sie verspröden bei Kälte und zerfallen bei Hitze. Den gasförmigen Aggregatzustand erreichen sie nicht. Ihre Dauerhaftigkeit ist je nach Temperatur nicht sehr hoch. Als Kohlenwasserstoffe sind sie brennbar und zerlegen sich in ihre Bestandteile. So können z.B. PVC-Brände Chlorgas freisetzen, das sich mit Löschwasser und der Feuchtigkeit in der Lunge zu Salzsäure (HCl) verbindet und Schäden verursacht.

Die Fibel kann nur einen kleinen Überblick geben, denn das Feld der Kunststoffe ist weit.

Thermoplaste (Plastomere)

Der weitaus größte Teil der Kunststoffe am Bau ist thermoplastischer Struktur. Die weitmaschig vernetzten Makromoleküle sind fadenförmig linear, manchmal verzweigt und warmformbar. Aggregatzustände sind für Thermoplaste „fest", „weich-elastisch" und „teigig-flüssig". Bei steigenden Temperaturen ändern sie sich von hart über elastisch bis plastisch, um sich dann zu zersetzen. Die Übergänge sind fließend und von Temperatur und Zeit in Kombination abhängig. Im plastischen Temperaturbereich sind sie formbar und werden bei Auskühlung wieder hart. Die neue Form muß gehalten werden, bis die Moleküle wieder zur Ruhe kommen. Der Vorgang ist wiederholbar.

Das macht Thermoplaste zum Werkstoff für extrudierende Strangpreß- und Spritzmaschinen, Tiefzieh- und Blas- und Kalanderwerke, aus denen automatisch und endlos jegliche Form, jegliche Farbe für jegliche Nutzung geboren wird. Thermoplaste sind das Material des Bebraismus (Matthias Horx: „Die wilden 80er"), des billigen Plastik-Imitats zum scheinbaren Wohlstand aller.

Im Bauwesen sind thermoplastische Bauelemente nicht mehr wegzudenken und haben einen weiten Bereich insbesondere seltener Baumaterialien ersetzt oder stehen ihnen als preiswerte Variante zur Seite. Ohne auf die Chemie der Kunststoffe einzugehen, sollen hier ein paar Nutzungen aufgezählt werden, die auch mit Thermoplasten erfüllt werden, und das oft preiswerter als mit anderen Stoffen. Dampfbremsen, Schutzfolien und Unterspannbahnen werden aus Polyethylen (PE) und Polyvinylchlorid (PVC) hergestellt. Dachbahnen und Abdichtungsbahnen gibt es in einer Fülle von Thermoplasten. Bei Dachbahnen ist auf die UV-Empfindlichkeit von vernetzten Kohlenwasserstoffen zu achten. Sie sollten mit einer Kiesschicht oder mit Vegetation abgedeckt sein. Fußbodenbeläge, Wandbeläge und -fliesen aus PVC u.a. sind im Handel. Auch Holzfaserplatten werden folienbeschichtet. Die Beschichtung von Metallen, Blechen oder Drähten dient als Schutz und Dekor.
Bauprofile als weiche Bänder mit Hohlkammern und Lippendichtungen insbesondere aus PVC haben Eingang in die Dichtungstechnik von Fugen am Bau gefunden und lösen oft an verborgener Stelle hervorragend Aufgaben, die einst große Probleme darstellten. Sichtbare Profile für Handläufe, Sockelleisten, Treppenkanten usw. sind preiswert.
Ein großer Bereich für Thermoplaste ist die ==technische Gebäudeausrüstung mit Rohren== für Gas, Trinkwasser, Regen- und Abwasser, Heizung und Kühlung mit allen Fittings, Formstücken bis zu den Sanitärobjekten. Die ==Einsparung von seltenem Kupfer==, ==Vermeidung von giftigem Blei== und ==rostendem Eisen== hat den Kunststoffen dieses Feld des Bauwesens erschlossen.
Ein weiterer Bereich für ==glasklare Thermoplaste== ist die ==Verglasung insbesondere im Dachbereich.== Durchsichtige oder durchscheinende Wellplatten, Doppelstegtafeln, Lichtkuppeln und Lichtschalen aus Acryl (bekannt ist Plexiglas) und anderen Stoffen.
Wie aus Aluminium produziert man in Anlehnung an die Gestalt von Holzfenstern mit den Extrudermaschinen Profile für Fenster und Fenstertüren aus Thermoplasten, insbesondere PVC. Leider ist das Material den Anforderungen von Fenstern nicht gewachsen. Mühsam muß ein Stahlkorsett in die Profile gezogen werden, und wenn die Werbung prahlt, Beschläge durch mehrere Kammern zu schrauben, so vertuscht das die Schwäche des Stoffes. Auch wenn das Recycling von PVC-Fenstern heute besser funktioniert als die Wiederverwertung lackierter Naturholzfenster, ist zu überlegen, ob man sich dieser an Krücken gehender Bauteile bedient. Ein spezifisch auf den Baustoff entworfenes Gestaltspektrum, was für Stahl- oder Aluminiumfenster denkbar wäre, entzieht sich mangels Festigkeit dem Ideenspektrum.

Duroplaste (Duromere)

Duroplaste sind engmaschig vernetzte Makromoleküle, die nach Aushärtung nicht mehr erweichen können. Sie sind dadurch nicht schweißbar, sehr widerstandsfähig und nicht oder kaum löslich. Sie härten unter Druck und Hitze aus. In zwei Komponenten aufgeteilt, härten sie auch ohne Druck bei Raumtemperatur. Sie sind wenig empfindlich für tiefe Temperaturen, zersetzen sich aber auch bei hoher Temperatur.

Melaminharze MF sind Grundlage der Beschichtung von Küchenmöbeln. Auch Formaldehydharze werden in der Plattenbeschichtung genutzt. Mit Phenol (Phenoplast PF) kann es als Edelkunstharz (z.B. Bakelit) zur Herstellung von Bauteilen verwendet werden, mit Füllstoffen als Bindemittel für Faserplatten.

Polyester UP ist eines der Gieß-, Laminier- oder 2-komponentigen Reaktionsharze, die neben ihrer Verwendung als Kleber und Lacke und Bindemittel zur Herstellung von glasfaserverstärkten Kunststoffen GFK genutzt werden.

Epoxidharz EP ist neben gleicher Verwendung wie UP das zweite wichtige Duroplast für GFK. Es ist ein wenig edler und widerstandsfähiger als UP und teurer.

Glasfaserverstärkte Kunststoffe (GFK) haben Zugeinlagen aus Glasfaser, Kevelar oder Kohlefaser und erringen damit hohe Festigkeiten. Da bis auf eine kontinuierliche Fertigung von Platten und Wellplatten die Produktion recht handwerklich ist, bleibt der Anwendungsbereich dieser guten Bautechnik selten im Bauwesen. Die Bewehrung der Harze mit Fliesen, Gewebematten oder eindirektionalen Strängen geschieht im Handauflegeverfahren auf oder in die mit Trennmitteln behandelte Form, wobei die Harzmasse mit Rolle oder Pinsel aufgetragen wird. Faserspritzverfahren erzielen eine neutrale Statik, Wickel- und Schleuderverfahren sind für Rohre gut. Formpflege und Verfahren lassen nur kleine Stückzahlen zu.

Im Bauwesen werden Lichtplatten in GFK hergestellt. Größere Behälter, Lichtkuppeln, Schwimmbecken, Möbel u.a. können GFK sein. Tragglieder aus Kunststoff sind am Bau unüblich, GFK allerdings zeigt seine Stabilität im Yachtbau und zumindest experimentell im Karosseriebau. Die Kombination von GFK mit Schaumkernen als Sandwich (z.B. Surfbrett) ist ein ideales, leider aufwendiges Tragwerk.

Elastomere

Elastomere sind weitmaschig vernetzte Makromoleküle mit gummielastischem Grundverhalten. Große Dehnfähigkeit von 200 bis zu 1000 % ist ihnen eigen. Sie sind Thermoplasten im elastischen Bereich ähnlich, verspröden bei tiefen Temperaturen, zersetzen sich aber, ohne flüssig zu werden, bei hohen Temperaturen. Zwischen diesen Bereichen bleiben sie gummielastisch. Sie sind also nicht schweißbar, nicht schmelzbar, kaum löslich und nur begrenzt im Quellverfahren zu verbinden.

Buna war der Kunststoff, der im 2. Weltkrieg Naturkautschuk ersetzen mußte. Heute ist Polychloropren (CR) der wichtigste Stoff für Profile, Fugenbänder, Folien, Schaumdichtungen, Transportbänder und Taucheranzüge mit dem populären Namen Neoprene, stellvertretend für andere gleichwertige Produkte.

Dichtung & Kleben

Wasser ist der ärgste Feind des Konstrukteurs. Es kommt mal von oben, mal von der Seite oder von unten, immer aber von innen, von uns selbst bzw. vom warmen zum kalten Bereich, und das zunächst dampfförmig. Die Bewohner sind Verursacher der meisten Feuchteschäden am Bauwerk. Wasser erscheint an Stellen im Bau, die selten mit den Ursachen des Wasserschadens übereinstimmen. Flächige Dampfsperren und Dichtungsschichten sind die Konsequenz.

Wind ist der zweite Erzfeind des Konstrukteurs. Zugerscheinungen im Inneren sind etwas leichter zu verfolgen als Wasserschäden. Das Fügen von Baustoffen unterschiedlicher Art oder von gleichen Baustoffen in der Fertigteil-Montage bedarf Fugen. Diese haben viele Aufgaben: Sie sollen Bauteile montierbar machen, also einen Spielraum zum Einbau gewähren, sie sollen Maßungenauigkeiten der einzelnen Bauteile ausgleichen, Bauteilbewegungen aus Last oder Wärmedehnung aufnehmen und schließlich so gestaltet sein, daß ein Fugendichtungsmittel optimal Raum hat, seine Aufgabe zu erfüllen, damit es weder abreißt, weil die Dehnung überfordert ist, noch die Haftung verliert oder herausgequetscht wird, damit die Fuge weder klafft noch zur Ritze zerdrückt wird. Fugen sind Kunstwerke, sie sollen bei allen Forderungen schön sein, denn vielfach sind sie gestaltbestimmend. Hierzu sind lineare Fugendichtungen nötig.

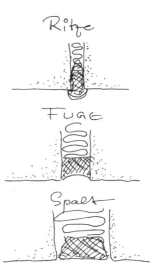

Bitumen & Asphalt

Die klassischen Dichtungsmittel am Bau waren und sind noch teilweise Teere, Peche, Bitumen und Asphalt. Die ersten werden aus Steinkohle (Reststoffe der Verkokung), die anderen aus Erdöl (Reststoffe der Raffination) gewonnen, sind also organische Stoffe. Teer und Pech sind im Bauwesen aus gesundheitlichen Gründen unüblich und finden nur noch im Straßenbau Verwendung. Bitumen, der schwerste Rest aus der fraktionierenden Destillation von Rohöl, wird am Bau vielfältig verwendet.

Als Dampfbremse oder gar -sperre in der Fassade wird es nicht genommen, wirkt allerdings z.B. in bituminierten Holzfaserplatten, die kammerbildend für Dämmstoffe in die Fassade gebaut werden, bremsend.
Feuchtigkeitssperren gegen Eindringen aus dem Erdreich können mit Bitumenanstrichen kalt oder heiß hergestellt werden.
Bitumenbahnen sind getränkte Trägerschichten aus Jute, Filz oder Glasfasern u.a., die mit dem Untergrund und miteinander verklebt oder verschweißt werden und eine dauerhafte Abdichtung sowohl im Untergrund als auch auf dem Dach bewirken. Auch Naßräume oder Naßbereiche wie Duschwannen werden mit Bitumenabklebungen sicher gedichtet. Die warme oder kalte Verarbeitung mit Bahnen und Bitumenmasse ist sehr anpassungsfähig, auch wenn es z.B. Rohrdurchdringungen usw. gibt. Bitumenbahnen gibt es glatt „nackt" oder z.B. mit Sand beschichtet.
Als lineare Dichtung wird Bitumenvergußmasse genommen, um Dehnungsfugen in Bauwerken zu schließen. Früher gab es den Teerstrick, um Fenster gegen das Mauerwerk durch Einpressen abzudichten.
Asphalt ist Bitumen, das mit 90–93 % Zuschlagstoffen (Sand, Steinmehl, Splitt) versetzt ist, eine Art Bitumenbeton, den wir aus dem Straßenbau kennen. Im Bauwesen wird Asphalt für Verbund- oder schwimmende Estrichböden (ca. 3 cm) von Industrie- bis zu Wohnungsbauten eingesetzt. Er ist wasser- und dampfdicht, also für Feuchträume geeignet. Die Einbringung erfolgt heiß (200–240 °C; Achtung bei Kunststoffschäumen darunter!). Der Boden ist in 2–4 Stunden begehbar. Gewicht und Elastizität machen ihn zu einer hervorragenden Schalldämmkonstruktion. Bei Erwärmung wird Asphalt wieder weich (Sommerstraßen). Es wird jedoch ein spezieller Asphalt für Fußbodenheizung angeboten.

Dichtungen

Die anderen Dichtungsstoffe im Bauwesen sind fast alles Kunststoffe. Bahnwaren und große Folienflächen werden anstatt der Bitumenbahnen verwendet, wobei die UV-Empfindlichkeit der Stoffe beachtet werden muß, wenn sie dem Licht ausgesetzt sind.
Fugendichtungsmassen aus Kunststoffen haben der Fügetechnik ungeahnte Möglichkeiten eröffnet. Trotzdem gilt auch hier uneingeschränkt die eingangs erwähnte Kunst der Fuge gegen die Feinde Wind und Wasser. Es werden Schäume, meist PUR, zwischen die Bauteile gespritzt, die alle Hohlräume dämmend schließen, dann werden Versiegelungen (Acryl, Silikon, auch PUR u.a.) wasser- und winddicht zwischen die Bauteile in die Fuge gegeben, die zwischen 8 und 12 mm breit sein sollte, um die Versiegelung optimal wirken zu lassen. Will man umbauen, werden die Dichtungen zerstört. Versiegelungen am Tageslicht sind wie Anstriche zu kontrollieren und evtl. zu erneuern.

Dichtungsprofile, die in vorgefertigte Nuten von Bauteilen eingeschoben oder geklebt werden, sind insbesondere für bewegliche Teile hervorragend geeignet, aber auch für demontierbare Elemente. Schlauch- oder Lippenprofile und elastische Schäume dichten Autotüren und Fensterflügel, Raumzellen oder Abdeckhauben von Motoren. Sie brauchen wie alle Dichtungen eine ideale Fuge. Ist sie zu weit, klaffen sie auf und versagen den Dienst, ist sie zu eng, wird das Profil gewürgt und kann ebenfalls klaffen oder wird zerstört. Keinesfalls darf ein gut meinender Dichter Profile und Dichtungsmassen (zur Sicherheit) gemeinsam verwenden.

Klebstoffe
Klebstoffe sind in der Regel irreversible Verbindungen, die der gute Baumeister, der an Abbau und Recycling denkt, vermeidet.

Gesundheit
Das Baustoffkapitel endet mit ein paar allgemeinen Hinweisen zu der von uns am meisten wahrgenommenen „Innenhaut" des Raumes und zu Eigenschaften der Materialien des Ausbaus aus gesundheitlichem Aspekt.
Das natürliche Umfeld des Lebendigen hat sich über Jahrmilliarden von z.B. hoher Radioaktivität und starker UV-Strahlung zu einem Klima gemildert, das so komplizierte Wesen, wie wir es sind, zuläßt. Nun arbeiten wir selbst daran, das Klima unseres Lebensraumes wieder vielfältiger zu gestalten, erhöhen die Radioaktivität, geben Gase und Partikel in Boden, Wasser und Luft, die kreatives Suchen nach neuen Lebensformen initiieren. Da positive Entwicklungen im „trial and error" der Natur selten sind, treten diese Versuche in der Regel als Schäden auf. Der von uns veränderte Lebensraum ist auf dem Wege, nicht mehr so komplizierte Wesen, wie wir es sind, zuzulassen.
Die gebaute Umwelt ist Teil dieses Systems und Teil dieser Veränderung. Sie schafft neue Räume mit veränderten Bedingungen zur Außenwelt, bewahrt, schirmt ab und besitzt ihren eigenen Charakter, neu, unnatürlich, zumindest anders als Natur. Der veränderte Lebensraum hat sehr viele positive Aspekte für unser Überleben auf der Erde. Wir leben länger, sind gesünder und leiden weniger unter Klimaeinflüssen. Wer fürchtet noch den kalten Winter? Nicht jede bauliche Maßnahme aber ist so positiv zu sehen, und wir können uns selbst mit unseren Bau-

werken Schaden zufügen. Mit wachsendem „Umweltbewußtsein" wuchs allgemein die Angst vor derlei Schäden und wirkte auf die Baustoffherstellung, die heute grundsätzlich in der Werbung auf die Gesundheit ihrer Stoffe pocht. Extreme Angst bis zur Hysterie ist einem Grüppchen von „Baubiologen" eigen, deren Credo „reiner Naturbaustoffe" schon manchen Bauschaden verursacht hat.

Nicht alles auf dem Gebiet der unter dem Thema „Wohngesundheit" angeschnittenen Themen ist „Stand der Wissenschaft" im Sinne des heutigen Verständnisses deduktiver Forschung. Das soll niemanden verschrecken. Auch eine vermutete Schadensursache ist besser zu vermeiden, wenn ihre Vermeidung nicht noch mehr Schaden macht. Ob Tempo 100 dem Wald nützt, wissen wir nicht, es schadet aber nicht (bei den heutigen Motoren doch, denn bei 100 Km/h scheiden sie wegen Unterlast mehr Schadstoffe aus als bei 150). So sind die folgenden Kapitel als Einschätzungen zu lesen.

Strahlung usw.

Licht ist gesund, so sagt man. Mancherorts in der südlichen Hemisphäre ist es schon nur noch in Dosierungen zu genießen. Da Sonnenlicht mit seiner Energie die Grundlage des Lebendigen ist und statt Entropie Evolution ermöglicht hat, bleibt es dabei: Licht ist gesund.

Für sehr kurzwellige Strahlung sind wir kaum verdickte Luft. Wir wissen nicht, was an Sonnen- oder anderer kosmischer Strahlung glatt durch uns durchschießt. Wir müssen uns dabei vorstellen, daß die Masse unserer Erde mit uns allen dabei, wäre sie zu einem schwarzen Loch verdichtet, ein Kügelchen von 1,8 cm Durchmesser gleichen Gewichts wäre. So durchlässig sind wir und unsere Bauten. Die Angst, Bauwerke könnten diese kosmische Strahlung, man weiß noch wenig darüber, abschirmen, scheint deshalb unbegründet. Allerdings gibt es noch viele andere Gründe, so oft wie möglich draußen an der frischen Luft zu sein und das Leben nicht nur zwischen Haus, Auto und Haus zu verbringen.

Da der Erdkern aus Eisen ist, wirkt die Erde wie ein großer Magnet mit Nord- und Südpol, zwischen denen elektromagnetische Ströme fließen, die z.B. die Kompaßnadel ziemlich genau nach Norden zeigen lassen. Mit diesen und mit den Unterschiedlichkeiten der Erdkruste, ihren Rissen, Stoffen und Sonderheiten beschäftigt sich die Radiästhesie, die Damen und Herren mit Wünschelruten. Sie spüren mit ihren Geräten Waseradern, Störfelder oder ungesunde, ja krebserregende Zonen auf. Das Maß des Aufhebens, das sie machen, ist unterschiedlich. Es ist aber nicht schädlich, auf sie zu hören und z.B. auf einer als anregend benannten Stelle kein Bett zu planen.

Die Energie von Funkwellen ist als Schadensquelle erst mit den kleinen Mobiltelefonen erwogen worden, senden diese doch mit wenigen Watt direkt am Hirn. Es schwirrt eine Fülle von Informationen als Energie durch die Atmosphäre und trifft uns fortwährend. Man weiß wenig.

Elektrizität mit ihrem elektromagnetischen Umfeld als Schadstoff zu sehen, ist noch jung. Elektrosmog ist das Zauberwort der Verdammnis. Leitungen, Fernseher und Computer, Toaster und Glühlampen verursachen ihn. Vorsorglich sollten zumindest Schlafbereiche mit Freischaltungen versehen werden. Starkstromleitungen sollten in der Erde liegen.

Unser Erdkern ist noch sehr radioaktiv. Junges Gestein der frischen Aufwerfungen (Alpen) ist höher radioaktiv als alte, schon verwitterte Gebirge. Vulkane speien radioaktive Stoffe aus der Tiefe der Erde. Tiefengestein wie Granit kann kräftig strahlen, Fliesen aus vulkanischen Stoffen sind radioaktiv. Ein Skiurlaub in den Alpen beschert eine ordentliche Dosis. Wie schädlich diese vorübergehende Stoffstrahlung ist, weiß man nicht, leben doch in Kerala (Indien) seit Jahrhunderten Menschen schadfrei in hochverstrahlten Bergtälern. Sind erst die als Partikel im Körper landenden Strahler gefährlich? Ein Meßgerät aus dem Bastelkatalog gibt erste Auskunft über Strahlung von Stoffen. Sie müssen noch nicht deklariert werden.

Schutzmittel

Bauen wir mit organischen Stoffen wie Holz, müssen wir mit Nahrungskonkurrenten rechnen, die ebenfalls auf den Stoff aus sind. Das sind Tiere und Pflanzen, zu deren Nahrungsspektrum Holz gehört, seien es Konsumenten oder bereits Reduzenten. In natürlicher Territorialität verteidigen wir unseren Besitz mit chemischer Kriegsführung, trotz globaler Ächtung dieser Waffenart. Wir vergessen, daß wir selbst auf dem Schlachtfeld leben und Opfer des chemischen Kriegs sind.

Es ist gleich, ob wir die Kunst der Chemielabors bevorzugen oder natürliche, baubiologische Mittel, Gift ist Gift, und auch die Natur ist eine hervorragende Giftmischerin. Wo Menschen mit Schutzmitteln in Berührung kommen könnten, sind diese zu vermeiden. Will ein Bauherr keine Schutzmittel, sitzt der Architekt in der Klemme und muß, die Norm in der Hand, erklären, daß sie im abgeschlossenen Konstruktionsgefüge nur nützen und nicht schaden. Haften muß er allemal, auch nach beurkundeter Befreiung.

Auch baubiologisch anerkannte Schutzmittel, wie z.B. Borsalz, sind für Menschen schädlich, wenn sie in wirksamer Dosis eingebaut werden.

Von allen Verteidigungsstrategien sollte Gift das letzte sein.

Gift trifft alle!

Gase & Partikel

Viele unserer Baustoffe, insbesondere die neuen künstlich hergestellten, bestehen aus einer Stoffmasse und einem Lösungs- oder Bindemittel, das nach Herstellung oder Einbau aushärtet oder trocknet. Fast immer werden Stoffe frei, die als Gase oder Partikel und Aerosole in die Atmosphäre gelangen. Formaldehyd und Asbest sind zwei berühmte Beispiele. Wie unnötig diese Belastungen sind, zeigt die von Protesten aufgerüttelte Industrie, die Binde- und Lösungsmittel mit ungefährlichen Nebenwirkungen entwickelte (nach Stand des Wissens). Da es genügend Stoffe gibt, die weder stinken noch schaden, sollte man sein Baustoffrepertoire zunächst daran orientieren.

Lebewesen

Ein Baubiologe hat in den 80er Jahren schutzmittelfrei und mit natürlichen Baustoffen ein Haus aus Holz und Stroh gebaut. Die Familie mußte bald mit schweren Schäden an Atem- und Speisewegen ins Krankenhaus. Der Bau wurde abgerissen. Da eine Dampfsperre in der Außenwand verpönt war (Physik war bei den fortschrittlichen Ökoarchitekten damals ebenfalls verpönt), bildete sich in der Mischung von organischem Stroh, Wärme und kondensiertem Wasser ein Biotop von reduzierenden Bakterien und Pilzen in der Strohwand, die bald ihre Sporen in die nahrhafte Umgebung schickten, zum Schaden der menschlichen Bewohner. Auch ohne Gifteinsatz können tiefgreifende Schäden am Bauwerk auftreten, wie dieser Extremfall rührender Natur-Naivität vorführt. Lebewesen finden mit traumwandlerischer Sicherheit neue Ressourcen, und es ist Aufgabe unserer Baukunst, ihnen diese Quellen vorzuenthalten, den Habitat zu vergrämen oder unerreichbar zu machen, ohne unser eigenes Leben dadurch in seiner Qualität zu mindern. Organische Materie in einer Taupunktzone ist selbst dann riskant, wenn eine Dampfsperre geplant ist, denn diese wird möglicherweise schlampig ausgeführt oder später bei Umbauten zerstört.
Kleine und größere Tiere, die sich in der Hauskonstruktion ansiedeln und an ihr nagen, sind auszusperren. Geeignete Gitter verhindern den Zutritt. Bei Befall ist das Heißluftverfahren ungiftig und ziemlich sicher. Befallene Zonen werden mehrere Stunden bis in den Kern der Stoffe über 55 °C, wenn Eiweiß gerinnt, erhitzt, bis die Tierchen und ihre Brut getötet sind.
Begrünung am Gebäude schützt die Fassade und ist in vieler Hinsicht sehr vorteilhaft. Aber auch Pflanzen finden traumwandlerisch Nahrungsquellen, unterwandern Dächer, verschließen Rinnen und entdecken defekte Kanalrohre mit nahrhaften Abwässern. Pflanzen am Haus bedürfen der beherrschenden Pflege, sonst werden wir ihre Opfer, denn sicher ist, daß sie keine Rücksicht auf unsere Belange kennen. Der große Landschaftsgärtner Peter Joseph Lenné sagte: „Das wichtigste Werkzeug des Gärtners ist die Schere."

Raumklima

Wir wollen es warm, trocken, hell und luftig. Bautechnisch können wir diese Bedingungen inzwischen gut leisten, schirmen gegen Feuchte von allen Seiten ab, packen den Bau in Wärmedämmung ein und lassen genügend Fenster mit genügend Abstand zu anderen Häusern, daß Licht und Luft hereinkönnen. Weniger sorgfältig gehen wir mit der nicht geringen selbstproduzierten Feuchte um, die letztlich mit der Lüftung das Haus verlassen soll, zwischendurch aber einen Lagerplatz braucht. Frische Luft ist Lebensmittel, veratmete Luft ist Fäkalie. Wie wir als Organismus einen Nahrungsmittelumsatz haben, haben wir auch einen Energie- und einen Luftumsatz. Auf unsere Bauwerke als Lebensraum übertragen sich diese Umsätze. So braucht das Haus im Inneren Pufferbereiche für Wärme in Form von speichernden schweren Stoffen und für Feuchtigkeit in Form von dampfoffenen Strukturen. Eine Lehmwand z.B. kann beides hervorragend. Nun spielt sich der Feuchtepufferbereich in wenigen Zentimetern Dicke der Wandoberfläche ab, so daß schon ein weicher Kalkputz sehr gut puffert. Ohne es probiert zu haben, sei postuliert, daß eine lehmgeputzte Betonwand raumklimatisch besser wirkt als eine Lehmwand, die wegen der Risse mit Glasfasertapete und Acrylfarbe behandelt wurde. Anstriche, je wisch- und waschfester sie sind, dichten die Wand ab und verhindern Feuchtepufferung. Vermehrtes Lüften und unausgeglichene Raumfeuchte sind die Folge.

Das Kaprizieren von Hauskonzepten auf einen einzigen Aspekt – Energie ist das aktuelle Zauberwort – ist mit Vorsicht zu betrachten. Niedrig- oder gar Nullenergiehäuser mit völlig dichter Außenhaut entsprechen nicht dem Umsatz des Lebendigen. Wenn sie noch durch lange Rohre mit kontaminationsträchtigen Flächen über Wärmetauscher den Luftwechsel bieten, stellt sich die Frage nach Energiesparen oder gesundem Leben.

Vielleicht ist das ein wenig undichte Haus mit gut gedämmter Außenschale, speicherndem Innenleben, zur Sonne ausgerichtet und windgeschützt, nicht nur die wesentlich preiswertere, sondern auch die gesündere und lebenswertere Alternative zu den energietechnischen Auswüchsen hehrer CO_2-Vermeidungstaktiker. Es gibt noch zu wenig Beispiele von Null-Häusern und noch keine Gesundheitskontrolle der Bewohner. Die Zeit wird zeigen, wie sinnhaft diese Auslegung von Bauen ist. Schließlich sind wir Architekten die einzigen Menschen, denen Vivisektion – das Experiment am lebendigen Menschen – gestattet ist, sogar in Großversuchen.

III. Wie wir Bauwerke entwerfen

Nun endlich ist es soweit, daß wir einen Blick auf das Bauwerk und seine Elemente wagen. Ein wenig Selbstanalyse und der Einstieg in die komplizierten Gegebenheiten, mit denen wir es zu tun bekommen, macht natürlich noch keine Meister. Das ist aber auch nicht der Sinn einer Fibel. Sie macht Lehrlinge, und wenn sie gut ist, macht sie auf der einen Seite Lehrlinge, die mit Freude und Elan Meister werden wollen, auf der anderen Seite kann sie weniger Begabten und Begeisterten eine neue Berufswahl erleichtern.

Gestaltendes Konstruieren

Gestaltendes Konstruieren ist im Grunde ein Pleonasmus, wird doch alles, was physisch Gestalt annimmt, konstruiert, und alles Konstruieren hat physische Gestalt zum Ergebnis. Nur haben wir die Begriffe getrennt. Konstruieren ist bei uns der planerische Teil für die physikalisch richtige, materialgerechte, ökologisch sinnvolle, in Bauprozeß und Kosten optimierte Erstellung eines Bauwerks, sozusagen alles, was notwendig ist, um ein Bauwerk in der Welt gut bestehen zu lassen. Gestalten dagegen wird künstlerisch belegt, impliziert alle Freiheiten des Künstlers und ist allein der Schönheit geweiht.
Diese in unseren Köpfen schwirrende Trennung kommt in der Natur nicht vor. Die Baukonstruktion des Lebendigen folgt den o.a. Kriterien und schließt Schönheit ein. Folgen wir unserer arroganten Meinung, allein der Mensch als Wesen mit Seele und Geist könne Schönheit empfinden, so hätte Schönheit in der Gestalt des lebendigen Restes der Welt offenbar „nur" utilitaristische Gründe, z.B. zur Arterhaltung und Verbreitung. Legen wir unsere Arroganz ab und verstehen uns als integrale Wesen im Naturgeschehen, so könnte für unsere Sehnsucht nach Schönheit ähnlich Nützliches gelten: Erotik und Wohlbefinden. Die Integration von Konstruieren und Gestalten ist Naturgesetz des Lebendigen, ablesbar in Evolution und Selektion.
Es ist selbstverständlich, daß wir Bauwerke konstruieren, die physikalisch optimal, zweckmäßig und angemessen sind. Es ist genauso

selbstverständlich, daß sie schön sind. Die Ausrede, technische „Sachzwänge" verhindern schöne Gestalt, ist eine Kapitulation des Entwerfenden. Versuchen wir, nicht zu kapitulieren!

Zunächst sollen Grundhaltungen und unterschiedliche Ansätze zum Konstruieren dargestellt werden, die schon bei der Konzeption zur Realisierung eines Gebäudeentwurfs in gebaute Umwelt bedacht werden sollten. Die geschilderten Polaritäten sollen nicht in Schwarz-Weiß-Manier gut und böse darstellen. Jede Haltung hat ihr Anwendungsfeld, wird sogar mit ihrem Gegensatz kombiniert, wenn es die Qualität des Bauwerks erfordert.

Emanzipation & Adaption

Diese beiden Begriffe werden in der Ökologie im Zusammenhang mit „Anpassung an die örtlichen Gegebenheiten" verwendet. Arten, die sich von Umwelteinflüssen unabhängig machen, brauchen bei ihrer Standortsuche auf diese Faktoren keine Rücksicht zu nehmen. Warmblüter wie wir z.B. sind weitgehend temperaturunabhängig, haben sie sich doch ihre eigene konstante Körpertemperatur geschaffen. Warmblüter haben sich von Temperatureinflüssen emanzipiert.

Wechselblüter dagegen, die ihre Körpertemperatur adaptiv der Umwelt angleichen, haben einen relativ begrenzten Lebensraum, dessen Temperatur nur in einem bestimmten Bereich schwanken darf, der der ökologischen Valenz der Art, ihrer Anpassungsfähigkeit entspricht. Darüber oder darunter wächst der Leidensdruck, bis die Art auf Dauer nicht überlebensfähig bleibt und den Ort verläßt.

Menschen haben sich von den meisten Umwelteinflüssen emanzipiert. Unser Körper ist ein hochkompliziertes und komplexes technisches Gerät. Wo die biologische Emanzipation nicht ausreichte, haben wir mit technischer Entwicklung Emanzipation betrieben und die Evolution beschleunigt. Kein Standort auf der Erde, den wir nicht besiedeln könnten, selbst im Universum ist menschliche Ansiedlung möglich.

Unsere Bauten gleichen die Differenz zwischen „feindlicher Umwelt" und unserer begrenzten ökologischen Valenz aus. Ohne Kleidung und Häuser wäre der menschliche Lebensraum auf tropische Klimazonen begrenzt. Die gebaute Umwelt und ihre technischen Einrichtungen erweitern den Lebensraum. Sie sind Hilfsmittel zur Emanzipation, zur vollständigen Besetzung unseres Planeten und darüber hinaus. Ihre Aufgabe besteht in der künstlichen Schaffung eines unserer ökologischen Valenz entsprechenden Innenklimas, das von den Unbilden der im Grunde von uns nicht belebbaren Außenwelt abgeschirmt ist und nur kontrollierten Kontakt nach außen gewährt.

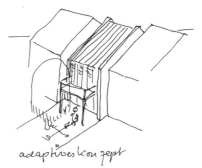

adaptives konzept

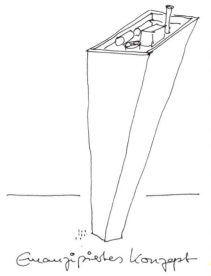

Emanzipiertes Konzept

Wenn unsere Gebäude auch reine Werkzeuge der menschlichen Emanzipation von der Natur sind, so können sie diese Aufgabe doch auf unterschiedliche Weise erfüllen: Durch Emanzipation von der Umgebung oder durch deren Adaption und Nutzung. Wir können das in unserem Entwurf festlegen.

Ein Bauwerk, das konsequent nach dem Gang der Sonne ausgerichtet ist und deren Strahlung optimal nutzt, das sinnvollen Windschutz mit angemessener Lüftung verbindet, das außen gut gegen Wärmeverlust schützt und innen Wärme speichert, das sein Niederschlagswasser nutzt und mit allen Ressourcen angemessen umgeht, ohne Schaden zu verbreiten, adaptiert und nutzt die Gegebenheiten seines Standorts. Selbst wenn es abgebaut wird, bleiben viele nutzbare Teile erhalten. „Ökologisches Bauen" heißt diese Gebäudekonzeption. Sie erfordert hohe Kenntnisse in Physik und Materie sowie tiefe Einfühlung in die Umgebung, aus der sie profitieren will. Die volkswirtschaftliche Aufwand-Nutzen-Bilanz ist unumstritten positiv. In der realen Kostenanalyse ist die Investition oft hoch und „rechnet sich" erst nach einigen Betriebsjahren.

Das emanzipierte Haus sehen wir in Europa allenthalben. Es kümmert sich nicht um den Gang der Sonne, sondern ist von allen Seiten gleich. Weder um Windschutz oder Lüftung noch um Baustoffe, Wassernutzung oder Ressourcenschonung werden Entwurfsgedanken verschwendet, schon gar nicht um den Abbau. Es macht Schaden an seinen Auslässen, die Kosten verursachen, und wird schließlich Müll. Emanzipierte Häuser sind teuer im Betrieb und verlangen eine Menge Nachservice, der ebenfalls teuer ist, jedoch weniger auffällt, da ihn alle bezahlen. Es macht sein eigenes Klima und sieht die Umwelt als Feind an, also wie ein Mensch. Emanzipierte Häuser sind uns ähnlich. Über das emanzipierteste Haus berichtet der Roman „Game Over" von Philip Kerr.

Emanzipierte Häuser wären in Grund und Boden zu verdammen, wären sie nicht unser ureigenstes Abbild. Den Aufwand, den wir durch ihren Gebrauch treiben, leisten wir uns, solange wir können. Allenfalls „ökologische" Attrappen wie Doppelglasfassaden oder „Null"-energiehäuser verbrämen die emanzipatorische Grundhaltung.

Es gibt Bauaufgaben, die mit adaptiven Mitteln nicht in angemessener Weise zu erfüllen sind, z.B. zur Versammlung vieler Menschen. Ohne Qualitätseinbuße ist das geforderte „künstliche" Klima nur an wenigen Stellen der Erde zu erreichen, wo es das „feindliche" Außenklima zuläßt.

Auch wenn wir für die Zukunft adaptives Bauen als die Regel annehmen sollten, die für die Masse der Bauaufgaben gilt, ist Adaption und Emanzipation an der Bauaufgabe abzuwägen. In der Bauforschung aber sind adaptive Konzepte für tradiert emanzipatorische Bauten zu entwickeln. Dazu gehören mit Sicherheit die Experimente der Doppelfassaden, der Lichttechnik mit Hologrammen und Energiegewinnung oder die neuen Großhallen mit Venturi-Lüftung als Unterstützung.

Addition & Integration

Bauen wir ein Haus und setzen dann Sonnenkollektoren oder PV-Zellen auf das fertiggestellte Dach, verschwenden wir Baumaterial. Kollektoren bzw. Solarzellen sind über ihre Funktion als Wärme und Stromerzeuger hinaus sehr gut geeignet, als Dachhaut zu funktionieren. Wir haben also zwei Dachdeckungen übereinander. Vielmehr müssen wir überlegen, ob nicht das Tragwerk der Kollektoren bereits das Tragwerk des Dachstuhls sein könnte oder das Dachtragwerk gleichzeitig die Kollektoren trägt.

Dieses simple Beispiel führt den teuren Unsinn der Addition in sich abgeschlossener Bauelemente vor, der unseren Baumarkt beherrscht. Hersteller bieten „Komplett"systeme an und garantieren nur im Falle des Kompletteinbaus. So werden Sonnenkollektoren als „Black Box" im Alu-Rahmen mit Dämmung, Verglasung und Input-Output-Öffnungen geliefert, auch wenn man eigentlich nur den selektiv beschichteten Wärmetauscher bräuchte. Das verteuert Bauen erheblich. Hier ist die Bewertung offensichtlich. Die Integration von Bauelementen zu einer ganzheitlichen Gesamtkonstruktion mit sich ergänzenden und einander überlagernden Funktionen ist anzustreben. Natürlich braucht es dazu die Kenntnis des Inneren der angebotenen Black Box und der Auswahl des Wesentlichen daraus. Weiter verlagert sich die Verantwortung für die Funktion des Bauelements auf seinen Konstrukteur. Das ist unwesentlich, wenn die Dinge beherrscht werden. Die Bequemlichkeit der ausgelagerten Garantie aber läßt Konstrukteure träge werden. Versuchen Sie, effektiv und mit geringstem Aufwand Bauelemente in ein konstruktives Gesamtkonzept zu integrieren!

Eine andere Form der Ambivalenz zwischen Addition und Integration beobachten wir in den Bauteilen selbst. Die Außenwand ist ein Paradebeispiel: Sie soll wasserdicht und dampfdurchlässig, druckfest tragend, speichernd massiv sowie leicht dämmend, allen Wettern trotzend und innen behaglich sein. Wir stehen vor der eierlegenden Wollmilchsau. Ein Material allein, so sagen die Bautechniker heute, kann diese teils einander widersprechenden Anforderungen nicht erfüllen. Und doch sind die meisten Häuser auf der Welt „monolithisch" in Stein und Lehm gebaut und funktionieren erstaunlich gut. Heute teilt man gern die Funktionen der Außenwand in Schichten mit jeweils besonderen Funktionen ein, z.B. der Wetterhaut, der Wärmedämmung, den Tragelementen usw. Das undefinierbare physikalische Gemauschel chaotischer Integration von Naturgesetzen in einer äußeren Ziegelsteinwand wird von klar definierten funktionsgerechten Materialschichtungen abgelöst. → addition

Beide Prinzipien haben an geeigneter Stelle ihre Vorzüge, und es müssen neben der Erfüllung seiner technisch funktionalen Aufgabe am Bauwerk andere Aspekte wie Fertigung, Transport und Montage, Kosten bis zur Ab- und Umbaubarkeit

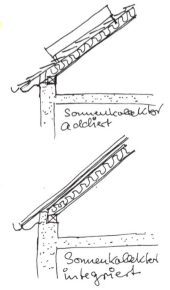

Sonnenkollektor addiert

Sonnenkollektor integriert

zur Bewertung betrachtet werden. Wie wir am o.a. Solardachbeispiel sehen, kann ein aus Addition von Halbzeug komponiertes Dach zum integralen Bauelement werden.

Konventionell & Industriell

Konventionelles Bauen „Stein auf Stein" ist ein Relikt aus Zeiten, als Lohn- und Materialkosten noch dicht beieinanderlagen und Handwerkskunst kontinuierlich gefordert wurde. Heute ist insbesondere der in Denkmalpflege und Sanierung tätige Architekt froh über jegliche Handwerkskunst.

Bei der Erhaltung von Bauwerken, ihrer Sanierung und Aktualisierung auf den angemessenen Stand der Bautechnik ist konventionelles Bauen nach wie vor aktuell, und es sollte in jeder Lehrlingsausbildung des Bauhandwerks ein Lehrjahr in der Sanierung verbracht werden.

Natürlich ist schon ein römischer Ziegel als industriell vorgefertigtes Bauelement zu betrachten, das auf der Baustelle zum Bauwerk gefügt wird. Seine Maße jedoch waren auf den Menschen als Hersteller, Transporteur, Hebeanlage und Monteur abgestimmt. Diese Mühsal ist durch Maschinen zu ersetzen, die der Mensch handhabt. Die Elemente werden, abgestimmt auf Transport, Hebezeug und Montageraum, im Werk unter gleichmäßigen Bedingungen vorgefertigt und auf der Baustelle gefügt. Sie können komplizierte Aufbauten haben, deren empfindliches Innenleben von Beginn an geschützt ist. Betrachten wir die technische Entwicklung der menschlichen Kultur, so ist die Industrialisierung des Bauens, die Mechanisierung der Bauvorgänge zwingend. Wie zögerlich sie, gemessen an anderen Wirtschaftszweigen, voranschreitet, mag an konventionellen Vorstellungen aller Beteiligten liegen, sicher aber auch am Problem, lauter Unikate industriell fertigen zu müssen, wird doch Industrialisierung mit Serienfertigung gleichgestellt. Industrielle Methoden zur Erstellung von Unikaten sind im Bauwesen noch zu entwickeln. Dazu bedarf es kreativer Architekten und Ingenieure, die über die Baukunst hinaus Fertigung und Logistik beherrschen sowie ein Gespür für den Grad der Vorfertigung besitzen.

Tragwerk

Der wichtigste „Wurf" in der geistigen Geburt eines Bauwerks, nachdem die funktionalen Bedingungen einigermaßen festliegen, ist seine plastisch-räumliche Struktur, wie sie sich in der Umgebung darstellen soll. Sie ist ein Kunstwerk, vergleichbar dem wunderschönen Kollier, das sich dem Dekolletée der Dame anschmiegt, und in diesem Maßstab sollte sie entwickelt werden, in der Regel im 1:500. Baukörper, Überlagerungen, Gruppierung oder Siedlungsformen lassen sich aus der Sicht der Ballonfahrer ganzheitlich am Modell oder – für Geübte – in der Skizze gestalten. Sobald das virtuelle Bündel von Nutzungen und Funktionen räumliche Gestalt annimmt, sind konstruktive Überlegungen zum Tragwerk in die gestaltenden Vorgänge einzubeziehen, und mit der Körperhaftigkeit der Raumkonzepte haben wir Bilder von der Struktur und den Materialien der Hülle vor uns.

Der Strukturentwurf ist Goldschmiedearbeit. Das kleine Modell wird aus der Bewegung der Finger gestaltet – kurze Wege zwischen Vorstellung des Hirns und Fertigung der Hände. Ton, Plastilin oder ähnlich plastische Materialien halten uns offen für Änderungen. Die Polaroid hält einzelne Phasen fest. Nach Feststellung der Massen und deren funktionaler Zuordnung im groben Grundriß ist dieser zunächst nachrangig. Vielmehr wächst für die Gestaltfindung die Bedeutung des konstruktiven Gefüges der Baukörper, seiner Spannweiten und Raster, der Konstruktionsprinzipien, der ökonomischen Baubarkeit. All diese Überlegungen sollten schon in dem 1:500-Konzept enthalten und in der Verfeinerung im größeren Maßstab herauszuarbeiten sein. Die geballte Kraft unserer Vorstellung ist in diesem kleinen Entwurf konzentriert. Unsere Ideen der Raumkunst werden mit unseren Ideen der Baukunst zu einem ganzheitlichen Werk zusammengeführt.

Die „Bausteine" zur Tragwerksgestaltung, mit denen wir spielen können, sind Gegenstand dieses Abschnitts.

Stützen

Stützen halten Distanz zwischen zwei Ebenen entgegen der Gravitation und schaffen Raum, indem sie Flächenlasten zusammenfassen, auf ihren Querschnitt konzentrieren und punktförmig in Richtung Erdmittelpunkt leiten. Die durch die Zusammenfassung freigelegte Zone ist der für uns nutzbare Raum.

Stützen stehen in der Regel senkrecht in der Wirkrichtung der Gravitation. Wenn sie darüber hinaus gegen horizontale Lasten aussteifen sollen, können sie gebündelt oder in Gruppen dergestalt geneigt stehen, daß die Resultierende all ihrer

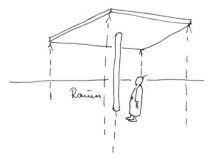

Neigungswinkel annähernd senkrecht ist. Wie auch immer Stützen konstruiert werden, sie haben eine „Seele", die Schwerachse, in der im Idealfall für den Konstrukteur alle Kräfte zusammentreffen. Diese Achse kann z.B. bei einer Dreigurtstütze in Luftraum zwischen den Bauteilen liegen. Das wird uns beim Entwurf von Knotenpunkten beschäftigen.

_ Eingespannte Stützen

Der Baumstamm ist eine eingespannte Stütze. Ein Baum ist eine Halle auf einer Stütze, und eine Allee ist eine lange, dreischiffige, zu den Seiten geöffnete Halle. Der Baum hat eine komplizierte Lebensstruktur unter der Erde, die etwa dem Bild entspricht, als wären wir bis zur Hüfte eingegraben. Das Wurzelwerk entspricht nicht nur der Versorgungsorganisation in Abstimmung mit der Baumkrone, sondern ist auch statischer Halt für die Last des Baumes und für seine Stabilität im Wind. Es bildet sich je nach Bodenbeschaffenheit und Nährstoffvorkommen breit-, flach- oder tiefwurzelnd aus und reagiert sensibel auf Veränderungen.

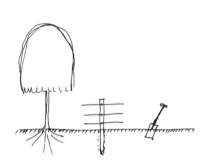

Von Menschen eingespannte Stützen haben ein ähnliches „Leben" unter der Erde. Schon der hölzerne Zaunpfahl hat in seinem unterirdischen Bereich eine komplizierte Struktur als im sichtbaren, ist er doch zumindest mit Holzteer oder anderen Schutzmitteln behandelt und unten angespitzt oder in ein verdichtetes Kiesbett eingelassen. Am Übergang zur Oberfläche sind wegen der wechselnden Feuchtigkeit weitere Schutzmaßnahmen angebracht. Trotzdem endet das Leben eines Zaunpfahls an dieser empfindlichen Stelle.

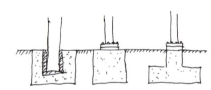

Eingespannte Stützen im Bauwesen sind in ihrem unterirdischen Bereich ebenfalls komplizierter, als in ihrer oberirdischen Erscheinung zu vermuten ist. Die Antwort: „ ... dann spanne ich die Stütze eben ein ... ", wenn die Bauwerksaussteifung nicht klar ist, hat oft ungeahnte technische Folgen für Bodenmechanik und Fundamentwurf, denn über die senkrechten Lasten hinaus muß im Boden einseitig pressende Kipplast aufgenommen werden. Das geschieht durch „breite Füße" unter der Erde als Köcherfundamente, in die der Stützenfuß wie ein Zaunpfahl vergossen wird, durch bis in das Fundament reichende Stahlbetonbewehrung oder über kraftschlüssige Ankerplatten mit Stahlbolzenverschraubung.

Der oberirdische Teil der Stütze wird gegen Drucklast dimensioniert, wobei „Knicken" (s. Kap. Kräfte) wirksam ist. Für horizontale Lasten ist die Stütze ein Kragträger, dessen größte Biegelast an der Stelle seiner Einspannung auftritt. Nach dieser Last ist die eingespannte Stütze zu dimensionieren. Sie kann sich nach oben verjüngen, muß aber in der Knickzone, die aufgrund der Einspannung nach oben rutscht, noch genügend stark sein.

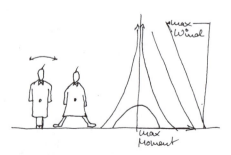

Die Strukturform einer eingespannten Stütze können wir im Selbstversuch in der Straßenbahn ermitteln. Die horizontale Last unserer Massenträgheit beim Bremsen und Beschleunigen ist am besten breitbeinig auszugleichen. So steht die berühmteste eingespannte Stütze der Welt da, der Eiffelturm.

Ist eine Stütze auch oben eingespannt, wo sich die Flächenlasten konzentrieren, kann sie wie ein gespiegelter Pilz ausgebildet sein, dessen Taille der Knicklast entsprechend dimensioniert wird. Im Stahlbetonbau kann diese Struktur sinnvoll sein.

_ Pendelstützen

Halten wir ein Streichholz zwischen den Fingern, haben wir eine Pendelstütze entworfen. Wir erfahren auch gleich, wie labil sie gegen alle Lasten ist, die nicht senkrecht auf das Streichholz wirken. Es folgt allen Bewegungen der Finger.

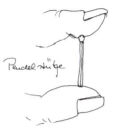

In der Natur gibt es keine so würdigen Beispiele für Pendelstützen, wie Bäume für die Einspannung. Immerhin aber laufen wir auf Pendelstützen und wissen genau, welch komplizierter Apparat aus Bändern und Muskeln die Gelenke unserer Knochen in situ hält.

Die Stangen beim Campingzelt sind Pendelstützen, und wir müssen sie gut abspannen, damit sie nicht umfallen.

Im Bauwesen hat eine Pendelstütze sowohl oben am Ort der Flächenkonzentration als auch unten am Ort der punktförmigen Krafteinleitung ein Gelenk, selbst wenn es oft nicht danach aussieht. So sind die mächtigen kannellierten Rundsäulen des Parthenon auf der Akropolis Pendelstützen. Allein aufgrund ihrer Abmessungen und ihrer Anzahl können sie auch horizontale Kräfte ableiten und stehen deshalb auch noch als Ruinen.

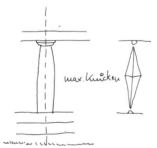

Die Fundamente von Pendelstützen brauchen wie die oberen Anschlüsse nur die Lasten in Richtung der Stützenachse aufzunehmen. Sie sind einfacher zu konstruieren als Einspannungen. Geschoßstützen, selbst wenn sie durchbetoniert werden, rechnet man gern als Pendelstützen.

Die Strukturform der Pendelstütze ist umgekehrt zur eingespannten. Da die Knickgefahr an den Auflager- und Fußpunkten abnimmt, sind hier die Tragfähigkeit des Materials und die Knotenausbildung dimensionsbestimmend. Hochfeste Materialien können sehr schlanke Stützenköpfe und -füße entwerfen lassen. So haben Pendelstützen, der Tragstruktur folgend, kleine Köpfe, dicke Bäuche und kleine Füße. Diese Struktur entfällt meistens, da sie umständlich zu bauen wäre, schwierige Anschlüsse zur Folge hätte und nicht schön ist. Stahl-Walzstraßen, Holz-Sägegatter, Beton-Fertigschalungen sind nun einmal gern planparallel. So ist die Pendelstütze praktischerweise in der Regel gemäß der Knicklast überdimensioniert.

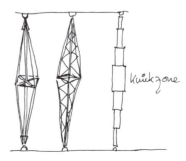

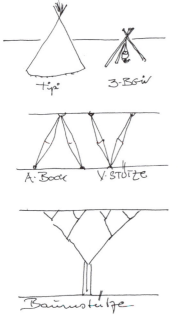

Daran muß man sich nicht halten, zumal, wenn das Motto „Struktur statt Masse" heißt. Das Ausknicken hängt neben der Drucklast insbesondere von der Geometrie des Bauteils ab. Eine schlanke Pendelstütze kann mit Korsagen versehen werden, die das Knicken verhindern, oder aus Serienteilen zusammengesetzt werden. Der Phantasie gemeinsam mit dem Tragwerksplaner ist freier Lauf gegeben.

_ **Kombinationen**

Pendelstützen können in Kombination wie eingespannte wirken. Das Indianertipi ist eine solche räumliche Kombination. Das Prinzip der Kombinationen ist das Dreieck, das auch bei gelenkigen Ecken unverschieblich ist. Schon zwei aneinandergelegte Stangen ergeben mit dem Boden zusammen ein solches steifes Dreieck. Im Bauwesen benutzen wir zwei Pendelstützen in A- und V-Kombination. Sie sind in Richtung des Dreiecks steif. Drei und mehr Stäbe rundum halten den oberen Gelenkpunkt in alle Richtungen steif.

Neben der aussteifenden Wirkung dieser Tragglieder kann man mit ihnen sehr gut Lasten von oben nach unten aufteilen und verlagern. Ist z.B. der Untergrund unter einer Hauptlast nicht zur Gründung geeignet, weil eine U-Bahntrasse überbaut wurde, kann ein A-Bock die Last seitlich verteilen. V-Stützen können die Lastabtragung der oberen Fläche übernehmen. Baumstützen als V-Stützenhierarchie tun dies besonders (siehe Kapitel Traghierarchie). Alle Kombinationen sind zwei- oder dreidimensional zu entwerfen.

_ **Zugseile**

Zugseile sind auch Stützen, so dumm es sich anhört. Sie bündeln Flächenlasten und hängen sie punktförmig auf. Der Zwischenbereich ist Nutzraum. Vorher allerdings muß irgend etwas da sein, an dem das Seil hängt, wie die Schaukel am Baum.

Als Hauptstützen in der Bauwerkskonstruktion ist das Seil deshalb eine Rarität. Es gibt nur wenige „Hängehäuser", deren Decken an Seilen hängen. Diese hängen über schwere Kragarme an einem massiven Kern, der Haustechnik und Erschließung der Geschosse beherbergt.

In untergeordneter Funktion und in Kombination mit Druckstäben ist das Seil allerdings nicht mehr aus der Baukonstruktion zu „Struktur statt Masse" wegzudenken, und wir haben es schon an der Zeltabspannung oder bei der Knickverspannung von Stützen kennengelernt.

Die Strukturform der Seilstütze aus seinem Tragverhalten ist umgekehrt zur Pendelstütze. Dicker Kopf, schlanker Körper und große Füße. Bei Zuglast ist allein die Materialqualität maßgebend für die Dimensionierung, und das an jeder Stelle des

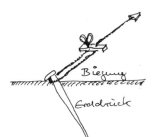 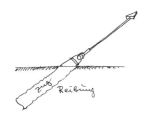 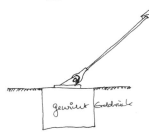

Tragglieds. Übertragen wir also die Zuglast in ein anderes Bauteil, muß das neue Teil die Lasten mit angemessenem Querschnitt übernehmen. Die Verbindung ist dicker als das Bauteil. Das Auge des Fittings muß den Querschnitt beibehalten und seine Wandung den Lochleibungsdruck ertragen. Der Bolzen muß die Scherkraft aufnehmen und den Laschen des Anschlußtragglieds übertragen. Diese Überlappung der Lastübertragung ist zwar nicht anders als bei Druckstützen, nur sind die Zugstützen schlanker als deren Überlappungen.

Jede durch Seilzug erzeugte Last muß von irgendwelchen Bauteilen aufgenommen werden. Sie endet nicht am Ende des Seiles. Eine gegen Ausknicken mit Seilen verspannte Stütze muß über die ihr übertragene Längskraft hinaus die „interne" Drucklast aus der Seilverspannung aufnehmen. Die Knickgefahr erhöht sich und ist Bestandteil der Verspannungsdimensionierung. Abgespannte Stützen erhalten über ihre Last hinaus die Zuglast der Abspannung als Druckkraft, die bis ins Fundament wirkt. Die Fundamente der Abspannseile aber werden aus der Erde gezogen. Sie müssen dem entgegenwirken. Das kann durch Biegung (Zelthering), Reibung oder Gewicht und Kombinationen daraus erfolgen. Frei Otto, der große Meister leichter Konstruktionen, betonte immer wieder, daß die Leichtigkeit über der Erde nur durch Massen von Beton unter der Erde möglich ist.

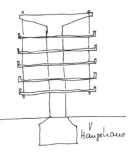

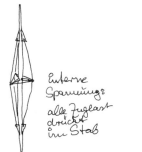 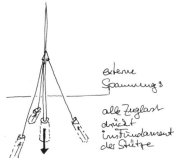

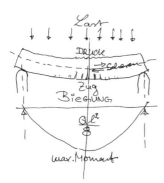

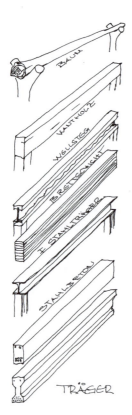

TRÄGER

Träger

Um raumüberdeckend von einer Stütze zur anderen zu kommen, sind Deckenkonstruktionen notwendig, deren Spannweiten von Stütze zu Stütze reichen. Sie tragen alle auf ihnen lastenden Kräfte sowie ihr Eigengewicht auf die Randstützen ihrer Spannweite ab, wo sie auf den Punkt konzentriert in die Fundamente eingeleitet werden. Da alle so umgeleiteten Lasten eigentlich auf direktem Wege dem Erdmittelpunkt zustreben, biegen sich Deckenkonstruktionen unter ihnen durch.

Biegung, das haben wir schon im Kapitel über Kräfte gesehen, drückt den oberen Teil der Konstruktion zusammen und zieht den unteren auseinander. Insbesondere letzteres können viele Baustoffe nicht vertragen, so daß sich die Baumeister viele Ideen zu Deckenkonstruktionen gerade für große Spannweiten haben einfallen lassen. Es gibt sicher noch mehr Möglichkeiten, und wir sind aufgefordert, weitere Konstruktionen zu entwickeln.

_ Einfacher Balken

Kuh-elquadrat-achtel ist die Formel, die der Statiklehrer als erstes für den einfachen Balken auf zwei Stützen unter Gleichlast vorführt. Mit dieser einfach zu merkenden Formel kann man Erstaunliches für die Schnelldimensionierung erreichen. Der Baumstamm ist Urmaterial des Balkens auf zwei Stützen. Seine natürliche Eigenschaft, als eingespannte Stütze Biegung aufnehmen zu können, wird hier in der horizontalen Lage genutzt. Sein runder Querschnitt allerdings ist zwar für seine natürliche Aufgabe, allseits Biegung aufzunehmen, optimal, nicht aber für die Biegung in nur eine Richtung, denn je weiter Druck- und Zugzone auseinanderliegen, um so geringer ist die im Bauteil auftretende Spitzenlast. So wird aus Baumstämmen in der Gattersäge hochformatiges Kantholz für Träger geschnitten. Im Stahlbau wird beim I-Träger das hochfeste Material vornehmlich in die beiden äußeren Tragzonen verlegt. Das spart Material und Gewicht.

Die Holzbautechnologen haben Träger aus Holzwerkstoffen nach der Gestalt des I-Trägers entwickelt, und der Ingenieurholzbau verwendet diese leichten Elemente für größere Spannweiten.
Beton ist menschgemachtes Sedimentgestein und verträgt keine Zuglast. Betonträger haben im Inneren ihrer Zugzone Stahlstäbe als „Bewehrung". Die Träger sind rechteckig, als Fertigteil aus Gewichtsgründen auch den I-Profilen der Stahlträger angeglichen.
Die tragwerksgerechte Strukturform des einfachen Balkens ist eine Mittenbauchigkeit, da bei Gleichlast das größte Biegemoment in der Mitte liegt und zu den Seiten abnimmt.

_ Schräger Balken

Schräge Balken sind auch einfache Balken. Ihre Spannweite entspricht nicht ihrer Bauteillänge, sondern ihrer Grundrißprojektion, der Zone nämlich, deren Lasten sie vom Erdmittelpunkt fernhalten sollen.
Dachsparren sind schräge Balken. Treppen als schräge Balken werden in einzelne horizontale Stufen aufgelöst, damit man die Schräge erklimmen kann.

_ Unterspannte Balken

Der Idealform des mittenbauchigen Trägers kommt der unterspannte Träger nahe. Er verlagert die Zugzone in ein Spannseil und stützt den Träger mittig oder noch öfter ab. Diese sinnvolle Technik konnte erst mit dem Stahlbau und den extrem zugfesten Seiltechniken reifen.
Unterspannte Träger können auch als „Sprengwerk" gesehen werden, dessen Mittelstütze durch die Seile nach außen zu den Auflagern „versprengt" wird. Die beiden halben Spannweiten sind dann normale Biegeträger.
Unterspannungen funktionieren auch mit zwei Stützen in den Drittelpunkten. Bei mehr Stützen sind sie so zu entwerfen, daß an jeder Lastabtragung das Spannseil einen Knick aufweist oder daß Traghierarchien entstehen. Das obere Tragglied nimmt immer mehr die Drucklast auf und die Seilverspannung den Zuganteil.
Dazu kommt oben eine interne Druckspannung durch die horizontalen Seilkräfte, die im Träger Knicklasten hervorruft. Die kleinen Stützen der Unterspannung sind ebenfalls auf Knicken zu entwerfen und sollten gegen seitliches Ausweichen eingespannt sein. Die statische Achse des Traggliedes ist einzuhalten.

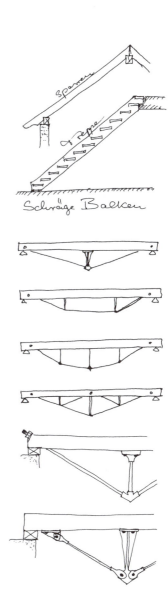

Schräge Balken

_ Fachwerkträger

Die Auflösung von Trägern in obere Druck- und untere Zugzone, wie sie beim I-Träger beginnt, wird beim Entwurf von Fachwerkträgern weitergeführt. Sie bestehen in der Regel aus Obergurt und Untergurt, die durch Stäbe in steifem, da unverschieblichem Dreiecksverband auseinandergehalten werden.
Ihre lastbedingte Idealstruktur ist wie bei jedem Balken auf zwei Stützen in der Mitte, dem Ort der größten Biegelast, bauchig und an den Auflagern schlank. „Fischbauchträger" heißen dergestalt geformte Fachwerkbinder. Je nach Nutzung aber kann die Gestalt variieren. Der Bauch nach oben, Bogen oder Dreieck, kann z.B. ein gut zu entwässerndes Dach tragen und eine glatte Deckenuntersicht bieten; der Bauch nach unten, dann sind sie unterspannten Trägern ähnlich, stellt mit der geraden Oberseite eine neue Nutzungsebene dar. Der klassische Parallelgurtträger ist zwar an den Rändern überdimensioniert, kann aber dann nützlich sein, wenn in den Zwischenräumen Installationen laufen oder beidseitig glatte Ebenen gewünscht sind.
Die konstruktive Verbindung der Fachwerkstäbe untereinander könnte an jedem Knotenpunkt gelenkig sein und wird für das Tragwerk auch so angenommen. Praktischerweise werden Ober- und Untergurt aber durchlaufend hergestellt und die Stäbe des Dreiecksverbandes daran z.B. mit Knotenplatten oder anderen Gelenkanschlüssen verbunden. Dabei ist die Symmetrie beidseits der Tragebene einzuhalten.
Hohe Träger haben den Hang zum seitlichen Ausweichen bei Belastung. Das kennen wir schon von den kleinen Stützen der unterspannten Balken. Wenn die Steifigkeit von Ober- und Untergurt nicht ausreicht, muß ein Querverband die Fachwerkbinder in situ halten. Das kann die Dachscheibe übernehmen oder eine Seilverspannung.
Eine Besonderheit ist der „Vierendeel"-Träger. Er gehört eigentlich ins Kapitel „Rahmen", hat aber Aufgaben wie Fachwerkbinder. Statt des Dreiecksverbands sind die Stäbe zwischen Ober- und Untergurt biegesteif gekoppelt und stehen senkrecht. Sie sind besonders geeignet für Installationsgeschosse, da sie einem Raum mit engem Stützenraster ähneln. Im „Arc de la Défense" in Paris-La Défense gehen wir hoch oben in Vierendeel-Trägern durch die Ausstellung.

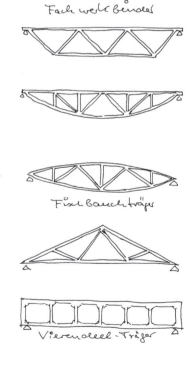

Fachwerkbinder

Fischbauchträger

Vierendeel-Träger

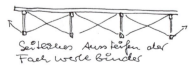

Seitliches Aussteifen der Fachwerkbinder

_ Durchlaufträger

Wir verlassen die Kuh-elquadrat-achtel-Ebene. Durchlaufträger haben in der oberen und der unteren Zone wechselnde Lasten. Laufen wir auf einem Sprungbrett zum eleganten Kopfsprung an, so biegt es sich zunächst nach unten durch und der freie Teil federt nach oben. Sind wir am Absprung angelangt, federt dieser nach unten und schnellt uns in die Luft, damit wir im hohen Bogen ins Schwimmbecken fliegen.

Diese Schnellkraft hat in der oberen Zone des Sprungbretts Zuglast über dem Auflager erzeugt. Das Biegemoment ist oben. Da im vorderen Teil des Bretts auf zwei Stützen erfahrungsgemäß ein Feldmoment sein muß, wechselt die Biegung durch den Balken, die Biegelinie ist eine S-Kurve. Wo die Momentenlinie das Brett durchstößt, ist keine Biegung.

Wenn bei gleicher Last die Spannweite kleiner wird und ein Moment über der Stütze entsteht, wird das Feldmoment des Trägers geringer. So kann er niedriger dimensioniert werden. Durchlaufträger sind rationell, müssen aber für Wechsellast ausgelegt werden.

Läuft der Balken über mehrere Träger, wechseln sich Feld- und Stützmomente ab. An manchen Null-Stellen sind dabei Gelenke möglich, ohne die Durchlaufwirkung zu mindern. Das ist besonders aus Transport- und Montagegründen von Vorteil. „Gerberträger" heißt diese Technik.

I-Stahlträger und Kantholz sind gut als Durchlaufträger geeignet. Stahlbetonträger werden mit wechselnder Bewehrung, für uns unsichtbar, ausgestattet. Fachwerkträger haben es schwer, die wechselnden Lasten in ihrem Stabwerk gut zu verteilen.

Unterspannte Konstruktionen wechseln beim Durchlaufträger mit überspannten ab. Mit der Technik des Gerberträgers lassen sich schöne Konstruktionen denken. Die alte Eisenbahnbrücke über den Firth of Forth ist so gebaut.

Wenn wir solche Trägersysteme entwerfen, dürfen wir nur so viele Gelenke anbringen, daß keine Wippen entstehen und die Konstruktion zusammenfällt.

Aber schon das einfache Pfettendach im Häuslebau hat seine Sparren als Durchlaufträger, und für längere Häuser werden auch die Pfetten als Gerberträger entworfen, damit sie handhabbar sind und schlanker dimensioniert werden können, als läge der Stoß auf einem Auflager.

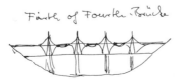

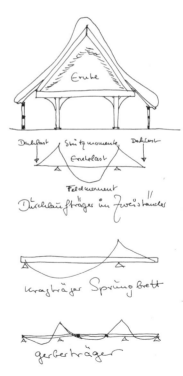

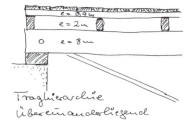

Traghierarchie übereinanderliegend

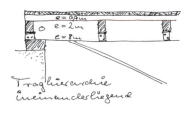

Traghierarchie ineinanderliegend

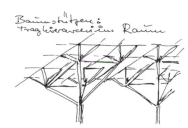

Baumstütze: Traghierarchie im Raum

_ Traghierarchie

Um Räume herzustellen, gar zu stapeln, brauchen wir ein Dach über dem Kopf und Decken zwischen den gestapelten Räumen. Mit Stabwerk schließt man die Flächen in mehreren Schritten: Der weitspannende Hallenbinder bekommt quer zu seiner Spannweite Pfetten gelegt, die den Abstand der großen Binder überbrücken. Sie können wieder eine Konterbalkenlage tragen, deren Abstand für eine Holzschalung (ca. 80 cm) ausgelegt ist. Vielleicht wird statt der Konterbalken bereits Trapezblech (6–7 m) aufgelegt. Bei der Gestaltung der Traghierarchie gehen wir von der Materialvorstellung und von deren optimaler Spannweite aus. Wie auch immer wir die Hierarchie wählen, der Materialeinsatz wird nur geringe Unterschiede aufzeigen. Wachsendes Eigengewicht allerdings erhöht den Konstruktionsaufwand.

Montagetechnisch ist es sinnvoll, die Hierarchieebenen übereinander und durchlaufend anzuordnen. Das steht in Frage, wenn Raum gespart werden soll. Dann können Tragteile ineinandergesteckt werden. Die Detailarbeit und der Aufwand, Tragteile einzupassen, sind dabei zu bedenken. Die moderne CNC-Technik computergesteuerten Abbunds lassen hierzu allerdings neues Denken und hohe Präzision im Detail bei einfacher Montage der Bausteine zu.

Eine besondere Art der Tragwerkshierarchie ist die Baumstütze, die aus der Stützenkonzentration in mehreren Verteilerschritten die zu überspannende Fläche durch Aufspreizung der Stützlast in kleine Felder einteilt, die dann mit kleinen Spannweiten im Raster geschlossen werden.

Hallen mit großen Höhen ohne andere Funktionen, wie z.B. Kranbahnen, sind gut geeignet.

Rahmen

Rahmen sind biegesteife raumbildende Elemente. Es sind Balken, die um die Ecke gehen. Ihre Funktion ist vielseitiger als die eines einfachen Balkens. Als Balken-Stützen-Kombination müssen sie Flächenlasten über dem geschaffenen Raum aufnehmen und diese über den Stützenteil nach unten ableiten. Zusätzlich werden die horizontalen Lasten über Rahmen in die Fundamente geleitet.

Je steifer Rahmen gebaut sind, um so vielfältiger und überraschender ist ihre Verformung. Da niemand etwas glauben soll, bauen Sie sich Modelle aus Schaschlikstäben und drücken Sie.

_ Eingespannter Rahmen

Stecken wir einen steifen Rahmen zusätzlich in Einspann-Fundamente, bekommen wir einen allseits eingespannten Rahmen und Ärger mit unserem Statiker, denn diese Rahmen sind schwer zu berechnen, so leicht sie aussehen. Wir hören dann, daß wir Gürtel und Hosenträger tragen, die Hosen vielleicht sogar noch mit Sicherheitsnadeln am Hemd befestigen. Mit ein paar Gelenken lassen sich Bauwerke viel leichter herstellen.
Immerhin ist der bereits dargestellte Vierendeel-Träger eine rundum eingespannte Rahmenkonstruktion.

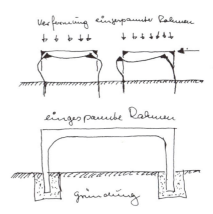

_ Zweigelenkrahmen

Der Tisch, an dem ich arbeite, ist ein Zweigelenkrahmen. Die oberen Ecken sind biegesteif. Setze ich (100 kg) mich auf den Tisch, so biegt sich die Platte durch, und seine Beine weichen seitlich aus.
Zweigelenkrahmen im Bauwesen haben konstruktiv gegen Ausweichen gesicherte Stützenfüße und bekommen unter Last O-Beine. Horizontale Kräfte verursachen im Querbalken Wechsellasten. Wer die dargestellten Verformungen nicht glaubt, baue sich Modelle aus Schaschlikstäbchen. Wer logisch herangeht, stellt fest: Biegesteife Winkel bleiben erhalten, Gelenke weichen aus.
Also in der Verformung:
- zuerst die rechten Winkel der steifen Ecken zeichnen
- dann die Punkte, tangential aus dem Winkel kommend
- zwischen zwei Ecken miteinander verschleifen
- auf ein Gelenk direkt hinführen.

Zweigelenkrahmen sind im Hallenbau bewährte und übliche Konstruktionen. Ihre Steifigkeit ist besonders für Portalkräne geeignet, die auf Konsolen an den Stützteilen des Rahmens fahren.
Sie benötigen einfache Fundamente, die vertikale Lasten und horizontalen Schub aufnehmen müssen. Das sind in Sonderfällen Stiefelformen o.ä. Verbindet man die Fundamente mit einem Zugband (Flitzebogen), so heben sich die internen horizontalen Lasten aus Verformung auf, und nur der wahre Seitenschub muß abgeleitet werden.
Die Rahmen werden im Werk vorgefertigt, auf der Baustelle, wenn sie groß sind, in der Regel liegend montiert und als Ganzes aufgerichtet.
Mit diesem Konstruktionsprinzip lassen sich auch andere und kleinere Bauvorhaben phantasievoll gestalten. Im „Marburger System" wurden in den Siebzigern sogar Stahlbeton-„Tische" auf diese Weise konzipiert, um ein flexibles Bausystem zu erhalten.

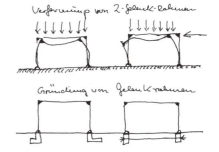

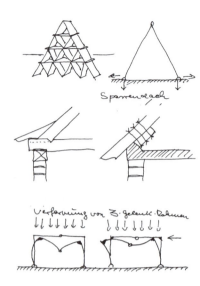

_ Dreigelenkrahmen

Wäre meine Tischplatte in der Mitte durchgesägt und die Tischhälften aneinandergelehnt, könnte er auf dickem Teppichboden stehenbleiben, auf Parkett bräche er zusammen. Dreigelenkrahmen stehen nur von selbst, wenn die Fußpunkte gegen seitliches Ausweichen gesichert sind.

Das Kartenhaus ist ein spielerisches Modell von Großbauten mit Dreigelenkrahmen. Wie schnell ist es dahin! Das einfache „Sparrendach" im Häuslebau ist Beispiel im Bauwesen. Die aneinandergelehnten Sparren sind im First konstruktiv gekoppelt. An den Fußpunkten schieben sie auseinander, wie die Spielkarten, und müssen zusammengehalten werden. Die Decke unter dem Sparrendach muß Zuglasten aufnehmen. Soll ein Drempel gebaut werden, ist die Decke als Rahmen zu konstruieren.

Sparrendächer sind sensibel gegen Ausbauten, denn das Binderwerk darf nicht gestört werden. Während wir bei Pfettendächern ziemlich frei zwischen den Pfetten Gauben oder Fenster einbauen können, hat beim Sparrendach die Wegnahme eines Sparrens umständliche Abfangungen und Lastumlenkungen durch Randverstärkung zur Folge.

Dreigelenkbinder im Hallenbau sind aneinandergestellte Winkel. Die Verformungen sind dem Zweigelenkträger ähnlich, nur das Mittelgelenk zeigt einen Knick statt des verschleifenden Übergangs. Die ideale lastbedingte Strukturform nach der Momentenverteilung ist bauchig im Feld, insbesondere an der Ecke, und schlank an den Gelenkpunkten.

Stahl und Stahlbeton sind für dieses Prinzip zweier tragender Winkel gut geeignet. Holz ist von seiner Struktur her nicht für biegesteife Ecken geeignet, und es bedarf dazu kluger Ingenieurbaukunst. Für zusammengesetzte Holzbauteile wie Leimbinder ist der biegesteife Eckpunkt kein Problem.

Bögen

Zu Dreiecken und Bögen als raumüberspannende Elemente haben wir ein natürliches Vertrauen. Flache Decken dagegen lassen schon einmal den Gedanken aufkommen, sie könnten einem auf den Kopf fallen.

Dreiecke, das haben wir spätestens beim Fachwerk gesehen, sind unverschieblich steif. Das schafft Sicherheit.

Warum aber vertrauen wir Bögen? Es muß ihre Linie sein, die unserem Empfinden sagt, daß hier alle Lasten ihren richtigen Weg finden.

Drehen wir die Bögen zunächst einmal um: Nehmen wir dazu unser (oder ein geliehenes) Goldkettchen mit den Verschlußenden in je eine Hand, hängt es in einer schönen Linie nach unten durch. Das ist uns selbstverständlich. Die Kurve wird steil, wenn die Hände zusammenkommen, und flach, wenn sie sich voneinander entfernen. Sie ist annähernd parabelförmig. Es wird jedem klar, daß in diesem zum Erdmittelpunkt strebenden Hängewerk zwischen unseren Händen nur Zuglasten herrschen. Alle Glieder sind Gelenke, so daß weder Druck noch Biegung möglich ist. Hängen wir die Kette nun in die Tiefkühltruhe und lassen Wasser daran entlanglaufen, wird sie steif. Drehen wir nun den Hängebogen nach oben, so überspannt er einen Raum. Da sich die zum Erdmittelpunkt ziehende Last nicht verändert hat, wohl aber die Richtung des Bogens, müssen innerhalb der gefrorenen Kette nun allein Druckkräfte herrschen.

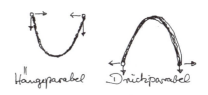

Hängeparabel Druckparabel

Das Geheimnis der Bogenkonstruktion ist das der umgekehrten Hängelinie: die Überspannung von Raum ohne Biegung, allein mit Druckkräften. Das gibt uns dieses sichere Gefühl. So allein konnten Spannweiten mit Bausteinen überdeckt werden, die in Holzbau nur mühsam gelangen, bevor Stahl und Stahlbeton aufkamen.

Bögen drücken nach außen, genau wie Rahmen. Die interne Drucklast führt in der Bogenlinie weiter und wird rechnerisch in eine vertikale Last zum Fundament und eine horizontale interne Kraft aufgeteilt, die in der Randkonstruktion zu berücksichtigen ist. Seitliche Widerlager sind zu bauen, oder ein Zugseil zwischen die Bogenfußpunkte zu spannen, das wie ein Flitzebogen die internen Kräfte aufnimmt. Hängebögen ziehen nach innen. Ihr horizontaler Anteil interner Kräfte muß in einer starken Randkonstruktion abgefangen oder durch Abspannungen in Fundamente geleitet werden.

Nun wirkt nicht allein Gravitation auf das Bauteil, sondern auch horizontale Kräfte, ungleich verteilte Nutzlasten, einseitig Schnee oder was auch immer. Die Ideallinie allein reicht nicht, so daß Bögen oft dick ausgelegt wurden, um auftretende Biegekräfte, bevor die Zugzone klaffende Fugen erhielt, innerhalb des Querschnitts durch Verlagerung der Drucklinie aufzufangen. In der Gotik wurden die gewagten und sensiblen Bögen mit Hilfskonstruktionen wie Rippen und Strebepfeilern in situ gehalten.

Die Ideallinie des Bogens ist auch heute mit biegelastfesten Materialien für große Spannweiten eine optimale und dem Betrachter angenehme Form. Brücken und weitspannende Hallen konstruieren wir deshalb gern mit Druck- oder Hängebögen. Selbst ein großer Fischbauchträger nutzt mit seinem Obergurt die lastabtragende Geometrie der Bogenlinie.

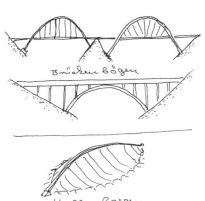

Brückenbögen

Hallenbogen

_ Druckbögen

Die für Mauerwerk klassischen Fenster- und Torbögen sind Reste der hohen Mauerkunst der Römer. Die Biegelast des Öffnungssturzes wird intern als Drucklast im Bogen und zum seitlich aufgehenden Mauerwerk abgeleitet. Heute werden Bögen als „scheitrechter Bogen" verballhornt und mit Stahlkorsetts gehalten. Das liegt am rechtwinkligen Denken und an den Rolladenkästen. Der Bogen wird statt dessen zwischen Häusle und Garage als hebraistisches Accessoire geklebt. Im Mauerwerksbau sind Bögen „out".

Druckbögen sind, wie erwähnt, im ingenieurmäßigen Brücken- und Hallenbau zu finden. Sie werden als Zwei- oder Dreigelenkbinder konzipiert und tragen ihre Last, wenn diese nicht dem Bogen folgt, an Seilen oder auf Stützen und in Kombination beider Prinzipien. Die Haltekonstruktion steift gleichzeitig den Bogen aus.

Das gestalterische Spiel mit Bogenkonstruktionen ist faszinierend. Man muß nur ein wenig von ihrem Tragverhalten wissen, um spielerisch und kunstvoll die internen Randkräfte der Konstruktion als Bauelement anzuwenden.

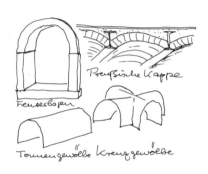

_ **Tonnen**

Die lineare Überspannung von Raum durch Reihung von Druckbögen ergibt Tonnenstrukturen. Sie sind in der Regel steif in ihrer Laufrichtung und können mit der darüberliegenden Decke quer ausgesteift werden. In Afrika werden noch heute kunstvolle Gewölbe frei spannend und ohne Hilfskonstruktion in Lehm gemauert und bewohnt (z.B. Nubisches Gewölbe).

Tonnen bilden zu ihrer Achse längs ausgerichtete Räume. Einander kreuzende Tonnen verschneiden sich zu Kreuzgewölben, die wiederum zu richtungslosen Räumen zusammengesetzt werden können, wie wir an vielen historischen Bauwerken sehen.

Tonnengewölbe als tragendes Element sind im Hochbau nicht mehr üblich, aber im Tunnelbau sind sie Standard, da sich der Druckbogen sehr gut mit den durchtunnelten Erdmassen zu einem steifen Bauwerk verklammern kann.

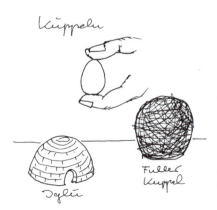

_ **Kuppeln**

Das Ei bildet in seiner Rotationsachse Kuppeln, die aufeinanderstehen, und wir wissen, wie fest ein Ei dem Druck zwischen Daumen und Zeigefinger widersteht, ehe die dünne Schale bricht. Quer drückt sich ein Ei leicht ein. Die Geometrie der Festigkeit ist dem Bogen gleich, allerdings nicht nur in einer Richtung, sondern rundum. Mit komplizierten Worten könnte man die Kuppel als umgekehrte Rotationshängelinie bezeichnen.

Der Kräfteverlauf entspricht rundum dem des Bogens. Am Fußpunkt drückt die Kuppel nach außen und muß festgehalten werden. Verstärken wir ein Ei um seine dicke Taille z.B. mit einem Gürtel aus Klebeband, wird es ungleich mehr Druck vertragen als das ungegürtete Ei.

Kuppeln bilden zentrierte Räume, die einen Mittelpunkt haben.

Kuppelschalen wie die des Eis sind im Bauwesen „out". Den tradierten Iglu oder die Lehmkuppeln rechnen wir zu den exotischen Bauwerken, die unser Bauwesen nicht revolutionieren werden. Kunstvoll auf einer Lehre gemauerte Kuppeln sind heute nicht mehr wirtschaftlich und können durch viele andere Bauweisen ersetzt werden. Allein die aus räumlichem Fachwerk strukturierten Kuppeln, wie sie der geniale Buckminster Fuller schuf, sind der Eischale ähnlich.
Radial auf einen Scheitelpunkt zuführende Halbbögen bilden ersatzweise Kuppeln, deren Erscheinungsform den „echten" ähnlich ist. Sie sind die für den modernen zentrierten Rundbau gebräuchliche Form. Ein Ringanker setzt alle nach außen dringenden Schubkräfte in Zuglasten um, die einander als interne Kräfte eines Gürtels „aufheben". Besondere konstruktiv-gestalterische Aufmerksamkeit ist dem Scheitelpunkt der Rippenkuppeln zu schenken, denn dort kommen eine Vielzahl von Bogenelementen zusammen. Rippenkuppeln sind deshalb sinnvollerweise aus Dreigelenkbögen zusammengesetzt. Zur Entflechtung des oberen Knotenpunktes wird gern ein Druckkranz als zentrales Element eingesetzt, dessen Größe zumindest so bemessen wird, daß die Einzelhalbbögen auf ihren Radien montiert werden können.

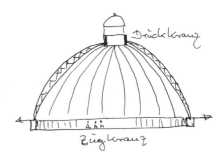

Scheiben

Scheiben sind flächige Tragwerke und unterscheiden sich dadurch von stabförmigen Tragwerken wie Stützen, Träger und Rahmen, aus denen in hierarchischer Zusammensetzung ebenfalls Tragwerksscheiben hergestellt werden können, wie es das „Andreaskreuz" als bekanntestes Beispiel zeigt (weil der Apostel Andreas aus Bosheit auf ein diagonales Kreuz genagelt wurde, damit sein Tod nicht dem seines Meisters Jesus gleiche).
Scheiben sollen neben Druck und Biegung auch Scherkräfte in ihrer Fläche aufnehmen und ableiten, die aus Schub- oder Drehbewegungen des Bauwerks herrühren können. Bei Überlast können sie deshalb abscheren (Mauerfugen) oder beulen, eine Art Knicken. Wandstärke, Aussteifung durch Rippen (Pfeiler) oder Sicken (Wellblech) können die Steifigkeit von Scheiben erhöhen.
Wände aus Mauerwerk oder Beton sind klassische senkrechte Scheiben. Sie können eingespannt oder gelenkig zwischengesetzt werden. Öffnungen schwächen ihre Wirkung als Scheibe. Für vertikale Lasten müssen sie auf Druck und einseitig auf Knicken bemessen werden. Stützmauern werden auf Biegung beansprucht.
Geschoßdecken sind klassische waagerechte Scheiben, insbesondere Stahlbetondecken, in die man alle Aufgaben des Scheibentragwerks einbauen kann. Eigengewicht und Nutzlast erzeugen Biegung, Horizontalkräfte verursachen Schub und Torsion. Hierauf sind sie zu bemessen.

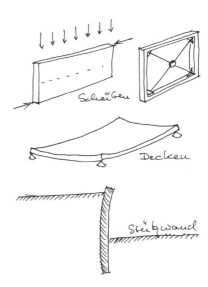

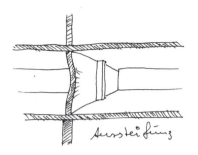

Aussteifung

Schräge Scheiben, wie z.B. Treppenläufe, können über die beschriebene Wirkung von Scheiben hinaus aussteifend wirken. Deshalb sind Treppenhäuser mit ihren diagonalen, wie ein Fachwerk wirkenden Scheiben besonders steife Elemente im Bauwerk.

Für große Spannweiten mit Scheibentragwerken können räumliche Tragwerke eingesetzt werden, wenn sie in der Vertikalen wie in der Horizontalen Ebene aus Dreiecksstrukturen zusammengesetzt sind. Bei einer quadratischen Flächenstruktur sind andere Maßnahmen zur horizontalen Aussteifung zu ergreifen.

Membranen

Membranen sind zugbeanspruchte Flächentragwerke, die als Scheiben zwischen Festpunkten gehalten werden.

Das Spinnennetz ist ein kunstvolles Membrantragwerk. Es ist eine Fläche, die zwischen mehrere Punkte gespannt und als Netzwerk gewoben wurde. In einem Spinnennetz herrschen nur Zugkräfte, da alle Netzteile gelenkig sind und weder Druck noch Biegung aufnehmen können. Für jedes Glied in der Netzfläche gilt die Regel aller Zugverbindungen, stets den kürzesten Weg zu nehmen. Ist eine Verbindung zweier Punkte nicht geradlinig, also kürzest, so gibt es dafür wichtige Gründe:
• Durchhängen aufgrund Eigengewichts
• Auslenkung durch Einzel- oder Gleichlast
• Auslenkung durch Zuglasten aus anderen Geometrien.

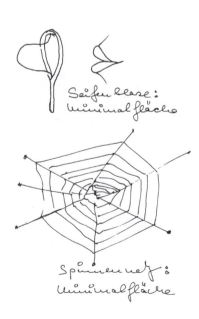

Seifenblase: Minimalfläche

Spinnennetz: Minimalfläche

Spinnennetze, deren Befestigungspunkte nicht in einer Ebene liegen, haben eine wunderbar schwingende räumliche Struktur mit sanften, ineinander übergehenden Kurven. Verfolgen wir jede Linie der entstandenen Fläche von einem Befestigungspunkt zum anderen, so werden wir immer die den Umständen angepaßte kürzeste Entfernung feststellen. Die zwischen den Punkten gespannte Fläche muß logisch bei Annahme aller kürzesten linearen Verbindungen minimal sein. Darum sind Membranen zwischen Punkten oder Strecken (Randseilen) „Minimalflächen". Wir können Minimalflächen an Seifenblasen studieren, die wir z.B. zwischen Drahträndern spannen. Wie auch immer wir die Ränder verändern, stellt sich eine den Randbedingungen angepaßte Minimalfläche ein. Nicht ganz richtig, aber trockener geht das Experiment mit einem Nylonstrumpf.

Das Lob, diese Naturgesetze für das Bauwesen ausgewertet zu haben, gebührt an vorderster Stelle dem Architekten Frei Otto. Auf seine federleicht wirkenden Bauwerke angesprochen, soll er – bescheiden, wie jeder neugierig Forschende – sinngemäß geantwortet haben: „Die Masse an Beton bleibt gleich, sie liegt nur unter der Erde." Zugbeanspruchte Konstruktionen drücken nicht nach unten, wie es „normale" Fundamente tun. Sie reißen an der Erdoberfläche, schieben Erdmas-

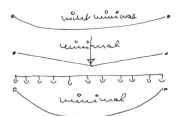 

sen quer oder heben sie ab. An bestimmten Stellen drückt all diese zerreißende Last über die Last des Bauwerks hinaus zum Erdmittelpunkt in den Untergrund hinein. An der Oberfläche aber zeigen sich fliegend filigrane Bauten.
Das Campingzelt ist Parademodell. Die Membran des Zeltes wird durch Druckstangen hochgehalten und mittels Seilen abgespannt. Die Fundamente aus Heringen wirken auf die Scherfestigkeit des Bodens und Biegung im Hering. Nach einem Sturm sind die Heringe verbogen, ausgerissen, zumindest der Boden ist deformiert, und die Stützen haben sich in den Boden gebohrt. Die Zuglast der Zeltverspannung, die den Heringen zu schaffen macht, geht als Drucklast in die Zeltstangen.
Das sind die Lastfälle von Membranen.
Spannen wir das Zelt sehr stramm, sind die Schadensspuren besonders groß. Spannen wir es fest, aber ein wenig kurvig, scheint es sturmfester zu sein. ==Die Sattelform, die „antiklastische Krümmung" (d.h. gegensinnig gekrümmt), versteift die Membran bei gleicher interner Spannung.== Wetterfeste Bergsteigerzelte sind bereits als Sattelform konfektioniert. In modernen Membranekonstruktionen konkurrieren im Nachweis der Steifigkeit die klassische Sattelform von Frei Otto gegen hochgespannte und wenig gekrümmte Flächen, wie sie mit modernen Stoffen preiswert möglich sind. Beim konstruktiven Entwurf mit antiklastischen Kurven erhalten wir durch die Addition von Sattelformen eine wellige Hügellandschaft als Dach. Spitzenlasten an der Membranhaut, z.B. an den Mastköpfen, sind zu vermeiden.
Da Membranen aufgrund ihrer Zugbeanspruchung sehr geringes Eigengewicht haben, eignen sie sich für weitspannende Überdachungen, wie z.B. das Olympiadach in München.

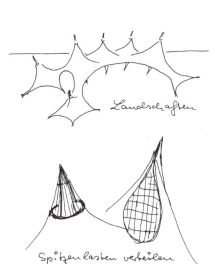

Körper

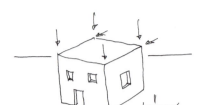

Erst der Körper kann ein haltbares und in sich gegen alle Belastungen von außen festes Bauwerk darstellen. Eine rundum geschlossene Box ist in sich gegen alle äußeren Belastungen sehr steif. Selbst ein paar Öffnungen machen nicht viel aus. Sechs Scheiben, vorne, hinten, oben, unten, rechts und links stellen einen festen Verbund dar.

Schon drei Wand- und eine Deckenscheibe reichen für ein ausgesteiftes Gebäude. Sie sollten sich allerdings auch in ihren achsialen Verlängerungen nicht in einem Punkt treffen, da sonst die Torsionssteifigkeit verlorengeht. Das kann man mit drei Streichholzschachteln und einer Zigarettenschachtel ausprobieren.

Das Entwerfen von Bauwerken ist ein Spiel mit Stützen, Trägern, Rahmen, Scheiben und Körpern, dessen Ergebnis eine allen Lastfällen widerstehende Struktur sein muß, in der jedes Bauteil optimal ausgenutzt ist. Die gebäudeaussteifenden Elemente sollten darin sinnvoll verteilt sein, damit die internen Kräfte nicht „übermäßig spazierengeführt" werden, wie der Tragwerksplaner sagt. Glücklicherweise schreibt der Geschoßbau in bestimmten Abständen brandsichere Treppenhäuser vor, deren funktionale Anforderungen schon zu aussteifenden Körpern führen. Das erleichtert den Entwurf.

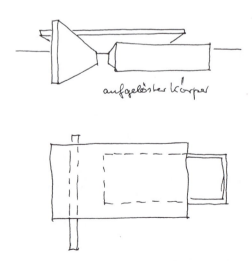

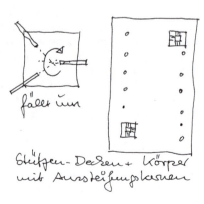

Knotenpunkte

Nach Betrachtung der Tragglieder widmen wir uns nun dem konstruktiven Detail, der Fügung von Bauteilen. Nach dem Strukturentwurf des Tragwerks und der Dimensionierung der Tragteile mit dem Statiker müssen diese so zusammengesetzt werden, daß alle Lasten und Kräfte dem Strukturentwurf gemäß übertragen werden. Der Tragwerksplaner bemißt zwar noch die Anschlüsse (z.B. 4 Bolzen M 20 – Unterlegscheiben usw.) und gibt noch die Abstände nach DIN an, den Entwurf zur Ausführung mit allen angrenzenden Bauteilen machen Architekten. Die Zusammenarbeit mit dem Statiker ist dabei unerläßlich und kann erhebliche Kosten sparen. Sind z.B. Sparren vom Statiker mit 10/18 dimensioniert, lassen wir uns Alternativen, vielleicht 6/24, nennen, wenn wir soviel Wärmedämmung zwischen die Sparren legen wollen. Die Auslegung eines Bauteils sollte allen Funktionen angemessen erfolgen.
Die Auslegung der Knotenpunkte sollte den Idealanschlüssen der Statik möglichst nahekommen. Dazu ist es gut, die Schwerlinien der Bauteile, ihre Seele der Krafteinleitung, zu beachten. Sie sollten sich in einem Knoten treffen. Klugerweise beginnt man deshalb den Entwurf eines Details mit diesen Linien und läßt die tragenden Bauteile darauf zueinandergleiten, bis sich eine allseits zufriedenstellende Lösung abzeichnet. Abweichungen von der Ideallinie haben Hebelkräfte zur Folge, die mit dem Statiker besprochen werden müssen. Ein gutes Detail vermeidet sie. Dann wird die Lage der anderen Bauelemente wie Dach- und Wandaufbau entschieden und in der Strukturskizze dazugenommen. Bei Unsicherheit überprüft eine kleine räumliche Skizze oder ein Modell die gestalterische Auswirkung unserer Entscheidung. Möglicherweise müssen wir neu über den Strukturpunkt entscheiden und eine andere Konstellation finden, um den Gestaltwillen zu erfüllen.

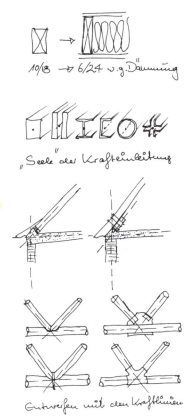

Einspannungen

Wie in einen Schraubstock eingespannt, muß das Bauteil unnachgiebig gehalten werden. Die Randbedingungen dafür sind anspruchsvoll, denn die angrenzenden Bauteile müssen der Einspannung standhalten.

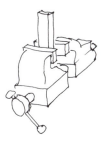

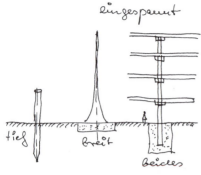

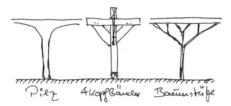

_ Stützen

Eingespannte Stützen haben wir bereits kennengelernt. Ihre Einspannung liegt mehr oder weniger voluminös oder tiefgehend unter der Erde. Die über mehrere Geschosse durchlaufende Stütze im Stahlbeton- oder Stahlbau wirkt an den Deckenknoten ebenfalls eingespannt und wird von den Deckenebenen in Zusammenwirken mit der Durchlaufwirkung der Stütze in situ gehalten. Pilzstützen wirken lastverteilend, wie Baumstützen, und sind oben „eingespannt". Man könnte ihre Schwerlinie oben in Dreiecke aufteilen und erhält die Struktur der klassischen Kopfbandstützen im Fachwerkbau. (Die Baumstütze ist logische Weiterentwicklung dieser Struktur.) Diese aber gelten unter Statikern nicht als Einspannung, da die Verbindungen zu locker sind. Die Schraubstockbacken sind nicht genügend angezogen.

Stützen sind generell in alle Richtungen eingespannt. Als senkrechte Scheiben, z.B. als Stützwand, brauchen sie nur in einer Richtung biegesteif zu sein, denn eine Scheibe wirkt in ihrer Längsrichtung aufgrund ihrer Geometrie wie eingespannt.

_ Durchlaufträger

Durchlaufträger sind nicht, wie Stützen, allseitig eingespannt, sondern nur in eine Richtung, normalerweise in Richtung der Schwerkraft, also nach unten. Selten muß die Durchlaufwirkung auch in die andere Richtung nachgewiesen werden. Tribünenbauten oder weite Vordächer könnten gegen Aufwind dimensioniert werden.

Der einfachste Durchlaufträger ist ein Kragarm. Sein biegesteifer Querschnitt muß an den Auflagern ungeschwächt durchlaufen. Eine Betondecke mit Balkonauskragung geht über das Mauerwerk hinweg. Die neue Geschoßwand steht auf der Decke. Beide Wände sind gelenkig an die Decke angeschlossen. Sollen beide Elemente durchlaufen, wird der Kreuzungspunkt symmetrisch entflochten. Ein Bauteil wird von dem anderen als Zwillingskonstruktion umschlossen. Die Schwerlinien der Zwillinge vereinen sich in der Mitte, so daß keine ausmittigen Lasten entstehen.

Für über mehrere Felder durchlaufende Träger gelten die gleichen Regeln der „Angelenke" seiner Auflager bzw. der konstruktiven Entflechtung zweier durchlaufender Bauteile.

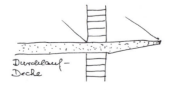
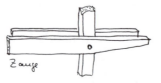
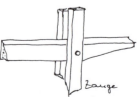

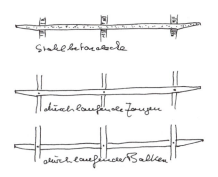
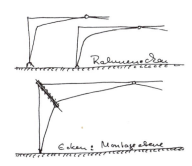

_ Rahmenecken

Ein Sonderfall von Einspannung ist die Rahmenecke. Zu der Belastung aus dem oberen Trägerteil kommen horizontale Kräfte, die die geknickte Rahmenecke als Kragarm wirken läßt, dessen Einspannungsmöglichkeiten ziemlich begrenzt sind. Das in der Ecke wirkende Spitzenmoment wird durch Erhöhung des Querschnitts aufgefangen. Rahmen sind deshalb in den Ecken dick und an den Gelenkpunkten schlank.

Gelenke

Gelenke sind technisch einfach, verglichen mit Einspannungen, und brauchen nicht den Schraubstock, das massive Umfeld zur Einspannung. Allerdings wirken sie kompliziert, da normalerweise all ihre Technik sichtbar ist. Gelenke sind bewegliche Punkte im Tragwerk, die sich jedoch nicht unkontrolliert verschieben sollen, also fest miteinander verbunden sind.
Unsere eigenen Gelenke sind hochkomplizierte und sehr empfindliche Gebilde. Die Drucklasten werden über Kugel und Pfanne oder über elastische Platten übertragen. Ein Mantel von Sehnen, Bändern und Muskeln halten, umhüllen und steuern diese Druckzone und nehmen die Zugkräfte auf. Essen Sie einmal Hummer und bewundern Sie den kunstvollen Aufbau der Scharniergelenke seines Außenskeletts. Es hat Milliarden Jahre Evolution gedauert, diese funktionale Schönheit zu entwickeln. Und doch ist zumindest unser Kniegelenk eine Fehlkonstruktion. Wir haben wohl zu schnell zum aufrechten Gang gewechselt.
Technische Gelenke unseres Erfindungshorizonts sind einfacher. Ein um die Ecke drehendes Kardangelenk hat zwei Gabeln und ein Innenkreuz mit vier Bolzen, mehr nicht.

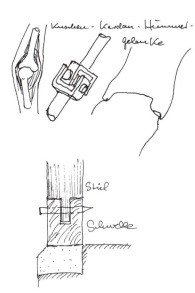

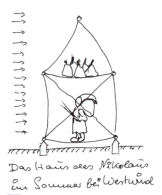

Das Haus des Nikolaus im Sommer bei Westwind

Im Bauwesen sind die Gelenke noch schlichter. Dem Fußpunkt eines Fachwerkträgers auf der Schwelle sieht man nicht an, daß er „Gelenk" heißt. Selbst wer Zapfen kennt und den Holznagel sieht, der die Bauteile fixiert, glaubt nicht an ein Gelenk. Gelenke im Bauwesen haben nicht die dynamischen Aufgaben von Knien, Hummerscheren oder Achsantrieben. Sie sind statisch, unbeweglich – theoretisch! Wenn aber das Bauwerk beginnt, sich durch Belastung, Sturm und Schnee zu verformen, endet die Biegung der Bauteile in den Gelenken, sie verdrehen sich ein wenig – praktisch! Diese Bewegungen müssen geplant sein und lassen dann doch an dynamische Gelenke denken.

Wer einmal ein altes Fachwerkhaus für zu Geld gekommene Romantiker sanieren muß, lernt das. Fachwerkhäuser sind von Grund an gelenkig und bewegen sich im Wetter und in den Jahreszeiten nach Bauweise und Baustoff. Die alten Ausfachungen mit Flechtwerk und Strohlehm haben das mitgemacht. Nach der Ernte wurde das Haus in seinen vielen Fugen ohnehin winterfest gemacht. Nun bauen Sie mal ein gefliestes Bad ein! Eine kleine Hausbewegung, und zu den orthogonalen Fugen gesellen sich diagonale Risse. Es bleibt nur, ein Korsett einzubauen – armes Fachwerkhaus – oder den Bauherrn auf die schlicht-romantische Lebensweise zu trimmen. Da aber hört normalerweise die Romantik auf. Der romantische Schein muß pflegeleicht, abwaschbar und durabel sein. Wer hat je einen erfolgreichen Zahnarzt, Juristen oder Manager sein Haus winterfest machen sehen?

Modernere Bauten sind – wenn auch in allen Anschlüssen im wesentlichen gelenkig – ziemlich steif und können problemlos gefliest werden.

_ Druckanschlüsse

Die besandete Bitumenpappe zwischen Betondecke und aufgehender Mauer ist Gelenk, ebenso das Sparrenauflager auf der Schwelle.

In weitspannenden Konstruktionen sind Auflagerpunkte nicht so selbstverständlich in den Häuslebau integriert und können als besondere Punkte entworfen werden. Wir wissen bereits, daß die gelenkig gelagerte Pendelstütze wegen der Dimensionierung auf Ausknicken in der Mitte dick und an den Enden schlank ist. Dort definiert allein die Übertragung der Drucklast den Stützenquerschnitt. Bei hochfesten Materialien, wie Stahl, kann dieser sehr klein sein. Deshalb wird Stahl auch bei anderen Materialien gern zur Knotenbildung eingesetzt.

So werden Druckgelenke „auf den Punkt gebracht" und die Kräfte entweder einfach mit Kugel und Pfanne o.ä. (wenn keine Gefahr des Abhebens besteht) oder über vielleicht sogar mehrschichtige Bolzen untereinander verbunden oder in den Untergrund geleitet.

An jeder Stelle des Auflagers muß die abzuleitende Last aufnehmbar sein. Die Kugel muß tragen wie die Pfanne. Die Druckplatte muß die Last in den Untergrund

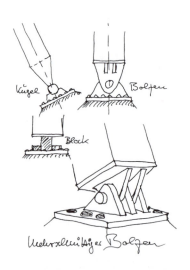

Kugel, Bolzen, Block
Mehrschichtiger Bolzen

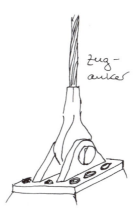

leiten. Die Laschen übertragen die Last mit ihren Bohrungen auf den Bolzen, der sie wiederum auf die Laschen der Fundamentplatte überträgt, die sie in das Fundament leitet. Die dünnste Stelle ist maßgebend. Überdimensionierung kostet Geld. Der Gelenkpunkt sollte, um Drehmomente zu vermeiden, im oder sehr nahe beim Schnittpunkt der statischen Schwerlinien liegen. Materialwahl und Abmessungen müssen technisch optimal sowie künstlerisch schön und selbstverständlich sein.

_ Zuganschlüsse

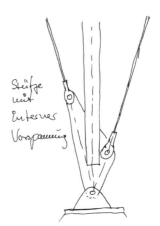

Zuganschlüsse sind immer dicker als die Zugglieder, die sie anschließen, denn auch hier gilt, daß die Last an jeder Stelle des Bauteils herrscht und aufgenommen werden muß. Wechelt also das Material oder das Bauelement, so ist im Übergang die Last zweimal zu verkraften, jeweils in jedem Teil. Da das anzuschließende Bauteil nicht auf Knicken, sondern allein auf dieselbe Zuglast ausgelegt wird, ist es schlanker als der Knoten.
Wie oben schon gesagt, gilt auch hier die durchgängige Dimensionierung der abzuleitenden Last vom Zugstab oder Zugseil über das Terminal, den Bolzen und die Anschlußlaschen zur Ankerplatte und den Bolzen bis in das Fundament. Bei Zuganschlüssen ist es weniger wichtig, das Gelenk direkt im oder nahe bei dem Schnittpunkt der statischen Schwerlinien zu setzen, aber möglichst in deren Achse. Alles muß optimal und kunstvoll entworfen werden.
Sollen die Anschlüsse sichtbar bleiben, ist es ratsam, neben dem Blick des Statikers auch den Blick des Bildhauers aufzusetzen.

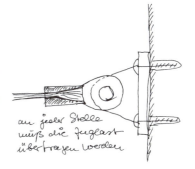

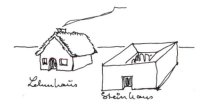

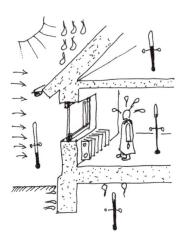

Hülle

Die Hülle des Bauwerks ist die Grenze zwischen dem wechselhaften Außenklima und dem weitgehend konstant gehaltenen Innenklima der für uns Menschen aus dem natürlichen Raum herausgegriffenen Behausungen. Sie hat vielfältige, teils sogar entgegengesetzte physikalische Aufgaben zu erfüllen. Deshalb wird sie mit dem idealen landwirtschaftlichen Nutztier, der eierlegenden Wollmilchsau, verglichen.

Man erwartet von der Hülle Schutz gegen Wärmeabwanderung, aber auch solaren Wärmegewinn. Sie soll wasserdicht sein, aber Wasserdampf hinauslassen. Sie muß winddicht sein, aber gute Lüftung garantieren. Sie soll Licht hereinlassen, aber keine Blendung. Sie soll Offenheit, aber vor allem Sicherheit signalisieren. Sie soll innen wohnlich und außen wetterfest sein.

Innen soll es:
nicht zu heiß – nicht zu kalt
nicht zu feucht – nicht zu trocken
nicht zu hell – nicht zu dunkel
nicht zu zugig – nicht zu stickig
nicht zu geschlossen – nicht zu freizügig
nicht zu laut – nicht zu leise

sein, und das für viele Menschen, deren „nicht zu …" jeweils unterschiedliche Toleranz (ökologische Valenz) aufweist.

Ihre Angriffspunkte von außen sind: Temperaturunterschiede, Strahlung, Windkraft und -erosion, Niederschläge, Blitz und Donner, Straßenlärm … Ihre Angriffspunkte von innen sind von uns gemacht: Wasserdampf, Temperaturgefälle mit Taupunkt, Raumheizung, Stäube, Aerosole, Gase. Dazu die mangelhafte Handhabung durch die Bewohner. Welch wunderbare Aufgabe, für diesen Wust von Bedingungen kluge Hüllen zu entwickeln!

Die Hülle des Bauwerks besteht zu allen sechs Seiten unserer Orientierung. Oben stellt sie das Dach dar, zum Erdboden nach unten die Sohle und zu den vier Seiten die Fassade. Dach und Fassade haben sehr ähnliche Aufgaben, die sich nach Lage ein wenig verschieben. Sie sind oben beschrieben. Die Sohle zum Erdboden trifft auf ein gleichmäßiges

Klima. Sie muß alle Lasten fest gründen und kann Problemen der Feuchtigkeit aus dem Boden ausgesetzt sein. Wenn wir weit unter die Erde bauen, wachsen die Tragwerks- und Feuchtigkeitsprobleme, und wir tun gut daran, Fachingenieure auch des Wasserbaus zu fragen, denn schon die Bauphase ist ein Ingenieurkunstwerk. Hinzu kommt, daß unterirdische Baufehler nur sehr mühsam zu sanieren sind.

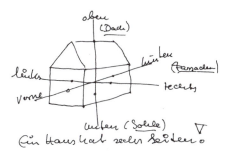

Hülle = Tragwerk

Als noch niemand über Physik & Materie raisonnierte, als es noch keine Architekturstudenten gab, als noch niemand Tragwerk und Hülle unterschied, bauten die Menschen und ihre Baumeister die Hülle, und sie war Tragwerk. Die Lehmbauten, die Mauerwerkshäuser, die Blockhäuser, die Iglus, auch die Zelte waren Hülle und Tragwerk.
Hülle = Tragwerk ist Tradition.
Es liegt auf der Hand, daß ein aufwendiges Tragwerk, wenn es aus Scheiben zusammengesetzt ist, gleichzeitig die Hülle des Bauwerks darstellt, muß es doch fest und dauerhaft sein. Es erfüllt also schon einige Funktionen der Außenhülle des Bauwerks.

_ Einschalig

Einschalige Konstruktionen können einschalig-einschichtig und einschalig-mehrschichtig sein. Ersteres wäre z.B. beidseits sichtbares Mauerwerk, eine Lehmwand oder die Blockhauswand im Westernfilm, die innen wie außen ist. Selbst im tradierten Bauen ist sie Rarität. Schon eine innenseitig verputzte Wand ist einschalig-mehrschichtig.

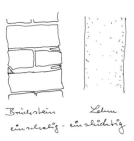

Die einschalig-einschichtige Bauweise ist heute nicht mehr anzuwenden. Selbst sogenannte monolithische Außenwände müssen mehrschichtig sein.
Im Kapitel über die Stoffe wurde klar, daß schwere Materialien gut Wärme leiten. Je poriger sie sind, um so mehr nimmt die Wärmedämmung zu. Porige Stoffe feinster Struktur mit vielen Lufteinschlüssen aber sind nicht mehr als Tragwerk zu verwenden, denn ihre Strukturen brechen unter Last zusammen.
Tragen und Wärmeschutz schließen einander prinzipiell aus.
Die Folge ist eine konsequente Trennung von Tragwerks- und Wärmeschutzschicht oder der Versuch, beide Eigenschaften in einem festen, porigen Kompromiß zu vereinen. Das versuchen die Kalksandstein- und Ziegelindustrie in einem Rennen um hohe Tragfestigkeit und verbesserten Wärmeschutz mit ihren Porensteinen. Außenwände in dieser Technik werden in Erfüllung des notwendigen Wärmeschutzes ca. 50 cm dick. Bei steigenden Anforderungen wird eine besondere Dämmschicht unvermeidlich werden, und der Sinn dieser Bautechnik entfällt.

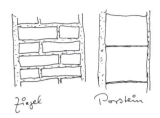

Ziegel Porstein

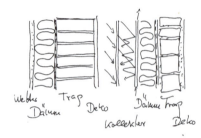

Wetter Dämm Trag Deko   Dämm Trag Deko Kollektor

einschalig - mehrschichtig

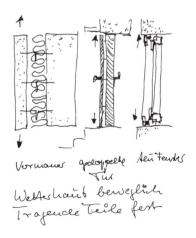

Vormauer gekoppelte Tür sein Fenster
Wetterhaut beweglich
Tragende Teile fest

Einschalig-mehrschichtige Tragwerkshüllen haben in der Regel eine tragende Innenschale aus schweren Materialien, eine äußere Wärmedämmschicht hinter einer Wasserdampfsperre und eine wetterfeste Außenhaut.

Die tragende Innenschale ist, geschützt durch die Dämmung, im geregelten Klimabereich ohne viel Dehnung, die das Tragwerk beeinflussen könnte. Ihre schweren Materialien speichern Wärme und bei porigen Stoffen auch Feuchtigkeit. Ihre Innentemperatur ist maßgebend für das Raumklima und unser Gefühl der Behaglichkeit. Die Temperatur innerhalb der Wand nimmt nach außen hin ab. Die Dämmschicht bremst den Abfluß der in der schweren Schale gepufferten Wärme.

Durch die Wand dringt auch der von uns durch Atmung und Transpiration produzierte Wasserdampf. Mit sinkender Temperatur wird er am Sättigungspunkt zu flüssigem Wasser kondensieren. Das geschieht am wahrscheinlichsten innerhalb der Dämmschicht, wo das größte Temperaturgefälle ist. Nasse Dämmung, deren dämmende Luftporen mit Wasser gefüllt sind, erfüllt nicht mehr ihre Aufgabe. Wärme kann schneller abwandern. Deshalb schützt man die Dämmschicht an der warmen Innenseite sicherheitshalber mit einer dampfdichten Schicht. Unsere Feuchteproduktion wird in der Wand gepuffert und muß durch Lüften den Raum verlassen. Die wetterfeste Außenhaut ist den o.a. klimatischen Schwankungen ausgesetzt. Sie bewegt sich völlig anders als das im klimaberuhigten Raum liegende Tragwerk. Sie ist deshalb so daran zu befestigen, daß Bewegung möglich ist. Gleichzeitig soll sie wasser- und winddicht sein. Bewegungsfugen, flexible Befestigung und Fugenabdichtung sind zu beachten. Schon ein Außenputz ist mit einer weichen, elastischen Lage unter der festen Wetterhaut zu versehen.

Im Dachbereich heißt die einschalig-mehrschichtige Bauweise „Warmdach". Ihr Aufbau entspricht bei Flachdächern dem Wandaufbau (bei Holzdachkonstruktionen entfällt die schwere Innenschale).

Das Prinzip der Mehrschichtigkeit mit beweglicher Außenhaut treffen wir an vielen Stellen der Hülle wieder, der aufgedoppelten Haustür, den thermisch getrennten Fensterkonstruktionen, dem Alu-Holz-Fenster, den gedämmten Fensterläden, Kollektorwänden usw.

_ Mehrschalig

Bei der Mehrschaligkeit wird die äußere Wetterhaut vom Rest der Schichtung getrennt und von der Außenluft umspült (hinterlüftet). Sie ist an ihrer Innenseite also so kalt wie außen. Das hat den Vorteil der Bewegungsfreiheit zur Tragschicht. Die inneren Schichten bleiben zusammen. Sie sollten allerdings winddicht ausgeführt werden. Da die Hinterlüftung an der Außenseite der Dämmschicht im Jahresverlauf kondensiertes Tauwasser in der Dämmung verdunstet und abführt, wird die Dampfsperre auch weggelassen, allenfalls eine „Angstfolie" zum Windschutz eingelegt.

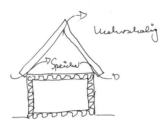
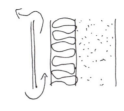

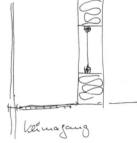

Im Dachbereich heißt die mehrschalige Bauweise „Kaltdach". Zwischen Dachhaut und gedämmtem Raum ist Luft. Bei Flachdächern dient er allein zur Hinterlüftung der Dachhaut und zum Abtransport von diffundierter Raumfeuchtigkeit an den Dachrändern. Das geneigte Dach hat den Dachboden als hinterlüfteten Bereich, der trocken und luftig als Speicher nutzbar ist, im Sommer warm, im Winter kalt. Die Hinterlüftungsschicht der Fassade kann nutzbar gemacht werden wie das Kaltdach, wenn die Außenschale weit von den anderen Schichten abgerückt wird. Wintergärten können solche halbklimatisierten Zonen mit wetterabhängigem Wechselklima sein, wenn sie als bloße Außenhaut konzipiert werden. Sie bieten, wie der Dachboden, die Qualität eines geschützten Außenraumes und Temperaturpuffer für den warmen Innenraum.

Auch die aufwendige und sicher „öko-modische" gläserne Doppelfassade mancher Bürobauten ist eine erweiterte Hinterlüftung, deren Bereich solargesteuert Funktionen der Klimaanlage übernehmen kann, Austritt, Fensterputzzone und Fluchtweg sein kann.

Hülle + Tragwerk

Tragwerke, die einer Hülle bedürfen, sind Skelettbauten, deren konzentrierte Lastabtragung durch Stützen nicht raumabschließend ist.
Von den tradierten Bauweisen hat allein das Fachwerkhaus ein eigenständiges Tragwerk, das – wenn auch als Ausfachung in gleicher Ebene – „verhüllt" werden muß. Es zeigt auch alle Mißlichkeiten dieser Technik auf, denn kein Bauwerk weist in seiner bewitterten Fassade so viele Fugen zwischen Holz untereinander und Holz und Ausfachung – sei sie aus Lehmflechtwerk oder Ziegel – als Möglichkeit zum Eindringen von Wasser und Wind auf. Fachwerkhäuser sind tradierte Bauschäden. Laufend wurde an den Fugen ausgebessert. Der „Beistrich" in der tradierten Hausbemalung deutet auf die fortwährende Tätigkeit im Fugenbereich

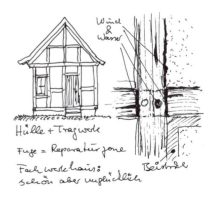

hin, damit nicht jedesmal das ganze Fach gemalt werden mußte. Die aus Verzweiflung vorgehängten Schutzfassaden werden von romantischen Denkmalschützern entfernt, sogar da, wo niemals Fachwerk sichtbar war. Sanierungsschäden an Fachwerkbauten sind vielfältig. Die in das Tragwerk integrierte Hülle ist „out".

_ Tragwerk außen

Sollen die Innenräume des Bauwerks glatt und neutral für eine Vielzahl unterschiedlicher, vielleicht oft wechselnder Funktionen sein, kann das Tragwerk außerhalb der zu planenden Räume entworfen werden. In der Natur kommen solche Konstruktionen nicht vor. Das geniale Außenskelett des Hummers ist ein Schalenbau ohne wesentliche Innenstrukturen, kann also nicht als Vorbild dienen.

Das bekannteste Beispiel für ein Außenskelett mit Verlagerung noch anderer gebäudedienlicher Einrichtungen nach außen ist das „Centre Beaubourg" (Pompidou) in Paris. Der freie Innenraum wird von einer vielgestaltigen Zone aus Tragwerk, Klimakanälen, Treppen und Aufzügen und anderen Innereien umhüllt, als sei ein Körper von innen nach außen gekehrt. Diese spektakuläre Struktur hat das Bauwerk berühmt gemacht, weil sie so außergewöhnlich ist. Außenskelette verleihen dem Baukörper Gliederung und Ablesbarkeit. Ihr Rhythmus ist gestaltprägend und maßstabgebend. Stößt das zu erstellende Bauvolumen nicht haarscharf an die Grundstücksgrenzen, kann sich der Bauherr den Luxus dieser „Pufferzone" leisten, sie sogar zu Arkaden ausnutzen.
Leider gibt es ein paar konstruktive Probleme, die zu beachten sind.
Das außenliegende Tragwerk ist der Witterung ausgesetzt, der innenliegende Anteil aber nicht. Zu den thermischen Bewegungen der Außenbauteile kommen thermische Spannungen zum konstant temperierten Innentragwerk. Das muß der Tragwerksplaner berücksichtigen.

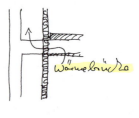

An den Stellen, an denen das Außentragwerk nach innen duchstößt, wird die Hülle unterbrochen. Das massige Tragwerk läßt an dieser Stelle Wärme abfließen, und es kann durch Auskühlung der inneren Oberfläche zu Feuchtigkeit aus Kondensat kommen. So bildet sich schwarzer Schimmelpilz. Undichtigkeiten können hinzutreten. Das muß der Architekt berücksichtigen. Thermische Trennung ist bei größeren Tragwerken schwer durchführbar. Die wärmedämmende Verhüllung des Tragwerks kann dem Gestaltwillen entgegenstehen. Die innenliegende Dämmung der Tragteile, bis sie warm genug sind, ist ein mäßiger Kompromiß. Bleibt die Beheizung der gefährdeten Punkte als energiefreudige Variante. Das geschieht manchmal ganz von allein, wenn dieser meist im Deckenbereich liegende Punkt durch oben versammelte Warmluft temperiert wird.

_ **Tragwerk innen**
Wir selbst sind Beispiel für Innentragwerk und können die Qualität dieser Bauweise aus Selbstbeobachtung bewerten. Das Tragwerk ist geschützt und allseits wohltemperiert. An den peripheren und dünnbehäuteten Stellen bekommen wir zuerst kalte Füße und Hände. Die Außenhaut führt ein losgelöstes Eigenleben. Ihre Gestalt kann unabhängig vom Tragwerk gewählt werden.
Im Bauwesen kann diese Konstruktionsart zu glatten Außenhäuten führen, die nichts vom Wesen ihres Innenlebens verraten. Die Welt steht voll von jenen blau-, braun-, gold- und grünglänzenden Glitzerwesen. Man könnte ein städtebauliches Downtown-Modell in jeder Parfumerie zusammenstellen.
==Die Technik der allesumhüllenden Außenhaut== aber ==ist einfach und problemlos==. Sie kann gestalterisch völlig unterschiedlich ausgeformt werden und technisch einfache, gute Bauwerke entwerfen lassen.

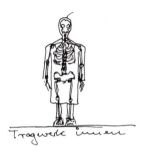

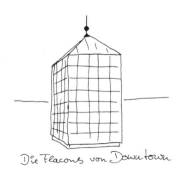

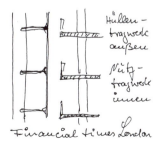

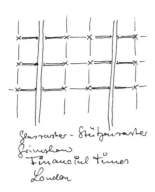

Glasraster – Stützenraster
Grimshaw
Financial Times
London

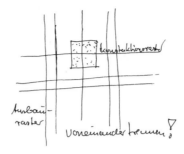

Ausbauraster   voneinander trennen?

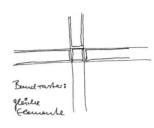

Bauraster:
gleiche Elemente

_ Raster

Zum Verständnis der Verknüpfung von Tragwerk, Hülle und Ausbau ist ein Exkurs in die Geometrie der Raster angebracht.

Raster sind Naturphänomene und folgen dem obersten Naturgesetz: maximale Effizienz/minimaler Aufwand.

Was sich Vögel ersingen oder Hunde mit erhobenem Hinterbein markieren, ist die Umgrenzung der Fläche des notwendigen Lebensraums. Sie darf nicht kleiner sein. Dafür, daß sie nicht größer wird, sorgt die nachbarliche Nahrungskonkurrenz. Raster sind Flächeneinteilungen und ein Symbol für optimale Ausnutzung.

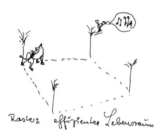

Raster: effizienter Lebensraum

Unsere rechtwinkligen Rasterstrukturen bewirken eher Langeweile als Lebenskampf. Einengung und Dominanz des freien Geistes sind die Vorwürfe. Betrachten wir die organischen Bauten des Bauingenieurs Antoni Gaudi in Barcelona, so folgen sie strengen Rastern. Blatt, Baum, Zebra oder Zebrastreifen sind gerastert – auch unser Maßsystem, mit dem wir uns weltweit (bis auf England!) verständigen. Das Denken in Rastern ist für den gestaltenden Entwerfer selbstverständlich.

Eindimensionale Raster (Einstein fällt ins Wasser) sind selten im Bauwesen, vielleicht in Pilzstützen.

Zweidimensionale Raster sind die Regel. So sind z.B. Traghierarchien (s.o.) mit ihren jeweils auf die mögliche Spannweite abgestimmten Rastermaßen Schichtungen zweidimensionaler Raster.

Dreidimensionale Raster sind räumliche Maßordnungen, die jedem Bauwerk eigen sind. Anschaulich sind sie an einer Baumstütze zu beobachten.

Einstein im Atlantik
eindimensionales Raster

zweidimensionales Raster

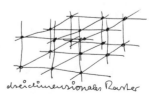

dreidimensionales Raster

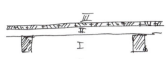
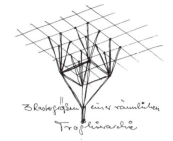
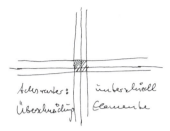

Es wird gern vergessen, daß Rasterlinien Flächengrenzen sind. Man träumt von gleichen Elementen aus industrieller Fertigung, schnell, praktisch, gut. Stellen wir die Elemente dann auf, kommen wir nicht einmal um die Ecke, können keinen T-Anschluß oder gar ein Kreuz. Die Achslinien sind unendlich dünn, unsere Wand aber ist Materie und bedarf einer Fläche. Das sog. „Achsraster" grenzt im Sinne des funktionalen Entwurfs die Nutzflächen ab. Für den Flächenbedarf der Wände aber werden auch Flächen gebraucht. So müssen zwei Raster überlagert werden, eines für den Raum und eines für die Wände. So entsteht das im Band der Wandstärke verbreiterte „Bandraster".

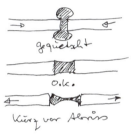

Immer noch werden Rastereinheiten verändert, wenn Bauteile im Raster stehen, die andere Maße als das Bandraster haben, z.B. Stützen. Kettensäge und gepfuschte Anschlüsse sind die Folge. Wir tun gut, Ausbau- und Konstruktionsraster voneinander zu trennen, wenn wir im Raster und mit elementierten Bauteilen planen. Füllglieder im Rasterbau wirken immer wie ein planerischer Bankerott. Höhenraster werden auch an Bauten wichtig, bei denen niemand es vermutet: im Häuslebau. Das Einhalten der Mauerwerksmaße im laufenden Mauerwerk ist für Öffnungen gut, da Ausbauteile in Mauerwerksmaßen standardisiert sind. Ansonsten hacken die Maurer grundsätzlich Steine passend. Die Schichtmaße aber sind unumstößlich einzuhalten, wenn nicht der Maurer laufende Mauerkronen von z.B. 4 cm Höhe sägen muß. Das wird schwieriger mit den 25 cm hohen Planblöcken moderner Ziegeleitechnik.

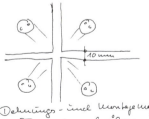

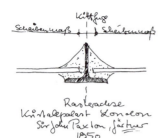

Senkrechte Raster bestimmen die Fassadentechnik, die Befestigung der Hülle am Tragwerk, die Befestigung der Hüllfläche an einem eigenen Sekundärtragwerk und wiederum dessen Befestigung an der Primärstruktur.
Allen Zusammenführungen von Bauteilen liegen Raster zugrunde:
• das oktametrische Mauermaß 12,5 cm (8 Einheiten = 1 m)
• das Plattenraster 1,25 m
• das Euro-Raster m = 10 cm (3 m, 6 m und 12 m) versucht, all diese aus der Fertigung stammenden Maßordnungen zu koordinieren – vergeblich.
In Wirklichkeit hat kein Bauteil die Abmessungen des Planungsrasters. Es ist kleiner um das Maß der Dehnung, das Maß der Montage- und Bautoleranz und um das notwendige Maß des Dichtungsraumes. Die Fuge, die all diese Aufgaben erfüllen muß, ist wiederum ein kleines Bandraster.
Das Raster des berühmten Londoner Kristallpalasts (1850) hat sein Erbauer Sir John Paxton, ein Gärtner übrigens, nach den lieferbaren Abmessungen der Glasscheiben gewählt, da sie das teuerste Bauteil darstellten. Ihr Maß + die toleranz- und dehnungsausgleichende Kittfuge + die halbe Stegbreite der glastragenden T-Stahlprofile ergaben in der Summe das Modulmaß, aufgrund dessen in Addition die Traghierarchie des Bauwerks bemaßt wurde. Genial!

Verbindungen

Ein paar wichtige Begriffe für die Konstruktion von Verbindungen haben wir eben schon kennengelernt:
• Toleranz (zum Ausgleich von Ungenauigkeiten)
• Toleranz (zum Ausgleich von Dehnung)
• Raum (um das Bauteil montieren zu können)
• Raum (um angemessen abdichten zu können).

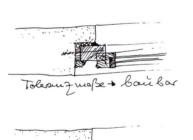

Das gilt sowohl für die Befestigungspunkte der Bauelemente als auch für die Fugen, mit denen sie „gefügt" sind. Fest und doch beweglich, dicht fixiert und doch elastisch – so die Anforderungen an Befestigung und Fuge. Die Dichtung darf weder bis zur Zerstörung gequetscht noch bis zum Abriß gezogen werden. Fugen sind Elemente des Bauens, die kunstvoll entworfen werden müssen. Sonst entstehen Risse, oder es verbleiben Ritzen, deren unkontrollierbares Aussehen mangelhafte Baukunst signalisiert.
Die Durchgängigkeit der Funktion von Schichten des Bauelements ist ein weiterer Faktor bei der Fügung. ==Montagebauteile haben rahmenartige Ränder für ihre Haltbarkeit und die Zusammenfügung. Die Schichten sind unterbrochen.==
Die Außenhaut muß als Ganzes wetterfest sein. Fugen sind entsprechend durch Schuppung oder mit elastischen Mitteln abzudichten.

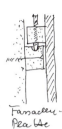
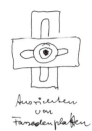
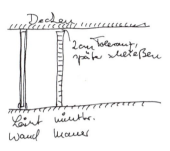

Die Wärmedämmung wird an den Rändern durch feste, also weniger dämmende Stoffe unterbrochen. Am Übergang von Fassade zum Dach oder in die Sohlplatte liegen evtl. Tragteile in der Dämmschicht, die wiederum unterbrochen. Der Wärmeschutz eines noch so guten Wand- und Dachaufbaus kann bei mangelnder Durchgängigkeit der Schichten erheblich gemindert werden und sogar Bauschäden hervorrufen, wenn der Taupunkt nach innen gelangt und schwarzer Schimmel entsteht. Also denken wir lieber über die Durchgängigkeit nach.

Die Dampfbremse, soweit geplant, muß unerbittlich und überall geschlossen sein, wenn sie wirken soll. Undichtigkeiten führen zu partieller Durchnässung der Dämmung und anderen verborgenen Feuchteschäden in der Außenwand.

Winddichtigkeit ist ein anderes Problem bei der Fügung von Bauteilen und an den Übergängen von Dach zu Fassade und zur Sohle. Auch hier reicht nicht der schöne Wandaufbau. An den Übergängen ist er aufgelöst, und ein neuer beginnt. Die Zone dazwischen hat dieselben Funktionen zu erfüllen wie der schöne Wandaufbau.

Wenn wir die Hülle unserer Bauwerke zusammenfügen, achten wir deshalb konsequent auf die Durchgängigkeit der Schichten auch an den Knotenpunkten. Es kann sein, daß wir eine neue Wandschichtung überlegen müssen, um gute Übergänge zu bekommen.

Öffnungen

Es sind im wesentlichen Fenster und Türen, die die geschlossene Außenhülle unterbrechen, um den Innenraum zu betreten oder zu verlassen, um Licht und Luft herein- oder herauszulassen. Zu allen Funktionen der Hülle kommen diese hinzu, die teils Mobilität verlangen.

Die Natur der Materialien und die mobile Funktion lassen Öffnungen der Außenwand immer als Schwachstellen erscheinen. Alle Technikentwicklung für Fenster und Türen zielt auf die Minderung der Schwächen.

Das Bindeglied zwischen beweglichen Fenstern oder Türen und dem Wandaufbau ist der Blendrahmen. Er ist standardmäßig auf der Wandseite für eine dichte, gedämmte und feste Verbindung mit dem Öffnungsrand konstruiert. Zum beweglichen Flügel hin hat er die zum Dichten gegen Regen und Wind notwendigen Fräsungen mit Dichtungsprofilen und Beschlaghalterungen. Das paßgenaue Gegenstück mit entsprechenden Dichtungslippen und Beschlagtechnik ist auf dem Außenrand des Flügels. Die beiden Teile verbinden sich in geschlossenem Zustand innig. Zwischen diesen Rahmen baut sich die Tür in ihren Schichtungen auf, oder der Rahmen ist für eine Verglasung gefräst, ebenfalls ein Standardprofil. Fenster haben also drei Fugen als Übergangszonen von Materialien und Funktionen.

Wir müssen heute nicht jedes Fenster neu konstruieren, wir können es aber, wenn unser Gestaltwillen nicht mit dem Standardfenster übereinstimmt. Das wird teuer, wenn wir nicht zumindest die technisch notwendigen Fräsungen mit den Standardwerkzeugen herstellen lassen.

3 Schadensebenen in der Fenstertechnik

Haustechnik

Tragwerk, Hülle und Ausbau sind selbstverständliche Gegenstände von Grundrissen, Schnitten und Ansichten. Es ==kann einen großen Schrecken geben==, wenn das Haus an das zu seinem Betrieb notwendige Ver- und Entsorgungsnetz angeschlossen wird und der Haustechniker Leitungen und Rohre, Zähler und Hebel unterbringt, insbesondere, ==wenn die installationsintensiven Räume nicht entwerferisch konzentriert wurden, gar über dem Wohnraum liegen==. Dann ist besser ein neuer Entwurf fällig! Es beginnt schon damit, daß jeder Versorger eigene Vorstellungen seiner Übergabestation durchsetzen will, womöglich in weiter Distanz zu anderen. Ableser müssen in Augenhöhe ihre Zahlen finden usw. Haustechnische Einrichtungen brauchen Raum und planerische Umsicht.

Lokale Ressourcen

Sonne ist die einzige Energiequelle unserer Erde. Bevor teure Technik installiert wird, sollten wir versuchen, günstig an die vorhandenen Quellen zu gelangen. Über gute Wärmedämmung hinaus, deren Bemessung vom lokalen Klima abhängt, kann das Bauwerk an Fassade und Dach Sonnenenergie in Form von Wärme oder gar elektrischem Strom gewinnen. Dazu ist eine ==Ausrichtung der transparenten Teile des Hauses möglichst nach Süden== angebracht. Es ist prinzipiell gut, massive,

gutgedämmte Bauteile nach Nord, West und Ost zu legen und Dach & Südwand skelettartig flexibel auszubilden, um mit Verglasungen, Kollektoren und Sonnenschutz spielerisch und immer aktuell verändernd entwerfen zu können.
Regenwasser ist zu so vielen Zwecken zu nutzen, für die Trinkwasser viel zu wertvoll ist, daß eine geschickte Regenwasserführung auf dem Dach (auch das ist ein Grundrißentwurf!) und die Speicherung in Zisternen selbstverständlich sein sollte. Wind kühlt die Fassade aus, ist aber als Frischluftlieferant lebenswichtig. Das Maß an Windschutz und Durchlüftung ist mit Pflanzen um und am Haus zu steuern.

Heizung & Lüftung

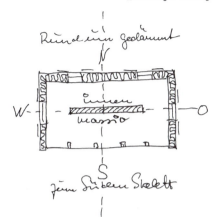

Mit wachsendem Wärmeschutz werden Heizungsanlagen immer kleiner. Nach Sonnenenergie ist Gas der beste Energieträger. Öl ist zu schade zum Verbrennen. Da die modernen Brennwertanlagen keinen konventionellen Schornstein mehr brauchen, sondern eine Art Auspuff haben, können sie gut im Dach untergebracht werden. Ebenfalls ist für den Warmwasserspeicher Raum vorzusehen. Auch wo kein Gasanschluß liegt, sind Flüssiggascontainer vorauszuplanen.
Kachelöfen werden oft gewünscht. Sie verbrennen nicht nur Holz und Kohle, sondern alles, auch – obwohl streng verboten – schädliches Restmaterial. Hier muß ein Schornstein gebaut werden. Wenn es dann doch der offene Kamin werden soll, damit die Flamme zu sehen ist, mindert sich der Heizwert erheblich.
Große Heizflächen mit geringem Temperaturniveau strahlen freundliche Wärme ab und bieten auch bei kühler Luft Behaglichkeit (siehe Kapitel Physik).
Da wir Luft „verbrauchen", muß gelüftet werden, sonst steigt ihr Gestanksfaktor (olf). Luft enthält nur wenig Wärme, der Austausch nimmt kaum Wärme mit nach außen. Diese geringe Menge technisch aufwendig mit Wärmetauscher zu erhalten und die Lüftung durch Rohre zu führen, ist übertrieben und fragwürdig, zumal dauernd durchströmte Rohre verschmutzen und die Lüftungsrate erhöhen, um ihre selbstproduzierten „olfs" zu neutralisieren. Wer putzt den Küchenabzugsfilter? Wer wird je versteckte Rohre putzen? Fensterputzen aber ist sichtbar. Der erbsenzählende Energiefetischist baut Lüftungsanlagen in Häusle, die in Großbauten gerade vermieden werden. Die Mehrlüftung durch die Rohrverschmutzung wird alle Einsparung zunichte machen. Was bleibt, ist eine technische Ruine.
In manchen Bauwerken aber, wenn eine natürliche Fensterlüftung nicht ausreicht, sind technisch komplizierte Anlagen zur Heizung und Lüftung erforderlich. Supermärkte, Industrieanlagen, Großküchen usw. kommen aufgrund ihrer Fläche oder ihrer Dünste nicht ohne Lüftungsanlagen aus. Hier ist neben dem Statiker sehr früh ein Fachingenieur zu konsultieren, der den Raumbedarf der Anlage abschätzt, wenn sie z.B. im Tragwerk untergebracht werden soll, um gleich mit den richtigen Bauhöhen und Öffnungen zu operieren.

Wasser & Abwasser

Trinkwasser ist wertvolles Lebensmittel und sparsam einzusetzen. Regenwassernutzung für Toilettenspülung und, wenn gefiltert, auch für die Waschmaschine spart Trinkwasser. „Grau"-wasser aus Bad und Waschmaschine zur Toilettenspülung sollte nur bei hohem Wasserumsatz genutzt werden. Warmwasserleitungen sollten nur kurze Wege haben.

Abwasserrohre sind dick, Fallrohre auch geräuschvoll. Sie müssen sorgfältiger geplant werden als alle anderen Leitungen im Haus. Kurze Leitungswege durch geschickte Planung sind selbstverständlich.

Abfall & Recycling

Der einzige Mülleimer allein ist out. Bei der bestehenden Materialtrennung im Haushalt, bevor „Müll" entsteht, ist dem Materialhaushalt eine große Bedeutung zugekommen, und es braucht Platz, sinnvoll und bequem Materialien getrennt zu sammeln und abzugeben. Abfalltrennung im Haus wird zunehmen und sicher strenger durchgeführt. Hier sind alle Planenden aufgefordert, neu nachzudenken. Vorbilder gibt es noch nicht.

Strom & Information

Elektrizität sollte nur für Licht, Arbeit und Elektronik eingesetzt werden. Elektrowärme ist volkswirtschaftlicher Unsinn, kann man Wärme doch mit anderen Energieträgern drei- bis vierfach herstellen, die dann nicht in Kraftwerken mit so geringer Effizienz verfeuert würden. Gut ist, auch die Waschmaschine, den Geschirrspüler und den Trockner an den Warmwasserkreislauf zu schließen und nur die Pumpen und Motoren elektrisch zu betreiben.

Elektroanlagen sind in ihrem Raumbedarf zu übergroßen Schrankwänden gewachsen, aus denen unmäßige Kabelbäume wachsen. Es ist alles genormt, und wir werden damit leben, aber auch den Platz dafür vorsehen müssen.

Informationsanlagen sind am wenigsten raumgreifend in der Planung und können wie Elt-Leitungen verlegt werden. Über Telefon hinaus sind Fernsehkabel, Internet, Alarmanlagen, Antennen usw. zu berücksichtigen.

IV. Konstruktives Entwerfen für die Zukunft

Alles Bisherige ist grundlegendes Fibelwissen für gegenwärtiges Bauen, sowohl in der Tradition der Geschichte als auch mit den Neuerungen unserer Industriegesellschaft. Das ist schon mal ein guter Anfang und alles bleibt auch in Zukunft gültig. Als planende Menschen aber müssen wir weiter denken. Architektur steht eine lange Zeit und sollte im Laufe ihrer nutzbringenden Existenz stets den aktuellen Anforderungen entsprechen können. Architekten müssen **über die Gegenwart ihrer Bauwerke hinaus bis an ihr Lebensende denken**, sie sind Zukunftsplaner.

Das gilt insbesondere für die nächsten paar Jahrzehnte. Wie die Entdeckung der fossilen organischen Stoffe (Kohle, Öl, Gas) im Bauch unserer Erde die Gesellschaft und ihre Technologieentwicklung tiefgreifend verändert hat, so wird das Versiegen dieser Quellen tiefgreifend verändern. Die Verbrennung der wertvollen Stoffe zur Wärmeproduktion auch in thermischen Kraftwerken wird als erstes gestoppt, sei es aus Einsicht oder aufgrund der Preisentwicklung immer rarer werdender Ressourcen. Aus den fossilen Kohlenwasserstoffen längst vergangener Photosynthese stellen wir heute viele Dinge unseres Lebens her wie z.B. alle Kunststoffmaterialien, viele pharmazeutische und kosmetische Substanzen. Fossile Ressourcen sind zur Energiegewinnung, ja sogar als Treibstoff für die Mobilität bald out!

Unter diesem Aspekt des erneuten Umbruchs liegt es nahe, die technologische Evolution der Art Mensch in entsprechende Abschnitte einzuteilen:
- die vorfossile Epoche
- die fossile Episode
- die postfossile Epoche.

Die vorfossile Epoche beginnt mit Entstehung des Lebendigen vielleicht vor vier Milliarden Jahren, als im Überschwang des Lebendigen die großen Lager fossiler Energieträger entstanden. Für die Menschheit begann sie mit der Entwicklung zweier Eigenschaften, die sie aus der Bahn der Evolution steil aufwärts gebracht haben:
- der abstrakten Sprache als Mittel zur übergenetischen Informationsweitergabe und zum planerischen Denken
- der Zähmung des Feuers, dem Umgang mit Energie als Grundlage aller naturwissenschaftlichen Erkenntnis.

Das mag ziemlich gleichzeitig und aufeinander aufbauend begonnen haben und ist noch nicht beendet. Sprache und Informationstechniken sind auch heute noch im Fluß, ebenso der Stand der naturwissenschaftlichen Erkenntnis. In der vorfossilen

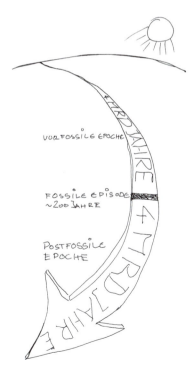

Epoche war die Sonne einzige Energiequelle. Ihre Wärme wurde direkt genutzt, teils mit ausgeklügelten Systemen, Wind- und Wasserkraft wurden mit einfacher Technik genutzt, Hauptenergiequelle war Biomasse, die durch Photosynthese wuchs. Nahrung, Rohstoffe und Energie aus organischer Produktion der Pflanze mittels Photosynthese, das war die Basis der Kultur der vorfossilen Gesellschaft.
Die fossile Episode, in deren Endstadium wir leben, begann mit Erschließung fossiler organischer Lager, zunächst Kohle, dann Öl und Gas gegen Ende des 19. Jahrhunderts. Die schier unendlich scheinende Energiefülle führte zu einer steilen Beschleunigung der technologischen Entwicklung in der fossilen Gesellschaft. Erfindungen zum besseren und bequemeren Leben wurden realisiert, die Industrialisierung bot durch ihre Produktionstechnik vielen Menschen einen hohen Lebensstandard. Nie ist es den Menschen besser gegangen, als in den Industriegesellschaften der Gegenwart, nie waren sie besser ausgestattet, nie mobiler, nie informierter, nie satter. Unsere fossile Zeit gilt in der Geschichte als Episode, währt sie doch allenfalls 150–200 Jahre. Setzt man die Geschichte der Menschheit als einen Tag, so liegt die fossile Episode in seinen letzten Sekunden.
Dann kommt die postfossile Epoche, die maximal wiederum vielleicht vier Milliarden Jahre währen kann, bis die Sonne ihren Fusionsreaktor ausgebrannt hat und unsere Erde als roter Riese verschlingt. Welche Zeit der komplizierten Art Mensch darin bleibt, ist auch von unserem Verhalten auf dem Planeten zu beeinflussen. Deshalb ist es für planend denkende Menschen, wie Architekten sein sollten, an der Zeit, Konzepte zur Gestaltung der Erdoberfläche, auf der wir mit anderen Lebewesen gemeinsam existieren, zu erstellen.
Es steht in der postfossilen Gesellschaft allein die „vitale" Energie der Sonne zur Verfügung und es ist reichlich davon nutzbar zu machen. Der kreative Erfindungsschub der fossilen Episode hat die Energietechnik auf ein hohes Niveau gehoben, das der postfossilen Gesellschaft einen hohen Lebensstandard ermöglicht. Der Rückfall in die vorfossile Zeit ist abgefedert.
Die Nutzung vitaler Energie wird zwingend in der Zukunft. Weniger zwingend, aber logisch im Zusammenhang mit vitaler, keinen Abfall produzierender vitaler Energie ist der Übergang zu einem weitgehend geschlossenen Materialhaushalt. Gelingt die Übung, könnte sich eine Lebenswelt ohne Müll aufbauen: Saubere Böden, saubere Gewässer, saubere Atmosphäre. Gesundheit und Lebenslust wären das Ergebnis einer Kultur, die der klassischen Ökologie entstammt:
Kreislauf der Materie und effiziente Nutzung vitaler Energie.
Für die gebaute Umwelt hat diese Maxime neue Aspekte und nicht geringe Veränderung zur Folge. Diese Zukunftsaspekte sollen im vierten Teil der Fibel so weit angerissen werden, daß Neugier und Entdeckerlust die geneigte Leserin, den geneigten Leser anspornen, sich eigene Ideen zur Zukunft auszubauen.

Kreislaufwirtschaft im Bauwesen

„Müll ist Mangel an Phantasie" – so heißt ein Buch „an der Schwelle zur Kreislaufgesellschaft". Wer Müll macht, hat noch nicht genügend nachgedacht. Recycling beginnt überall, Mülltrennung in den Haushalten ist schon selbstverständlich und hat sich schneller durchgesetzt, als die Verarbeitung der wertvollen, auf den Rückweg gebrachten Rohstoffe zu leisten ist.

Ökosysteme in ihrem Idealzustand, der Klimax, produzieren keinen Müll. Alle Materie ist im Umlauf des Lebendigen, immer wieder aufgewertet durch Zufuhr von Sonnenenergie. Daß die Klimax ein seltener Zustand ist, beweisen die vielen Lager fossiler Organismen, die nun zu Ende gehen. Für eine einzelne biologische Art ist Kreislaufwirtschaft unnatürlich. Setzt sie sich bei den Menschen durch, ist wieder ein biologischer Evolutionssprung zu verzeichnen.

Im Bauwesen ist der Straßenbau vorbildlich für wirtschaftliche Kreislaufwirtschaft. Wo große Mengen schweren Materials bewegt werden müssten, denkt man als erstes über den Verbleib der Stoffe in neuer Nutzung vor Ort nach. Die inzwischen durch Deponiegebühren inszenierte Abfalltrennung auf der Baustelle ist Standard und bedarf keiner weiteren Erwähnung in dieser Fibel.

Kreislaufwirtschaft im Bauwesen ist mehr als Recycling. Sie beginnt beim Plan. Wie die Automobilindustrie für moderne Autos den Rückbau und die Wiederverwertung der Altstoffe bereits im Entwurf konzipiert, wird die Bauwelt mit ihren Bauwerken vorgehen müssen, mehr noch, denn Bauwerke halten länger und werden mehrfach veränderter Nutzung anzupassen sein.

Kreislaufwirtschaft in der menschlichen Kultur bedeutet nicht nur Müllvermeidung, sondern auch Erhalt in der hohen Ordnung, die dem Baustoff mit Energie und Geist eingegeben wurde: Entropievermeidung. Zusammen sparen wir Energie und Materie. Das führt zu sauberer Lebenswelt.

_ Planungsaspekte

Der erste Beitrag zur Kreislaufwirtschaft geschieht als Plan im Kopf des Architekten. Großzügigkeit, Flexibilität und Variabilität sind die Zauberwörter für Planung im Sinne von Kreislaufwirtschaft. Wo bei der Neuanpassung an aktuellen Bedarf nichts oder nur wenig umgebaut werden muß, gewinnt das Bauwerk an Wirtschaftlichkeit und Wert, sogar bei vielleicht erhöhter Primärinvestition.

Eine Mercedes-Werkstatt z.B. jenseits der Richtlinien der Mutterfirma nach klassischem Konzept (Werkstatt – Lager – Showroom – Verwaltung) entworfen, bekam wegen ihrer flexiblen Auslegung auch für andere Nutzungen einen höheren Bankkredit, als der spezifizierte Werksentwurf. Banker haben die wirtschaftlichen Vorteile gleich erkannt.

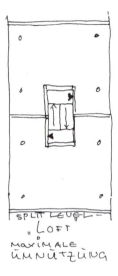

SPLIT LEVEL
„LOFT"
MAXIMALE
UMNUTZUNG

Viele Wohnungen der Gründerzeit um 1900 sind mit annähernd gleich großen Räumen so anpaßbar ausgestattet, daß Umnutzung in der Regel einfach und ohne Umbau möglich ist. Wachstum und Verkleinerung der Familie, Untervermietung, Arbeitsplatz, Wohngemeinschaften, alles ist möglich. Man zieht in seiner Wohnung um, gestaltet sie anders, ohne Umbaumaßnahmen, und lebt in neuen Räumen. Großzügige Planung ist Wert erhaltend. Im eng gestrickten sozialen Wohnungsbau ist das unmöglich. Die modischen „Lofts" – einst provisorisch eingerichtete Wohnnutzung leer stehender Gewerbeetagen – ermöglichen noch mehr Freiheit des internen Umbaus. Der Entwurf moderner Lofts mit angemessener Erschließung könnte z.B. die Integration und Austauschbarkeit von Wohn- und Büronutzung ermöglichen.

Flexibilität wird im Brockhaus einerseits mit Biegsamkeit, Elastizität beschrieben, andererseits mit der Fähigkeit, sich im Erleben und Verhalten wechselnden Situationen beweglich anzupassen. Das erste gilt für die Eigenschaft großzügig und umsichtig geplanter Gebäude, das andere wird im folgenden Kapitel „Erhaltung" noch eine Rolle spielen.

Biegsam und elastisch ist ein Gebäude, das der vorgesehenen Nutzung keinen oder nur geringen Widerstand entgegensetzt, selbst bei Umnutzung. Das Spiel unterschiedlicher Möglichkeiten zur Nutzung unserer Projekte findet in den Köpfen statt. Oft darf der Bauherr nichts davon erfahren, weil er auf die gerade vorgesehene Nutzung allein fixiert ist. Man tut ihm heimlich Gutes.

Variabilität wird im Brockhaus biologisch erklärt als ...Verschiedenheit von Individuen innerhalb einer Population... Im Bauwesen wurde der Begriff übernommen, um die Verschiedenheit von Bauelementen innerhalb eines Bausystems zu beschreiben, um die Anpassung der damit erstellten Bauten an die äußeren Gegebenheiten darzustellen. Variabilität stellt aber auch die Fähigkeit eines Bauwerks dar, durch Variation des Ausbaus, durch Anbau oder Abbau neue Aufgaben zu erfüllen, indem Bauelemente umgesetzt, hinzugefügt oder weggenommen werden, um an anderer Stelle erneut eingesetzt zu werden. Dabei entsteht in der Regel kaum Abfall. Die Bausubstanz wird in der hohen Ordnung ihrer Herstellung belassen, allenfalls gemäß dem aktuellen Standard aufgewertet.

Diese Gedanken sind in der Planung zu führen und gehören zur Raumkunst der virtuellen Gebäudekonzeption, bevor die Realisierung in der Baukunst beginnt.

_ Erhaltung

Was hat Erhaltung in einem Kapitel „Konstruktives Entwerfen für die Zukunft" zu suchen? Mehr, als man zunächst vermuten möchte. In den Industrienationen der fossilen Gesellschaft unserer Tage ist fast alles gebaut, vielleicht sogar schon mehr als nötig. Die Population nimmt ab, trotz frischen Blutes durch Einwanderung. Die Bauwirtschaft – so war zu lesen – schliddert aus der Krise direkt in die Katastrophe. Und doch wird sie sich aus ihrem Höhenflug der Bauaktivitäten normalisieren auf die laufende Arbeit, die aus heutiger Sicht Katastrophe genannt wird.

Erhaltung ist das Zauberwort für Müllvermeidung und angemessenes Bauhandwerk. Traditionspflege und regionale Identität sind darin enthalten und mögen in Zeiten ihren Wert haben, wo sich für Architektur und Städtebau keine neuen, die alten weit übertreffenden Konzepte auftun.

Denkmalpflege als Motor der Erhaltung ist ein zwiespältiger Aspekt. Der Betrachter mit romantischem Jodelgemüt freut sich, manch ein Denkmalseigner allerdings knirscht mit den Zähnen, führt Prozesse und zahlt für Rückschritt. Militante Denkmalpfleger und eng gesetzte Gestaltsatzungen von Städten und Gemeinden können die wirtschaftliche Nutzbarkeit des Bestands wirksam unterbinden, wenn sie auf dem Erhalt in historischem Zustand beharren. Andererseits ist ein Baudenkmal in Frage gestellt, wenn es stets aktualisiert dem Stand der Zeit entspricht. In der Geschichte wurde immer zeitgemäß gebaut und der Bestand wurde zeitgemäß saniert. Denkmalpflege ist jung, als Gesetzgebung sehr jung. Gäbe es ein sicheres Gespür für Ort und Bau, einen „genius loci" z.B. im Schulunterricht, Denkmalpflege und Gestaltsatzungen wären überflüssig. So befriedigen sie die bürgerlich, romantische Sehnsucht, die Max Bächer einmal so zusammenfaßt: „Alles soll wieder so werden, wie es früher nie war."

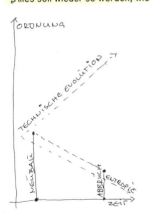

BAUWERK
OHNE
PFLEGE:
NIEDERGANG

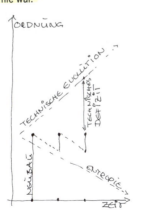

ERHALTUNG
ALS
BAUDENKMAL:
DEFIZIT

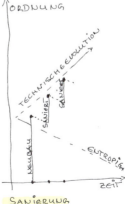

SANIERUNG
NACH
AKTUELLEM
STAND DER TECHNIK:
EWIG JUNG

UMNUTZUNG: HALLENHAUS

ADAPTION DES BESTANDS: FLEXIBILITÄT IM KOPF DER NEUEN BESITZER

Erhaltung ohne denkmalpflegerischen Druck ist gleichzeitig Aktualisierung. Wir wissen, Materie verfällt gemäß dem zweiten Hauptsatz der Thermodynamik zu wachsender Unordnung. Klimaeinwirkung, Alterung, mechanische Schäden nagen von Beginn der Nutzung am Bau. Schon der Erhalt im ursprünglichen Zustand erfordert dauernde Investition von Energie, Materie und Geist. Längere Zeit ohne aufmerksame Pflege (Reparaturstau) beschleunigt den Verfall und die notwendigen Reparaturkosten steigen. Ist der Reparaturstau sehr hoch, hilft nur noch Abriß. Es entsteht Müll: Die einst hohe Ordnung eines Bauwerks wird zu Staub, Schrott, Sondermüll. Wertverlust, Energieverlust, Entropie.

Erhaltung aber geht über die Ursprungsebene hinaus auf eine neue, zeitgemäße Struktur. Nicht nur der Verfall ist aufzuhalten. Gut geplante Gebäude leben in der Regel länger als Menschen und überdauern mehrere Generationen. Die technische Entwicklung in ihrer inzwischen schon Generationen überholender Rasanz steht am Zeitpunkt sinnvoller Erhaltungsmaßnahmen auf weit höherem Niveau, als der Gebäudezustand aufweisen kann. Zur wirtschaftlichen Nutzung ist die Anpassung an den Stand der Technik wichtig für die Nutzbarkeit des Bauwerks, für den wirtschaftlichen Betrieb und für die Vermeidung übermäßigen Reparaturstaus.

Es mag sein, daß mit dem umsichtigen Umgang mit vitaler Energie in der postfossilen Gesellschaft die Rasanz der Entwicklung abnimmt und die Aktualisierung der Bauwerke in langsameren Rhythmen verläuft. Es wäre zu wünschen und hätte zusätzlich einen anderen Aspekt: Konrad Lorenz sieht in der schnellen Entwicklung der fossilen Episode den Grund für die Entfremdung zwischen den Generationen. Wenn Kinder ihre Eltern nicht mehr fragen, Eltern nicht mehr antworten können, weil der gefragte Stoff neu ist, wenn Großeltern keinen Anschluß an die Welt der Enkel haben, steht Familienleben auf harter Probe. Langsamkeit tut Not.

Erhaltung fordert vom Bewohner Flexibilität im Sinne der Anpassung. Die Übernahme eines bestehenden Bauwerks und die Aktualisierung der neuen Nutzung entsprechend wird umso wirtschaftlicher, je weitgehender die Bauherrschaft in der Lage ist, den Bestand zu bewahren, in seiner Raumkunst wie in seiner Baukunst.

Kauft sich der zu Wohlstand gekommene Bildungsbürger in romantischer Verklärung ein altes Fachwerk-Bauernhaus im stadtnahen Dorf, kann er es seinen eigentlichen Wohnvorstellungen gemäß glatt, abwaschbar, praktisch, gut gemäß glänzend bebilderter Wohnzeitschriften neu gestalten. Die Raumkunst ist weit von der alten Raumordnung entfernt, die Baukunst mußte Kapriolen schlagen, um den Material- und Ausstattungsvorstellungen der neuen Ordnung Halt zu geben. Der klassischen Bewegung des Fachwerks gebietet ein steifes Stahlkorsett neue Festigkeit, denn z.B. Fliesenwände in elastischen Strukturen bekommen Risse. Die Bauherrschaft hat sich von ihrem Objekt emanzipiert. Die Baukosten steigen ins

Unangemessene und manch ein erhaltungswürdiges Bauwerk wurde anhand solcher Kalkulationen mangels wirtschaftlicher Erhaltung abgerissen.
Die Bauherrschaft flexibel von der angemessenen Nutzung der bestehenden Raumkunst zu überzeugen und zum Ausbau mit einer Baukunst bewegen, die der Struktur des Bestands entspricht, ist Aufgabe des Architekten. Selbstverständlich ist der aktuelle Stand der Technik des erhaltenen und sanierten Objekts herzustellen. In der Regel ist die Bauherrschaft dankbar, wenn ihnen die neue Errungenschaft ihres alten Bauernhauses klar wird, sie Verständnis für die Substanz gewinnen und mit Freude den neuen Ort und seine Umgebung annehmen. Belohnt wird diese Qualität erhaltende adaptierende Übernahme mit sehr viel geringeren Kosten, als beim emanzipatorischen Facelifting alter Strukturen. Als Sinnspruch steht auf einem Fachwerkhaus in Isernhagen:
„Dies Haus ist mein und doch nicht mein.
Der vor mir war, dacht auch's wär sein.
Er ging hinaus und ich hinein,
und nach mir wird es auch so sein."

_ Recycling

Baustoffe finden wir in der unbelebten wie in der belebten Natur. Mit der Zähmung des Feuers sind wir in die Lage gekommen, Stoffe herzustellen, die unsere Erde in dieser Form nicht vorrätig hält. Die neuen Ordnungen enthalten Geist und Energie. Recycling ist der Versuch, die Ordnung der Stoffe, wie sie mit Geist und Energie hergestellt wurde, auf dem hohen Niveau zu erhalten und sie nicht dem Verfall, der Entropie zu wachsender Unordnung zu überlassen.
Das gelingt mehr oder minder gut.
Schon das Recycling, der Erhalt im gleichen Zustand, braucht laufend Geist und Energie, denn Entropie ist Naturgesetz: alles wird schlechter, Unordnung wächst. Die Mehrwegflasche z.B. muß gewaschen werden, Etiketten und Verschlüsse werden entfernt und erneuert, Füllung und Transport – ein großer Aufwand steht zwischen zwei Flaschen kühlen Bieres in Mehrwegverpackung. Die Wirtschaftlichkeit des Erhalts von Ordnung im Recycling errechnet sich erst aus der Last linearer Einweg-Ströme für die unbelebte und belebte Natur und dem Energiebedarf laufender Herstellung neuer stofflicher Ordnungen, in diesem Falle Glas.
Der Verfall in eine niedere Stufe der Ordnung wird mit Downcycling bezeichnet. Mauerwerk mit hartem Mörtel z.B. kann nur gebrochen und als Schüttgut in niederer Verwendung eingesetzt werden, wenn es nicht gar auf die Deponie kommt. Die Trümmerfrauen 1945 haben dagegen „Re"cycling von Mauerwerk mit weichen Mörteln betrieben. Für Ortbeton ist Downcycling so lange die Regel, wie es unzählige Zuschlagstoffe für Beton gibt, die dessen Eigenschaften insbesondere

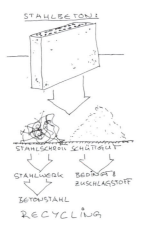

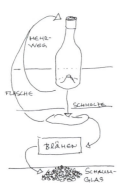

zum Zeitpunkt des Einbaus, aber auch in seinen Eigenschaften verändern. Während der Betonstahl als Schrott zum Recycling ins Stahlwerk kommt, um wieder Betonstahl zu werden, ist der Bruch aus Betonkies, Zement und Zuschlägen nicht mehr gleichrangig als Betonzuschlag einsetzbar. Downcycling im Bauwesen ist dort Standard, wo mineralische Bauabfälle als wichtiges Schüttgut zur Gestaltung von Deponien eingesetzt werden und entsprechend kostengünstig abzuliefern sind.

Die Anhebung von Recyclingmaterial auf höhere Ordnungsstufen wird Upcycling genannt und ist selten. Upcycling kann stattfinden, wenn die niedere Stufe einer Materialkette auf anderer Nutzungsebene noch als hohe Ordnung gelten kann. Als Beispiel aus der Stoffkette der Glasproduktion ist das Granulat aus Glasschaum. Es wird aus Altglas hergestellt, das weder zur Wiederverwendung für Flachglas noch für Hohlglas einsetzbar ist – in der Glasstoffhierarchie also Abfall ist. Dieser Stoff wird in speziellem Verfahren geschäumt und zu Granulat unterschiedlicher Körnung geformt. Ergebnis ist ein hochfestes, leichtes, gut dämmendes Schüttgut, das nicht verrottet. Es wird zur Drainage im Unterbau von Bahnkörpern eingesetzt, als Leichtzuschlag von Beton im Tunnelbau, als dämmende und kapillarbrechende Packlage unter Sohlplatten, sogar als robuste Wärmedämmung im Hausbau. Das Schüttgut fließt in alle Ecken. Bei Umbauten oder Abbau kann es unverändert in Säcke gefüllt und neu eingesetzt werden. Aus unbrauchbarem Abfall in der Glasstoffkette wurde ein dauerhaft einsetzbarer Baustoff.

Recycling ist nicht monofunktional auf einen Bereich unserer Wirtschaft zu betrachten. Die gesamten Stoff- und Energieumsätze unserer Kultur sind zu beobachten. Phantasie und Kenntnis sind erforderlich für interdisziplinäre Stoffstromgestalter. Der Seitenblick in andere Wirtschaftszweige ist unerlässlich für wirtschaftliches Re-, Down- oder Upcycling bevor Müll entsteht. In der Industrie ist dieser Gedanke nicht neu. Stahlwerke führen ein Zementwerk, vermarkten ihre Schlacke als Baustoff und halten ihren Wasserumsatz in Kreisläufen. Die Wirtschaftlichkeit dieser Stoff- und Energieströme in kunstvollen Kreisläufen ist offenbar und im Bauwesen noch weitgehend ausbaubar.

_ Bauen mit Elementen

Das Entwerfen mit Bauelementen und mit ganzen oder partiellen Bausystemen (Umbau, Abbau, Erweiterung) geschieht im Kopf des Architekten. Die als Raumkunst virtuell entworfene Architektur ist als Baukunst zu materialisieren – das wissen wir. Im Grunde ist alles Bauen, auch das konventionell genannte, Umgang mit Bauelementen, vom Ziegelstein zur Säulentrommel, zum Holzfachwerk, zum Solarkollektor. Das konventionelle Bauen aber hat die Einbahnstraße für ihre Elemente gewählt: Herstellung – Einbau – Nutzung – Müll...

Auch das industrielle Bauen mit vorgefertigten Bauteilen ist in der Regel konventionelles Bauen. Kaum ein Fertighaus ist wieder in seine Elemente zu zerlegen, um an anderer Stelle neu entstehen zu können. Die Betongroßtafelbauweise – die viel geschmähte „Platte" – entspricht Mauerwerk mit sehr großen Steinen und wird wie Mauerwerk beim Abbau zu Müll. Industrialisierung des Bauens hatte einst zum Ziel, gute Arbeitsplätze zu bieten, präzise Elemente zu bauen, unabhängig vom Wetter zu sein, kurze Bauzeiten zu erreichen, durch Serienfertigung Rationalisierungseffekte mitzunehmen. An Kreislaufwirtschaft haben Richard Buckminster Fuller, Konrad Wachsmann, Jean Prouvé, Helmut Weber und all die Meister des industriellen Bauens nicht gedacht. Die großen Stadtutopien der 50er Jahre allerdings schwärmten schon von Mobilität der Behausungen, beweglichen Raumzellen in starren Primärstrukturen und verzweigten Erschließungssystemen. Vielleicht ist heute das leider durch Bauschäden in Verruf gekommene Metastadtsystem von Richard Dietrich als realisierbares Bausystem zur flexiblen Montage und Demontage einer der wegweisenden Ansätze für elementiertes Bauen, wie es in Zukunft sein sollte.

Längst hat sich die Automobilindustrie wieder zurückgewandelt. Beginnend mit lösbaren Verbindungen der einzelnen Elemente des Autos vorwiegend mit Schrauben, setzten sich aus Gründen der Rationalisierung und Materialminimierung bald Schweiß- und Klebverbindungen durch. Pflege, Reparatur, Ersatz wurden damit teuer, ganze Gruppen wurden wegen kleiner Schäden ausgetauscht. Ganze Funktionseinheiten werden als Black Box konzipiert die bei Fehlverhalten insgesamt ausgetauscht werden. Selbstreparierende Schrauber haben keine Chance, ihr Fahrzeug zu reparieren, kaum den Fehler zu orten. Inzwischen zwingt die Fahrzeugrücknahme wieder zu lösbaren Verbindungen. Clip on, plug in waren die Zauberworte flexibler Bausysteme – in der Autoindustrie werden sie langsam wahr.

In zukunftweisender Baukonstruktion ist die Demontage Grundlage der Systementwicklung, nicht allein die rationelle Montage. Alle anderen Kriterien und Maximen für das industrielle Bauen bleiben selbstverständlich gültig. Erstaunlicherweise ist das alte, handwerklich gefertigte Fachwerkhaus vorbildlich. Die Tragstruktur: ein Material, selbst die Verbindungsmittel. Alle Bauteile sind leicht wieder auseinander zu nehmen und neu abzubinden. Zweit-, Dritt- und Viertverwendung der Bauelemente sind an Bauwerken zu beobachten. Der Wert der Bauteile bleibt erhalten, wenn nicht der Zahn der Zeit, der Verfall zur Entropie oder die Verwertung des organischen Stoffs Holz zur Nahrung für Tiere und Pflanzen daran nagen.

Nicht das Fachwerkhaus, sondern dessen Bauprinzip ist Vorbild:
Aufbau – Umbau – Anbau – Rückbau – Abbau – Aufbau ...
Die Größe von Bauelementen ist weniger wichtig, als ihre Montier- und Demontierbarkeit. Mauerwerk in Zementmörtel ist unlösbar, in weichem Kalk nur mühsam und mit Schuttanfall zu recyceln. Trocken versetztes Mauerwerk wäre z.B. ohne Verlust wieder zu verwenden. Die alten Tempel der Antike wurden trocken versetzt, Säulen wie Basis und Wände. Allenfalls Dübel hielten die Ecken in einer Art Ringbalken zusammen. Ziegelsysteme ohne Mörtel sind zukunftsfähig. Die Größe hängt von der Handhabbarkeit des Formats und des Gewichts ab. Eine lösbare Verspannung zwischen Schwelle und Rähm bringt Steifigkeit. Einst war die industrielle Serienfertigung gleicher Teile Maß der Rationalisierung von Bausystemen. Das spiegelten die Bauwerke in ihrer Gleichförmigkeit wieder. Der künstlerische Architekt sah seinen Gestaltungswillen dahinschmelzen und verweigerte das Bauen mit Systemen, statt die Systeme zu gestalten. Mit der computergesteuerten Fertigung (CNC) sind Serien in allen Maßen möglich. Die neue Bausystem-Generation zeichnet sich durch ihre Verbindungstechnik aus, nicht durch große Serien gleicher Elemente. Darüber hat schon Konrad Wachsmann (Wendepunkt im Bauen) in den 50er Jahren nachgedacht.

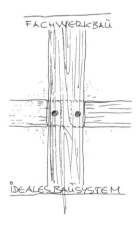
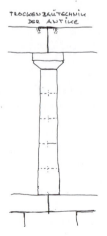
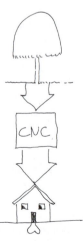

Es ist offen, ob sich komplette Bausysteme mit allen Komponenten der Gebäudeausstattung durchsetzen oder ob funktionale Elementierung gemäß der Bauaufgabe entsteht, wie sie schon heute üblich ist, wenn auch nicht immer demontierbar. Aufbau, Abbau, Austausch, Aktualisierung dem Stand der Technik angemessen sind Kriterien für das Bauen mit Elementen. Kinder lernen das mit Lego-
steinen.

_ Sichtbare Technik

Unterputz ist das Schlagwort der Häuslebauer. Technische Ausstattung wird eingegraben. Das ist der eigentliche Grund für Fußbodenheizung, die Pilz macht,
dicke Beine und den Zimmertaifun entfacht. Aus den Augen, aus dem Sinn. Glatt
und abwaschbar sollen die Räume sein, gut zu möblieren.
Der Aufwand, der durch diese Haltung getrieben wird, ist teuer. Insbesondere,
wenn Reparaturen anfallen, werden oft lange Strecken aufgegraben, neu
geschlossen und dann im ganzen Raum mit der Dekoration des Inneren versehen.
Für Bauwerke, deren Montage und Demontage im Sinne der Mobilität und der
Kreislaufwirtschaft von Bedeutung ist, kann die „Unterputzideologie" nicht auf-
rechterhalten bleiben. Technik ist sichtbar und kontrollierbar einzubauen – und
schön. Es ist eine Frage der kunstvollen Gestaltung all jener Ausstattung, die zum
Betrieb des Bauwerks dient, eine Frage des Designs.
In jedem Baumarkt finden sich heute Niedervolt-Lampen, die an frei verlaufende
Kabel geklemmt Licht geben. Der Designer Ingo Maurer hat diese Technik kreiert.
Aus der Unterputzsteckdose tritt plötzlich die Elektrotechnik ans Licht – und
macht Licht. In Zukunft, wenn Strom mittels Brennstoffzelle im Haus produziert
wird, wenn es Niedervolt-Gleichstrom geben wird, ist die offene Installation als
Kunstwerk die Regel.
Die heutige Technik der Drehkippfenster als weiteres Beispiel ist funktional längst
überholt und gehört eigentlich verboten. Die Kippstellung als Dauerlüftung wird
von den Energiesparern geradezu untersagt. Wie zerklüftet aber ist das Innere
Profil eines solchen Fensterrahmens, der das technische Gewürge der Drehkipp-
einrichtung aufzunehmen hat, wie grob sehen die klobigen Fensterprofile aus, um
noch standfest zu bleiben. Wie zart und elegant ist dagegen das klassische Holzfenster z.B. mit Fischbandbeschlägen und Bremer Querruderbeschlag. Diese
Fenster leiden erst durch den Maler, der ganzflächig alles mit Farbe zupinselt. Auf-
liegende Beschläge in kunstvollem Design aus edlen Materialien, lösbare dauerhafte Schrauben, die beim Malern den Beschlag entfernen lassen, Fenstertechni-
ken, die dem energiebewußten Lüften angemessen sind, sollten von uns
Architekten gemeinsam mit Systementwicklern und Herstellern gestaltet werden.
Sichtbare Technik ist Aufgabe von Kunst und Technikentwicklung.

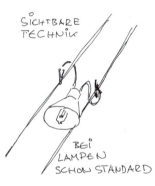

_ Von der Wiege bis zur Wiege

Unser Leben ist linear geordnet. Wir werden geboren, leben ein wenig und sterben wieder. Von der Wiege bis zur Bahre gestalten wir unsere kurze Existenz – so wir können – zu unserem Besten. Vielleicht ist uns deshalb kein Motor für die Kreislaufwirtschaft eingebaut worden. In der Evolution ist für eine einzelne biologische Art Kreislaufwirtschaft an keiner Stelle nachzuweisen. Erst komplexe Lebensgemeinschaften in Ökosystemen können zu materiellen Kreisläufen mit Hilfe der Energiequelle Sonne gelangen – selten genug.

Wenn sich also eine biologische Art aufrafft, zur Erhaltung ihrer eigenen Lebenswelt ihren Materieumsatz in Kreisprozessen zu ordnen, kann dieses Phänomen als Evolutionssprung verzeichnet werden. Aus dem lebensbegleitenden Weg von der Wiege bis zur Bahre, den wir auch auf all unsere materiellen Produkte der eigenen Kultur anwenden, wird der ganzheitliche Weg von der Wiege bis zur Wiege, wie er in Ökosystemen von den Energie sammelnden Produzenten über die Konsumentenstufen bis zu den Reduzenten oder Destruenten vollzogen wird. Im Idealfall der Klimax entsteht kaum mehr Abfall, alle Materie ist im Umlauf.

Längst wissen wir, daß Hausbau kein statisches Ereignis ist: Entwurf – Bau – Nutzung. Fertig!

Der Vergleich mit Ökosystemen ist gerechtfertigt, sind wir doch Teil der lebendigen Natur mit all unseren Errungenschaften zum bequemen Leben. Auto, Computer, Messer und Gabel – alles ist Teil der Evolution. Daß wir über Kreislaufwirtschaft nachzudenken haben, liegt an unserer Übermacht dem Rest der lebendigen Welt gegenüber, die nicht die Chance hatte, mit abstrakter Sprache Information weiterzugeben, zu speichern, zu kumulieren, die nicht die Chance hatte, mit der Zähmung des Feuers, dem Umgang mit Energie naturwissenschaftliche Erkenntnis zu sammeln und die Welt zu erforschen.

Unsere gebaute Umwelt ist im wesentlichen Betriebssystem. Ihr baulicher Ausdruck ist Startphase, mehr nicht. Dann beginnt eine mehr oder minder lange Existenz unterschiedlicher Nutzung angesichts der Entropie, dem unausweichlichen Verfall gemäß dem zweiten Hauptsatz der Thermodynamik und des Veraltens angesichts der technischen Evolution unserer Kultur.

Facility Management ist das neue Zauberwort für die Handhabung all dieser dynamischen Prozesse, die gemeinsam mit allen gesellschaftlichen Prozessen der Gebäudenutzung den Lebensweg eines Gebäudes, eines Quartiers oder der Stadt bestimmen. Facility Manager ist durchaus ein Architektenberuf, denn er erfordert Umsicht und Phantasie, basierend auf intimer Kenntnis aller Vorgänge am Bauwerk und in der Gesellschaft. Das Management eines Bauwerks bis zur Neugestaltung in angemessener Aktualität ist Aufgabe für die Kreislaufwirtschaft in Zukunft.

_ Energie- und Stofflogistik

Logistik ist ein Begriff aus der militärischen Taktik und steht für die Organisation des Nachschubs. Eine Truppe, die keine Munition hat, kann nicht kämpfen. Eine Truppe, die kein Essen hat, will nicht kämpfen. Gute Logistik entscheidet Schlachten, so die Militärweisheit der großen Taktiker seit tausenden von Jahren. Inzwischen haben Manager daraus ein Modewort gemacht, das an jedem zweiten LKW auf der Autobahn zu lesen ist. ==Logistik aber bedeutet nicht Verkehr, sondern intelligenter Verkehr, Optimierung der Stoff- und Energieströme mit minimalem Aufwand.==

Das Bauwesen verbraucht in der Regel große Massen an Materialien. Richard Buckminster Fuller hat in den 30er Jahren bereits seine Häuser (4D-House oder Dymaxion-House) nach Gewicht entworfen. Leichte Seiltragwerke, Karosseriebauteile, Stahlkonstruktionen waren die Substanz. Sie sollten fix und fertig per Luftschiff auf die Baustelle, wo eine im Fluge abgeworfene Bombe die Baugrube ausgehoben hatte. Einstellen, mit Seilen fixieren, anschließen und mit Beton vergießen – so Fullers Fiktion. Na ja, das mit der Bombe mag in Amerika gehen.

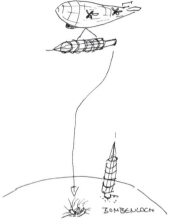

BOMBENLOCH
BAUEN MIT BUCKMINSTER FULLER

Hier wird mit Massen gebaut, mit Recht, denn Massen puffern Wärme und Feuchtigkeit und sorgen für ausgeglichenes Raumklima. In Amerika ist noch der Wohnwagen angesagt.

In der vorfossilen Epoche wurden die Massen in Bauwerken verwandt, die in unmittelbarer Nähe zu finden waren. Transport über weite Strecken war mühsam, die Transporteinheiten klein, die Geschwindigkeit gering, die Hebezeuge schwach. Nur reiche Menschen konnten sich Baustoffe aus exotischen Regionen leisten. In Schlössern sind fremdländische Stoffe zu finden, um die Souveränität und den Reichtum der Schloßherrschaft zu zeigen. Kirchenfürsten schmückten sich mit ihren Bauten auf Kosten ihrer armen aber spendierfreudigen Schäflein. Der arme Mensch konnte am kirchlichen Reichtum teilhaben, ohne ihn selbst je erreichen zu können.

==In der Regel aber führten regionale Baustoffe zu regionaler Architektur, die in Material der Umgebung glich, in Bauweise oft den klimatischen Faktoren angepaßt war.== Das so entstandene harmonische Bild der Bauten, Dörfer, Städte entfacht in uns romantische Rührung und Sehnsucht in die gute alte Zeit, so grausam sie in Wirklichkeit auch gewesen sein mag.

Keinesfalls haben die Erbauer dieser Idylle aus architektonischer Gestaltungskraft und regionaler Identifikation gehandelt, sie bauten aus Not so schön. Sie konnten nicht anders. Kaum kamen z.B. die Bauern mit Justus von Liebig zu Geld, bauten sie nicht mehr Bauernhäuser, sondern städtische Villen in die Dörfer. Die „Rübenburg" in Norddeutschland ist ein Beispiel.

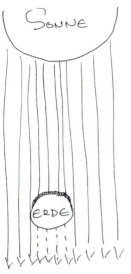

Energielogistik: Speichern des solaren Energiestroms

Kaum hat die fossile Episode Energie im Überfluß geboten, blieb die kluge Logistik regionaler Erreichbarkeit auf der Strecke. Baustoffe und damit Bauweisen wurden grenzenlos. Der Sehnsucht nach Vielfalt stand nichts mehr im Wege. So bauen wir heute noch: Jedem sein Schlößchen, jedes „individuell" nach persönlichem Geschmack – und der ist nicht regional rückständig, sondern will sich grenzenlos austoben. Die Idylle bewundert man anderswo – im Urlaub – und bringt allenfalls ein Souvenir mit, um die Gestalt seiner Lebenswelt um eine neue Facette zu erweitern.

In der postfossilen Epoche ist der Überschwang an Energie vorbei und es besteht die Chance, vielleicht sogar die Notwendigkeit, an regionale Baustoffe zu denken, klimagerecht zu bauen, eine intelligente Logistik aufzubauen. Auch hier sind wir Architekten in Zukunft gefragt. Mit unserer Arbeit, mit unserer Beratung vergrößert sich die Möglichkeit für regionale Baustoffgewinnung und regionalen Baustoffhandel sowie regionales Bauhandwerk, regionale Logistik mit erheblich geringerem Transportaufkommen, als derzeit, geringerem Energiebedarf und angemessenen Bauweisen.

Stoff- und Energieströme werden in der postfossilen Gesellschaft wesentliche Komponenten des Wirtschaftslebens sein, denn die Ressourcen sind dank ihres dezentralen Vorkommens nicht zu konzentrieren, sondern müssen in Netzwerken gewonnen, verteilt und genutzt werden. Es liegt nahe, daß sich die Dienstleistungsgesellschaft der fossilen Episode, die den Bürger durch Übernahme von Verantwortung als Dienstleistung unmündig und abhängig zu machen versucht, sich in der postfossilen Epoche zu einer Logistikgesellschaft entwickelt, die insbesondere auf die Verantwortung der Bürger angewiesen ist, denn Betriebssysteme wie die Ökologie unserer Kultur funktionieren nur im Zusammenwirken aller Beteiligten.

Konstruktives Entwerfen für die Zukunft

Vitale Energiequellen

Das „Gegenteil" von fossil ist vital. Alle fossilen Energieträger waren auch einmal vital. Das ist Millionen und Milliarden Jahre her. Kohle, Öl, Gas sind fossile organische Reste des biologischen Lebensüberschwangs. Sie sind Beweis, daß der Idealzustand von Ökosystemen, die Klimax ohne materielle Abfälle, auch in der Natur selten erreicht wurde. Veränderungen in der Erdgeschichte haben diese Stoffe unter der Oberfläche unseres Planeten versenkt. Mit ihrer Entdeckung, Ausgrabung und Nutzung im Überschwang begann die kurze Zeit unserer Geschichte, die hier als „fossile Episode" geführt werden soll. Wir sind noch Kinder dieser kreativen, erfindungsreichen und luxuriösen Zeit, stehen aber an ihrem Ende und an der Schwelle zur postfossilen Epoche. Fossile Organismen gehen zu Ende, Uran als nicht fossiler Stoff ebenfalls. Was kommt danach?

Was uns bleibt, ist die dauernde Einstrahlung der Sonne. Die nächsten 5 Milliarden Jahre ist diese Energiequelle sicher, dann explodiert der Stern zum roten Riesen und erfaßt darin auch unseren blauen Planeten. Längst gibt es kein Leben mehr auf ihm. Das Potential der Einstrahlung ist weit über dem Bedarf der Menschheit. Was bleibt uns nach den fossilen Energieträgern, nach dem Uran? Sonnenstrahlung ist die Hauptenergiequelle. Windenergie und Wasserkraft sind Sekundärenergie der Sonnenstrahlung. Alles Lebendige ist mit Sonnenstrahlung entstanden. Ohne Sonne keine Evolution. Erdwärme (Geothermie) kommt aus dem etwa 6000 °C heißen Inneren des Planeten durch die harte Außenschale, auf der wir leben, und strahlt ins Universum ab. Der allgemeine Wärmefluß aus der Erde ist schwach, gemessen an der solaren Einstrahlung. Nur, wo Brüche und Spalten oder Löcher zum Erdinneren sind, besteht hohe Energiedichte. Island z.B. am nördlichen Rand des Andreasgrabens im Atlantik will sich allein geothermisch mit Energie versorgen, wobei die neue Wasserstofftechnologie zum Energieträger bis in die Mobilität eingesetzt werden soll.

Romantischen Freunden „alternativer" oder gar „erneuerbarer" Energie und Atomkraftgegnern muß an dieser Stelle klar gemacht werden, daß vitale Energie aus nuklearen Prozessen entspringt, also Atomenergie ist.

Die Sonne ist ein Fusionsreaktor, in dem Wasserstoffkerne unter Energieabgabe zu Heliumkernen fusionieren. Auf der Erde ist dieser Prozeß mit ein paar Atomkernen im Labor gelungen und Wissenschaftler träumen von Fusion. Vielleicht sollten wir zufrieden sein, daß der große Reaktor in acht Lichtminuten Entfernung wütet und uns milde Strahlung angedeihen läßt. Sonnenkollektoren nutzen Atomkraft. Alles Lebendige nutzt Atomkraft.

Geothermie entspringt Kernspaltungsvorgängen im Erdinneren, die noch nach fünf Milliarden Jahren Erdgeschichte ablaufen.

Marginalien:

VITALE ENERGIE:

- ALTERNATIV?
  ... wozu?
- ERNEUERBAR?
  REGENERIERBAR?
  ... für Energie nicht möglich!

Als einzige nicht nukleare Energie kann die Gezeitenkraft gelten. Sie wird von der Gravitation des Mondes und der Sonne hervorgerufen. Das Gezeitenkraftwerk in Saint Malo ist also die einzige nicht nukleare Energiegewinnung auf unserem blauen Planeten. Da die Kraft der Gravitation aber noch nicht ergründet ist, steht selbst dafür zunächst noch ein Fragezeichen.

Die Begriffe „alternativ" – „regenerativ" – „erneuerbar" sind zwar populär, kommen aber in diesem Zusammenhang nicht zum Einsatz, denn sie verfälschen das Bild.

Alternativ zu einer über vier Milliarden Jahre dauernden Geschichte des Lebendigen waren allenfalls die fossilen Energiequellen für eine kurze Episode.

Regenerativ oder erneuerbar ist kein Energieträger. Energie erneuert sich nicht. Sie ist im Fluß von hoher zu niederer Ordnung, so will es der zweite Hauptsatz der Thermodynamik. Der für unsere Zeitvorstellungen unerschöpfliche Energievorrat der Sonne ist im ständigen Fluß zur Entropie. Wir können Teile einspeichern und für uns nutzen, um sie später in noch größerer Unordnung ins Universum zu entlassen. Diese Energie ist vital, sie lebt mit uns und ermöglicht unser Leben.

_ Neue Gesetzgebung

Aus der vorfossilen Zeit sind Gesetze bekannt, die zur nachhaltigen Bewirtschaftung der Wälder als einzige Energiequelle dienten. Feudalherren und andere Herrscher haben darüber gewacht. Wüstungen aber gab es immer wieder, wenn Ausbeutung schneller war, als das Nachwachsen. Augustin Mouchot z.B. hat Ende des 19. Jahrhunderts vorgeschlagen, die gesamte französische Industrie auf Sonnenenergie umzustellen (bereits mit Wasserstofftechnologie), um die Wälder zu schonen.

Mit der Entdeckung unterirdischer fossiler Energieträger entstand sehr bald eine strenge Gesetzgebung für deren Ausbeutung. Dem Grundstückseigner gehörte sein Land nicht bis zum Erdmittelpunkt, es wurde eher eine Art Teppichfliese ohne Drunter. Mit der öffentlich garantierten Energieversorgung sicherte man die gesamte Energieversorgung gesetzlich ab und förderte Forschung und Entwicklung rationeller Technologien mit öffentlichen Mitteln. Diese Gesetzgebung entfällt, wenn unter der Erde nichts mehr zu bergen ist, wenn fossile Energieträger keinen Beitrag mehr leisten können.

Vitale Energie ist oberirdisch zu gewinnen. Sie fällt nicht konzentriert in dicken Flözen oder fetten Ölseen und Gasblasen an, sie ist gleichmäßig über die Oberfläche verteilt, dezentral, volksnah, eine demokratische Energieform, die zur Selbstbestimmung bis zur Anarchie reizt.

Die öffentliche Verantwortung für die Sicherung der Energieversorgung steht in der Krise. Jeder könnte Selbstversorger sein. Wo bleibt die ökonomische Macht?

Natürlich nicht jeder – so die Versorger – denn in städtischen Agglomerationen reicht die Fläche nicht für den Bedarf. Es wird zwangsläufig ein oberirdisch geltendes Energiesicherungsgesetz geben müssen. Der Grundstückseigner hat dann eine Teppichfliese ohne Drüber zu Eigen, das Drunter interessiert nur noch die Wasserwirtschaft.
Bebauungspläne weisen neben GRZ und GFZ eine neue EFZ als Energieflächenzahl aus, Versorgungsunternehmen dürfen einen festzulegenden Satz des Grundstücks verschatten, Eigner haben festzulegende Energiemengen an die Versorger zu liefern. Stadt und Region gehen kooperative Strukturen ein, die zu lokalen Energieverbünden führen.

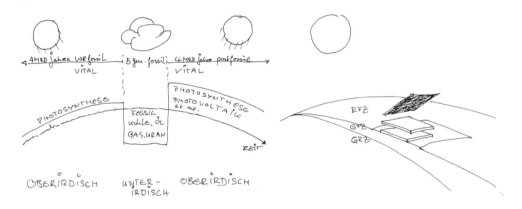

_ Neue Wirtschaftsformen

„genius loci" – der Geist des Ortes galt für den norwegischen Architekten Christian Norberg-Schulz für die regionale Prägung von Ort und Architektur und beschwor die Sensibilität für Integratives Entwerfen gebauter Umwelt. In der postfossilen Gesellschaft kann der Begriff auf die gesamte örtliche Versorgungsstruktur erweitert werden und die Sensibilität für alle Faktoren der Region wecken, mit denen wir in einem künstlich gesteuerten Ökosystem integrativ und in Harmonie mit dem Rest der Welt umzugehen lernen.
Die neue Energiegewinnung aus der Fläche hat dezentrale Strukturen zur Folge. Intensive Nutzung der Region ist zu erwarten. Statt der hierarchischen Baumstruktur vom Kraftwerk zum Nutzer ist ein fein verteiltes Netzwerk zu bilden, in das Energie gegeben und aus dem Energie entnommen wird. Dezentrale kleine Kraftwerke füllen das Netzwerk, dezentrale Puffer speichern zum Saisonausgleich, dezentrale Nutzer versorgen sich mit Energie. Es wäre völlig sinnlos, vitale Ener-

gie aus der Fläche an einem Monopol zu konzentrieren, um sie dann in Macht und Verantwortung wieder in die Fläche zu verteilen. So sprechen die EVU-Konzerne von virtuellen Kraftwerken, in denen sie zumindest die Steuerung der Energieströme in der verantwortlichen Hand halten – natürlich auch die Abrechnung.

Für die Regionalstrukturen gibt es Modelle aus vorfossiler Zeit. So hat der Agrarökonom Johann von Thünen um 1820 mit seinen „Thünenschen Kreisen" eine idealisierte Versorgungsstruktur städtischer Agglomerationen aus der nahen Region dargestellt. Seine peniblen Rechnungen über möglichen Ernteertrag, Arbeitsaufwand und Transportkosten für den Warenaustausch sind natürlich heute nicht mehr zu verwenden. Pferdefuhrwerke, Verderblichkeit, schlechte Wege, all diese Kriterien sind Vergangenheit. Das Prinzip aber, mit dem von Thünen versucht, die maximale Effizienz einer Region zu ermitteln und nutzbar zu machen, ist vorbildlich für die Ökonomie der postfossilen Gesellschaft. Zum so ermittelten „genius loci" optimaler Ressourcennutzung kommt heute der „genius mundi" als Einbindung in das globale Weltgeschehen.

_ Neue Architekturelemente

Für Architektur und Städtebau wird das Erscheinen der Energiegewinnung tiefgreifende Konsequenzen haben. Die zu erwartende Gesetzgebung der EFZ hat direkte Auswirkung auf die gebaute Umwelt.

Wir können annehmen, daß Energiegewinnung in der postfossilen Zeit im wesentlichen aus zwei Quellen stammen wird:

Photosynthese
und
Photovoltaik (PV).

Die Primärproduktion der Pflanze mittels Photosynthese, Grundlage alles Lebendigen, ist an Effizienz kaum zu überbieten. Die weit über die eigene Regeneration hinausreichende Produktion von Biomasse (Kohle, Öl, Gas sind daraus entstanden) ist für uns abrufbar und kann in kluger Agrartechnologie noch gesteigert werden. Produktion von Biomasse aber braucht lebendige, offene Böden.

Photovoltaik ist ein Evolutionssprung der Menschheit hoch auf die Ebene der Primärproduktion. Wie Pflanzen kann eine biologische Konsumentenart direkt aus der Sonne hochwertige Energie gewinnen: elektrischen Strom. Ohne diese Erfindung wäre die postfossile Epoche ärmlich.

Beide Energiequellen der Zukunft stehen in Konkurrenz um die Fläche. Es ist daher logisch, daß die von guten Böden unabhängige Energiegewinnung auf versiegelten Flächen erfolgen muß. Das ist die gebaute Umwelt.

Photovoltaik und Architektur stehen in engem Zusammenspiel.

Es gibt genügend versiegelte Fläche:
6 % der BRD sind mit Siedlung und Verkehr besetzt.
50 % davon gelten als versiegelte Fläche.
Das sind 10 000 km² Fläche.
Mit der Effizienz heutiger PV-Technologie sind von dieser Fläche 10 Mrd. Megawattstunden elektrische Leistung abrufbar (2001 hat die BRD insgesamt ca. 4 Mrd. Megawattstunden verbraucht). Das Potential ist groß, auch in weniger sonnigen Gebieten.
Es ist Aufgabe schon der gegenwärtigen, sicher aber der künftigen Architekten, dort, wo sie Land versiegeln, Energieflächen als künstlerisches Element der Architektur zu planen, um die neuen Gesetze der EFZ sinnvoll und schön zu erfüllen. Es wird selbstverständlich, daß sich die Energieflächen der Bauwerke nach der Solargeometrie richten. Ein Städtebau der reinen Südausrichtung, wie gern von Architekten bemängelt, ist allerdings die primitive Lösung der Abwehrhaltung. Kreativer Entwurf ist gefragt. Das funktionale Entwurfskriterium „Energiefläche" ist nichts als ein weiterer Anreiz zu schönem Entwurf. Die Fläche kann sowohl integriert als Bauteil mit mehreren Funktionen im Gebäude liegen als auch aufgesetzt als parasitäre Sekundärstruktur angeordnet sein, ebenfalls möglichst mit mehreren Funktionen ausgestattet.
In den Zonen höherer Breitengrade, wo Saisonunterschiede in der Strahlungsmenge die Jahreszeiten prägen, ist Speicherung angesagt. Bei solarthermischer Wärmenutzung unterhalb der PV-Flächen sind Wärmespeicher nötig, die durchaus die Größe eines Zimmers im Häuslebau erreichen können. Diese Volumen sind einzuplanen und geschickt unterzubringen.
Diese wenigen Hinweise stellen die sichtbarsten Architekturelemente dar. Ein wenig mehr davon ist in der
„Fibel zum ökologischen Bauen", gleicher Autor – gleicher Verlag, zu erfahren!

ENERGIEFLÄCHE: INTEGRIERT

ENERGIEFLÄCHE: ADDIERT

ENERGIEFLÄCHE: FASSADE

ENERGIEFLÄCHE: ALS DACHPERGOLA

WASSERSTOFFTECHNOLOGIE:

SONNE
↓
PHOTOVOLTAIK
↓
ELEKTRO-LYSEUR
↓
H₂ — SPEICHER + NETZ — O₂
↓
BRENNSTOFF-ZELLE
↓
Q / / /
WARM-WASSER HEIZUNG | LICHT ELEKTRONIK ARBEIT

↓ H₂-GAS
KOCHEN - BACKEN - KÜHLEN

_ Neue Haustechnik

Bei konsequentem Nachdenken wird sich in der Energielogistik so ziemlich alles ändern. Energiespeicherung, bisher durch die Fördermenge unterirdischer Lager geregelt, ist der Solargeometrie anzupassen, dem Weg unseres rotierenden Raumschiffs „Blauer Planet Erde" um den Fusionsreaktor Sonne. ==Biomasse ist relativ gut zu speichern, wenn auch nicht langfristig. Elektrischer Strom ist schlecht zu speichern. Als bester und sauberster Weg der Stromspeicherung zeichnet sich die Wasserstofftechnologie ab.== Elektrischer Strom aus PV-Anlagen, Wind- und Wasserkraft sowie anderen Stromquellen wird durch Elektrolyse von Wasser zerlegt in die Gase Wasserstoff und Sauerstoff. Zumindest Wasserstoff, am besten auch Sauerstoff sind speicherfähig, können als Gasnetz verteilt werden, können im dezentralen Netz sowohl eingebracht als auch entnommen werden.

Zur Stromproduktion dient die Brennstoffzelle. Sie macht im Umkehrschluß zur Elektrolyse aus den beiden Gasen elektrischen Strom, wobei als „Abfall" wieder Wasser entsteht. Dieser verlangsamte Knallgaseffekt, den wir alle aus der Schule kennen, erzeugt gleichzeitig Wärme, die zur Raumheizung und zur Warmwasserbereitung auch für die Waschmaschine dienen kann. Zum Kochen und Backen sowie Kühlen wird Wasserstoff als Gas direkt eingesetzt, vielleicht auch als Zusatzheizung.

Große Stromnetze sind out. ==Ein Gasnetz trägt die Energieversorgung. Strom entsteht im Bauwerk.== Es ist Gleichstrom, wie ihn fast jeder Verbraucher benötigt. Niederspannung gestattet offene Verlegung der Technik. Nur Elektronik, Licht und Arbeit werden elektrisch betrieben.

Kraftfahrzeuge werden am häuslichen Wasserstoffnetz aufgeladen und rollen mit Brennstoffzelle oder Verbrennungsmotor.

In ländlichen Bereichen mit vorwiegend Biomasseproduktion kann ein Methangasnetz liegen, das für die Brennstoffzelle eine Vorschaltung zur Kohlenstoffentnahme braucht. Sinnvoll aber ist eine komplette Energieträgerschaft mit Wasserstoff. Wasserstofftechnologie ist in der Entwicklung recht weit. Die Automobiltechnik ist Vorreiter der Forschung und kann schon gute Erfolge vorzeigen. Für stationäre Anlagen ist damit der Weg geebnet. Brennstoffzellen werden in wenigen Jahren von den großen Firmen des Heizungsbaus serienreif angeboten. Elektrolyse für kleine Einheiten ist noch im Anfang. Das Islandprojekt aber fördert die Forschung auch auf diesem Gebiet und die Technik ist nicht sehr kompliziert. Norwegische Firmen dominieren die Messestände der Fachmessen.

Welchen Weg die Energielogistik aufgrund energiepolitischer Machtkämpfe, installierten Kapitals und mangelnder Vorausschau in Wirklichkeit nehmen wird, ist offen und nicht voraussagbar. Wir müssen die Entwicklung beobachten sowie offen und bereit für neue Technologien sein.
Die neue Haustechnik wird sich mit der Wasserstofftechnologie erheblich vereinfachen. Die völlig konfus laufende Energiesparmanie der auslaufenden fossilen Episode, die der historistischen Bewahrung der bestehenden Verhältnisse dient, wird einer dem gesunden und schönen Wohnen und Arbeiten in Gebäuden angemessenen Gebäudeausstattung in schöner und angemessener Architektur weichen. Extremes Energiesparen als dominierender Aspekt des Bauens ist nicht mehr Gegenstand postfossiler Architektur. Natürlich ist nicht Verschwendung angesagt, aber Energiebewahrung in gutem Verhältnis zum Nutzen und mit Sicherheit direkte Lüftung und kluge, die Naturgesetze nutzende Klimagestaltung in Gebäuden.

224

Schlußwort

Hier endet die Fibel. Glauben Sie nicht, jetzt schon Architekt oder Ingenieur zu sein. Allenfalls haben Sie einen Überblick über die Dinge, die das Bauen bewegen. Sie haben ein paar grundlegende Gedanken aufgenommen und sie hoffentlich verstanden – so ist die Fibel nämlich gemeint.

Wenn Sie nun mit dem weisen Sokrates sagen:
„Ich weiß, daß ich nichts weiß",

dann ist der Zweck dieser kleinen Einführung zur Auffrischung einer verschütteten Allgemeinbildung erfüllt. Gehen Sie frohen Mutes in das spannende Studium, oder lassen Sie es, um anderes zu tun. Auch das ist ein gutes Ergebnis und spart Ihre wertvolle Lebenszeit.
Im Studium halten Sie sich immer vor Augen, wie einfach all die Naturgesetze eigentlich sind, wenn sie nicht so kompliziert dargestellt werden. Diese simple Fibel soll Sie ermutigen, „richtige" Physikbücher zu lesen, „richtige" Baustoffkunde zu betreiben, „richtige" Tabellenwerke zu lesen und richtig und sinnvoll anzuwenden. Mit dem Einfachen im Rücken läßt sich das Komplizierte besser ertragen.

Möge die Übung gelingen!

01.10.2021